거의없다의

# 방구석
# 영화관

· 이 책은 지은이의 의도를 그대로 전달하기 위해 일부 표현의 경우
  지은이의 입말을 그대로 살렸습니다.
· 각각의 영화는 상연 연도를 기준으로 표기하였습니다.

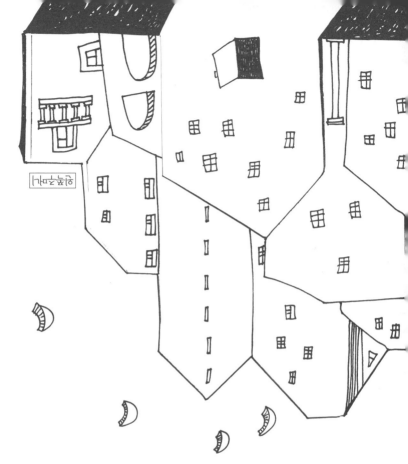

케이쓰나무 게웅돌

# 양후교
# 양드카

케이쓰나무의

## 차례

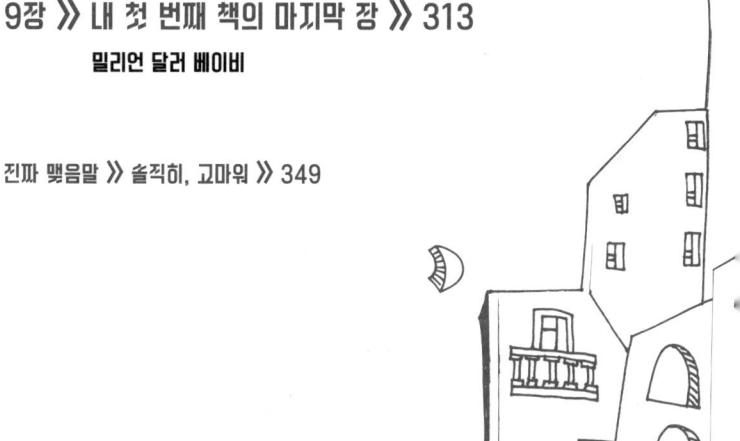

# 솔직히, 나도 어쩌다가
# 내가 잘됐는지는 몰라

뉴스를 보니 서울엔 오늘 눈이 펑펑 내렸다고 한다. 아무래도 부산은 서울보단 따뜻해선지 아침부터 비가 내리고 있다. 온도는 영상 7도 정도. 그리고 나는 지금 부산 연제구에 있는 스타벅스에 앉아 있다.

음? 그런데 오늘이 무슨 날이냐고? 아무 날도 아니다. 내가 내 책에 들어갈 원고를 처음 쓰기 시작하는 날인 것 빼고는 아무 의미도 없는 날이다. 냅다 시작하기가 뭔가 밍밍해서 날씨 이야기를 꺼낸 것뿐이다. 나를 알고 있는 사람도 활자로써 나를 만나는 건 처음일 것이고, 나를 모르는 사람은 정말로 내가 처음일 테니. 초면에 말 트는데 날씨만 한 주제가 또 있겠나? (근데 궁금하다. 나를 모르는 사람이라면, 도대체 이 책은 왜 산 건가? 돈이 많은가? 아님 활자 중독이라 아무거나 닥치는 대로 막 읽는 사람?)

나는 유튜버이고, 그중에서도 영화를 다루는 영화유튜버다. 이름은 '거의없다'라고 한다.

도대체 그 변태 같은 이름은 무슨 뜻이냐는 질문을 지금까지 학을 뗄 만큼 질리게 들었는데, 지면 때우려는 목적으로 한 번 더 이야기한다. 대학교 다니던 시절에, 나는 시니컬한 유머에 겁나 꽂혀 있었다. 시트콤 〈프렌즈〉에 등장하는 챈들러 빙 같은 스타일의 유머 말이다.

쌩하고 뚱한 태도로 앉아 있다가 획 하나 던지면 그게 의외로 터지고 (주로 여자들에게) 의외로 먹히는 (특히 여자들에게) 그런 개그를 하고 싶어 했다.

물론 지금 돌이켜 보면 도대체 그게 뭔 지랄이었나 싶지만, 어쨌든 그랬다.

그러나 〈프렌즈〉의 챈들러 빙이 던지는 시니컬한 개그

는 당연하게도 챈들러의 머릿속에서 튀어나오는 것이 아니라 당시 할리우드 최고의 코미디 작가들 수십 명이 달라붙어 죽도록 머리를 쥐어짜서 나오는 것이었다(물론 챈들러 역을 맡았던 매슈 페리도 원래부터 웃기는 사람이었다고 한다). 그렇다면 그 캐릭터와 그가 던지는 개그는 도대체 몇 명의 재능을 타고 나온 엑기스였을까. 남을 웃기는 게 그렇게나 어렵다.

그런데 혼자 힘으로 챈들러 빙 같은 사람이 되겠다고 달려들면 그게 성공할 리가 있겠는가 말이다. 당연히 실패하지. 결국 '시니컬하고 재미있는 사람'이 되고 싶었던 나의 욕망과 노력의 결과는 나에게 소소한 명성을 가져다주기는 했다(인싸는 아니었다). 싸가지만 더럽게 없는 놈이라는 명성 말이다. 이런 비극이 있나.

만약 그 시절의 나에게 조언을 한마디 해줄 수 있는 초현실적인 기회가 생긴다면 대학생 거의없다에게 해주고 싶은 말은 하나뿐이다.


"야, 그거 그만둬. 하지 마."
"네? 뭘요?"

"하지 말라면 하지 마, 시발롬아!"

암튼, 별 필요도 없고 성과도 없는 노력을 기울이다 비참한 실패만 얻게 된 나는 당시 나를 좀 어여삐 여겨주셨던 교수님(이유는 모르겠다. 내가 아드님이랑 닮기라도 했나?)과 저녁 식사를 들며 가볍게 반주 하다가 갑자기 무슨 미친 마음이 들었는지 영유아기 수준의 유치한 질문을 던졌다.

"… 교수님, 제가 그렇게 싸가지가 없습니까?"

교수님은 상당한 인격자셨다. 전방위적 · 절대적으로 무가치한 그 개짖음에 가까운 말을 듣고 술병을 들어 내 뚝배기를 후려갈기시며 "내가 그따위 것 알게 뭐냐, 이 새끼야"라고 준엄하게 꾸짖지 않으실 정도로. 아, 정말 스승의 은혜란. 암튼 교수님은 잠시 생각하시더니 나에게 말씀하셨다.

"너는 싸가지가 아예 없지는 않은 것 같아. 거의 없지."

이건 도대체 무슨 화법이란 말인가. 싸가지가 거의 없다고? 역시 많이 배운 분들은 다르다.

배우 문소리 씨가 '연기파 여배우'라는 정체불명의 호칭을 너무 지겹게 들어서 (도대체 연기파 배우라는 말이 무슨 말인가. 배우는 연기하는 사람인데 연기파 배우라니. 회사에서 일하는 직원에게 사무파 직원이라고 부르는 거랑 뭐가 달라?) '뭐야, 내가 못생겼다는 말인가?'라는 생각에 며칠 동안 고민하다가 어느 날 이창동 감독에게 질문했다고 한다.

"감독님, 제가 여배우로서 예쁘지 않은 얼굴인가요?"

이창동 감독이 이렇게 대답했다지.

"소리야, 너는 충분히 예뻐. 다른 여배우들이 너무 많이 예쁜 거야."

이 대답을 들은 문소리 씨는 집에 가서야 묘하게 기분이 나빠지기 시작했다고 한다.

많이 배운 분들은 역시 다르다. 아마 이창동 감독님도

교수님 아니던가. 듣는 사람이 기분 나쁘지 않게. 혹시 기분이 나쁘더라도 당장 면전에서 나빠지지는 않게. 그렇다고 허황되고 번지르르한 거짓말을 위로랍시고 하지도 않는 태도.

그때 그 교수님이 어떤 의도로 말씀하셨는지는 알 수 없으나 어쨌든 싸가지가 거의 없다는 말은 나에게 신선하게 다가와서 꽂혔다. 그래서 나는 그다음부터 아이디나 닉네임을 쓸 일이 있으면 '거의없다'라는 이름을 썼다. 〈딴지일보〉의 모 기자는 내 닉네임을 듣고 "대단히 존재론적이면서도 모순적인, 기가 막힌 뉘앙스가 있는 이름이다"라고 인사치레를 했고(그게 정말 진심이었다면 그 사람은 기자를 하면 안 되는 사람이다), 나는 마치 그것이 바로 내가 의도한 것이었다는 듯 만족스러운 얼굴로 고개를 끄덕였지만, 개소리였다. 의미는 개뿔. 카프카는 지랄. 그냥 재미있어서 쓰는 이름이다. 어쨌든 기억에 잘 남고 앞에 아무거나 가져다 붙여도 말장난하기 좋으니까.

어쨌든 나는 그런 이름을 갖고 있는 영화유튜버이고, 냉정하고 과장 없이 말해서 꽤 성공한 유튜버다. 객관적으로 그렇다. 증거가 뭐냐고? 당신이 지금 손에 들고 읽고 있지 않나. 아는 유튜버 중에서 책 써서 출판한 사람이 몇 명이나 되는가? 그것도 영화유튜버 중에서.

그렇다고 내가 무슨 유튜버로서 성공담이나 성공 비법 따위를 들려줄 거라는 기대는 하지 마시길 바란다.

**첫 번째** 솔직히 나도 어쩌다가 내가 잘됐는지 잘 모르고.

**두 번째** 만약에 알고 있더라도 그걸 남에게 공유해줄 생각이 없고(그걸 왜 알려줘, 내가).

**세 번째** 더 솔직히 말하자면 남이 잘되든 안되든 별로 관심이 없다. 내 인생 챙기기도 너무 바빠서 눈알이 돌아갈 지경이기 때문에.

내 책을 출판하고 싶다는 담당자 상태가 의심스러운 출판사가 등장해서 (놀라운 일이다. 더불어 깊이 있고 좋은 책을 출판할 생각이 아무래도 없어 보이는 최근 출판업계의 동향에 대해서 참으로 걱정 어린 시선을 보낼 수밖에 없는 대목이기도 하고) 나에게 책을 쓰자고 했을 때부터, 나는 무려 일주일 동안 살벌한 고민에 들어갔다. 책을 한 권 쓰고 싶다는 생각은 하고 있었는데, 뭔 말을 써야 할지에 대한 생각은 전혀 없었거든. 쓰기는 써야 할 텐데, 무슨 말을 쓸까?

내 이야기에 미담과 뻥을 덕지덕지 처발라서 어마어마한 대서사시를 써야 하나?

아니면 《유튜버로 성공하는 법》 따위 제목을 붙인 다음 대충 그럴싸해 보이는 오지랖과 꼰대질을 시전해서 떼돈을 벌어볼까? 요즘 초등학생들 희망직업 1순위가 유튜버라는데 말이야. 이거 정말 엄청나게 좋은 미끼 아닌가.

뭔가 어머머 하게 어마어마하고 기똥차게 기깔찬 책을 쓰겠다는 욕망에 눈이 멀어 다른 글을 이것저것 써봤는데, 전부 하룻밤을 못 넘기고 때려치웠다. 원고가 세 페이지를 넘어가면 내가 쓴 글에 거짓말이 너무 많아서 스스로 보기가 역겨웠다. 내가 쓴 책을 역겨워서 못 보면 그것만 한 비극이 또 있겠는가. 안 팔리면 내 돈으로 잔뜩 사다가 집에 쌓아놔야 할 텐데. 볼 때마다 토할 거 아녀? 비위도 약한데.

그리고 사실. 내가 '하고 싶은 말' 말고 내가 '해야 하는 말'은 정해져 있었다. 지금까지 유튜버를 하면서 가장 많은 사람들에게 가장 다양하고 가장 집요하게 받은 질문에 답하는 거. 그거야말로 나한테서 가장 많은 사람들이 가장 많이 듣고 싶어 하는 말이 아니겠는가. 그럼 그걸로 책을 써야지. 그럼 가장 많이 받는 질문이 뭐냐고?

_____ 거의없다 님은 영화를 어떻게 보세요?

뒤에는 다양한 수식어구가 존재한다.

_____ 거의없다 님은 영화를 어떻게 보시길래 그렇게 잘 아세요?

_____ 거의없다 님은 영화를 어떻게 보시길래 그렇게 많이 기억하고 있어요?

_____ 거의없다 님은 영화를 어떻게 보시길래 이런 편집을 할 수 있죠?

_____ 거의없다 님은 영화를 어떻게 보시길래 그렇게 못생겼어요?

… 마지막 질문이 뭔가 이상하지만 넘어가자.

이 질문의 요지는 이것이 아닐까 싶다. 내가 챈들러 빙의 시니컬한 개그를 보고 동경했던 것처럼, 저렇게 되고 싶다는 욕망을 가졌던 것처럼. 나에게 저런 질문을 던지는 분들은 영화를 보고, 그 속에 담긴 의미를 간단하게나마 파악하고, 그걸 허접한 문장과 허접한 편집질로나마 남에게 전달하는, 그런 나의 별것 없으면서 유일하다시피 한 능력(스스로 '능력'이라고 표현하자니 개복치가 된 것처럼 온몸에 소름이 돋지만 일단은 넘어가자), 더 간단히 줄이자면 영화를 보고 나서 좀 있어 보이게 말할 수 있는 능력. 그게 궁금한 것이겠지. 아무렴 내가 눈으로 영화를 보는지 콧구멍으로 영화를 보는지 괄약근으로 곱씹는지가 궁금하지는 않을 것 아닌가.

그래서 나는 내가 어떻게 영화를 보는지에 대해서 지금부터 무려 책을 한 권 써볼 생각이다. 내가 하는 말이 늘 그렇듯 별 의미도 없고 재미도 없는 개소리가 절반 넘게 차지할 것이며(책을 거꾸로 들고 흔들어서 잡소리만 털어내버릴 수 있다면 이 책은 아마 한 번 털 때마다 엄청나게 떨어져 내릴 거다), 영화에 대한 전문적인 지식이나 용어설명 등등은 개뿔 없을 거다. 나부터가 그런 말 쓰는 걸 극히 싫어하고, 솔직히 아주 조금 있어 보이는 것 말고는 정말 아무 의미가 없거든. 미장센이라고 부르든, 화면구성이라고 부르든, 의미는 변하지 않는다. 그런데 왜 미장센이라고 불러야 해? 화면구성이라고 하면 처음 듣는 사람도 바로 알아들을 수 있는데.

사설이 길었다. 암튼 나는 닥치는 대로 쓸 거고, 앞뒤 없이 쓸 것이며, 되는 대로 쓸 거다. 책을 읽는 분들에게 뭔가를 가르치려고 들지도 않을 거다. 나는 당신에게 뭔가를 가르칠 만큼 대단한 사람이 아니다. 그냥 경험을 공유하는 정도라고 생각해주시면 좋을 것 같다. 내 경험에서 뭘 캐치하든 그건 당신이 알아서 할 일이고, 내가 상관할 일도 아니다. 알아서 해라.

여기까지 읽고 '아, 뭔가 잘못된 것 같다…'라고 생각해도 이미 늦었다. 환불은 없다.

그러니 돈 버렸다 생각 말고 한번 읽어나 보시길. 다 읽고 나서 '아이고, 시간 버렸네…'라는 생각이 들더라도, 역시 환불은 없다. 다 읽은 책을 어떻게 환불해주나? 안 그래?

# 1장

# 관심 없을 테지만,
# 그래도 내 이야기

내가 유튜브에서 운영하고 있는 채널인 〈영화걸작선〉은 주로 망한 영화를 다루는 콘텐츠다. 흥행이 망했든 작품성이 망했든 혹은 행여라도 미련 같은 건 갖지 말라고 흥행도 작품성도 둘 다 시원하게 말아먹었든 간에, 어쨌든 내 기준에서 망한 영화만을 다룬다.

　좋은 영화도 많은데 왜 망한 영화를 다루는 건가, 라는 질문 역시 지겹게도 받았다. 그때마다 어찌어찌 대충대충 성의 없는 대답을 하긴 했었지만 오늘은 좀 성의 있는 답변을 해볼까 한다. 내가 망한 영화만 다루는 이유는… 음.

**첫 번째** 잘 만들고 잘된 영화를 소개하는 작업은 이미 수많은 유튜버들이 엄청나게 많이 하고 있다.

크리스토퍼 놀란 감독이 만든, 슈퍼히어로 영화 가운데 최고의 명작으로 앞으로도 길이길이 남게 될 것이 분명한 영화 〈다크 나이트〉를 예로 들어보자. 유튜브 검색창에 〈다크 나이트〉를 치면 아마도 관련 동영상이 수십수백 개 뜰걸? 각 잡고 앉아 며칠을 봐도 다 못 볼 거다.

그 말인즉슨, 내가 〈다크 나이트〉에 대해서 무슨 말을 하든 결국은 누군가 이미 했던 이야기가 될 공산이 엄청나게 클 거라는 말이다. 그래서 안 한다. 남들이 한 이야기 똑같이 반복하는 거 지겹지 않나. 그리고 잘 만든 영화는 요약, 해석 따위 보지 말고 그냥 영화를 보면 된다. 우리나라 사람들은 특히나 남들이 요약해서 알려주는 것, 의미 해석해주는 것 등등을 이상할 정도로 좋아하는데, 이게 뭐, 어렸을 때부터 수학문제 풀다가 막히면 답안지랑 해설지부터 들춰 보는 버릇 때문에 그런 건지 다른 이유가 있는 건지는 모르겠다만 암튼 그건 좋은 방법이 아니다. 10분짜리 줄거리 요약 동영상 몇 개 보고 나서 그 영화를 다 봤다고 생각한다면 그건 존나 오산도 그런 경기도 오산이 없다. 누가 당신 오른쪽 발가락 다섯 개를 주물럭주물럭 만져보고 나서 "이놈이 어떤 놈인지 알겠군…"이라고 말한다면 뭐라고 할 것인가? 조까라고 하지 않을까?

**두 번째** 나는 원래 남들이 잘되는 것보다 망하는 걸 좋아한다.

이건 뭐, 내 타고난 성격이 이런 것이니 도덕적인 판단은 접어둬라. 그렇다고 내가 남들이 망하라고 우물에 독 타는 것도 아니고 제발 망하라고 정화수 떠놓고 백일기도를 올리는 것도 아니니. 그냥 잠자코 지켜보고 있다가 망하면 나 혼자 좋아하는 것에 불과하다. 그래도 이상해 보인다고? 그건 어쩔 수 없는 일이지, 뭐.

**세 번째** 역시 개인적인 신념이지만 나는 성공보다는 실패에서 더 많은 걸 배울 수 있다고 생각한다.

이것 역시 나의 개인적인 경험에서 우러난 개인적인

생각일 뿐이니 신경 쓸 것 없다. 그냥 그렇다고.

내가 망하는 것 말고, 남이 망하는 걸 구경하길 좋아하는 내 일관된 취향은 영화 장르에서도 비슷하게 적용된다. 왜. 내가 제일 좋아하는 장르가 포스트아포칼립스거든(최애 장르랑 또 달라…). 그러니까 지구나 인류 멸망 이후를 다루는 영화 말이다.

지금도 그렇지만 20대에서 30대로 넘어가는 나이 대의 나, 그러니까 한창 펄펄한 나이 대의 나는 특히나 포스트아포칼립스물을 너무너무 좋아했고, 관련된 영화를 닥치는 대로 찾아서 틈날 때마다 보고 또 보면서 위안을 얻었다. 뭐? 위안? 중국에서 쓰는 돈을 말하는 것인가? 아니다. 그, 위로와 비슷한 단어인 위안을 말하는 거다. 나에게 있어서 포스트아포칼립스는 힐링물이자 내 심신의 안식이었다(어째 말을 할수록 점점 더 이상해지는 것 같다…). 도대체 왜 그랬을까.

포스트아포칼립스는 외로움과 죄책감에 대한 이야기다. 어느 순간 세상이, 지구가, 인류가 쫄딱 망해버릴지도 모른다는 공포는 오래전부터 있어왔다. '아포칼립스'의 어원부터가 성경에서 출발한 것 아니던가. 어원보다는 어감이 멋져서 쓰이는 단어이긴 하지만. 사실 어원이 어떻든 간에 그게 뭐 그리 중요한 건 아니다.

인간이 누리고 있는 문명의 이기란 파괴를 동반한다. 당신이 아침 회의에 쓸 자료를 복사하려고 복사기에 집어넣은 A4 용지는 아마존의 열대우림 지역을 작살내며 만들어낸 물건일지도 모르고, 오늘 아침에 아이스아메리카노를 담아 마신 플라스틱 컵과 빨대는 바다에 버려져 갓 태어난 새끼 물범의 식도를 막아 그 아이를 죽여버릴지도 모른다. 당신이 어젯밤에 뜯어 먹은 치킨은, 당신 패딩 후드에 붙어 있는 라쿤 털은 어떤가. 라쿤 털은 원래 라쿤의 몸을 감싸야 할 물건이잖아. 사람 목덜미가 아니라.

우리는 뉴스에서 우리 인간이 얼마나 막나가는 종족인지를, 얼마나 심각하게 지구를 갉아먹고 있는 중인지를 매일 확인한다. 스타벅스에서 플라스틱 빨대를 종이 빨대로 대체한다고 해서, 혹은 내가 아름다운 마음으로 플라스틱 컵 대신 텀블러를 쓴다고 해서 당장 이 파괴의 속도가 유의미하게 줄어들지는 않을 것이라는 것 또한 알고 있다(그럼에도 불구하고 텀블러를 사용하는 것은 중요하다. 모두가 플라스틱 사용량을 줄이는 데 앞장서도록 하자).

이러다가 어느 순간 지구가 제대로 빡 돌아서, 인간이라는 종족을 자기 건강을 좀먹는 기생충 정도로 정의 내린 다음에, 이것들을 싹 쓸어버리고 좀 더 상쾌한 기분으로 살아가자고 결심해버리면 어떡하지? 인간에게만 먹히는 신상 바이러스 하나를 쌔끈하게 뽑아내서 온몸에 바른다든지… 하는 방법으로 말이야.

페스트가 유럽 인구의 절반을 휩쓸고 지나갔을 때, 프레디 머큐리가 에이즈로 사망했을 때, 에볼라 바이러스가 창궐했을 때, 인간은 항상 호들갑을 떨며 제 발 저려했다. 물론 그때마다 그것은 '신의 분노' 혹은 '천벌'로 거창하게 포장되었지만, 신이 분노조절장애가 있을 리도 없고 잘못한 게 없는데 무려 천벌을 때릴 정도로 또라이가 아닌 이상, 기저에 깔려 있는 생각은 항상 그거였다. 죄책감. 이거 봐, 존나 막나가더니 결국엔 이 꼴이 되는구나. 우린 ㅈ됐다.

지금이야 많이 시들지만, 냉전시대에는 전 세계 사람들이 핵전쟁에 대한 막연한 공포를 갖고 있었다. 왜 아니겠는가 말이다. 지구 반대편에서 대립 중인 커다란 두 나라(미국, 소련) 중 어떤 독보적인 미친놈이 나타나서, 혹은 윗동네 독재자가 어제 기쁨조 아가씨들을 끼고 마신 인삼주의 취기가 덜 깬 상태로 버튼 몇 개만 탁탁 누르면 미사일 몇 개가 슝 날아올라 퍽 떨어져 온 세상을 불바다로 만든다는데. 텔레비전, 신문 등등이 얼마나 떠들어댔는지.

사실 핵무기 몇 발 떨어진다고 해서 전 인류 몰살이라는 시뮬레이션은 심한 과장임에도 불구하고 이 관종들은 당시에 그런 것 따윈 전혀 개의치 않고 양념에 양념을 쳐서 끊임없이 새로운 메뉴를 개발해냈다. 재료 없이 msg만 처넣고 찌개를 끓이는 격이었지.

냉전의 끝 무렵에 초등학교를 다니던 내가 매달 사 보던 과학잡지에서는 무려 '핵폭발을 피해 살아남는 10가지 방법'을 연재하기도 했다. 지하 몇 미터 이상 벙커를 파고 두께 얼마 이상 되는 철문으로 막아놓으면 안전하다나.

작은 아파트 3층에 살며 땅을 팔 삽은 있었으나 내 마음대로 파도 되는 땅은 한 뼘도 없던 초딩에 불과했던 나는 그저 핵전쟁이 일어나면 최대한 가까운 곳에 핵폭탄이 떨어지기만을 바랬다. '그래야 죽을 때 고통이 덜하지 않을까?' 하는 생각으로 말이다.

아마 모르긴 몰라도 그때 몇몇 재벌가 양반들께서는

진짜로 지하벙커 몇 개를 지어놨을 거 같다. 지금은 뭘로 쓰고 계실지 모르겠네. 창고? 개집? 〈내부자들〉에서 본 것처럼 마음에 안 드는 사람 있으면 납치해다가 손 좀 봐주는 곳으로 쓰나? (너무 끔찍한 상상이군.)

그 밖에도 인류 멸망 시나리오는 끝도 없이 쏟아진다. 그 방법에는 패션처럼 유행이 있는데, 냉전시대에야 뭐 말할 것도 없이 핵전쟁이 그 대상이었고, 조금 지나자 기계문명에게 지배당하는 형태의 종말 시나리오가 등장했다. 〈터미네이터〉와 〈매트릭스〉에서 그리고 있는 종말의 형태가 그랬다. 사실 이건 종말이라기보단 멸망 직전 인류 최후의 전쟁, 성경에서 말하는 아마겟돈의 모습과 더욱 흡사하지만. 어쨌든 잘못되면 인간이 멸종되는 수순은 같으니까 대충 비슷하다고 퉁치고 넘어가자.

그다음은 우주 어딘가에서 소행성이 하나 날아와서 지구와 격렬하게 헤딩하는 시나리오였다. 그즈음 할리우드의 CG 기술력이 지구에 날아와 부딪히는 소행성을 실감나게 만들어낼 수 있을 만큼 발전했다는 이유도 물론 있겠으나, 소행성 충돌 시나리오는 대단히 간단하게 서사를 만들어낼 수 있다는 장점도 있었다. 소행성이 날아오는데 무슨 이유가 필요한가. 우주 반대편에서 누가 겨냥해서 던지는 것도 아니잖아. 그냥 날아오는 거지. 날아와 부딪히면 어떻게 되나? 그냥 깔끔하게 멸절, 멸망이다.

원인을 구구절절 설명할 필요도, 결과를 입 아프게 떠들 필요도 없다. 그냥 날아와 부딪히면 그대로 끝장이니까. 그걸 막아내면 인류는 생존, 아니면 죽음이다. 서사는 간단명료해지고, 화면은 화려해진다. 촬영 기술의 진화에 아주 알맞은 소재가 아닐 수 없다. 여기는 〈딥 임팩트〉〈아마겟돈〉을 보면 아시리라. 물론 나는 〈아마겟돈〉보다는 〈딥 임팩트〉를 조금 더 추천한다. 그 밖에 독창적인 방법도 많았다. 〈노잉〉에서 봤던 방법도 있고 〈지구를 지켜라〉에서 봤던 방법도 있다(스포 안 깔 테니 두 영화는 웬만하면 보시라. 재미있다).

왜 이렇게 인류 멸망을 가정하고 상상하는 영화가 많았을까. 이유는 생각보다 단순하다.

처음으로 돌아가 보자. 대충 눈과 귀가 열려 있는 사람들이라면 지금 본인이 누리고 있는 문명의 꿀맛은 수많은 종의 시체 더미 위, 지구의 격통 위에 세운 것이라는 사실을 알고 있다. 모를 수가 없지. 누구나 북극의 빙하가 녹아 수많은 북극곰들이 홈리스가 되고 있다는 사실을, 중국발 미세먼지가 대기를 심각하게 오염시키고 있다는 사실을, 먼 바다가 쓰레기로 뒤덮여 가고 있다는 사실을 알고 있다. 그런 프로그램 끝에는 항상 엄격 진지 근엄을 잘 믹스해서 얼굴에 탑재한 환경전문가가 등장해, 무시무시한 얼굴로 이야기를 하거든. "이러다가 진짜 큰.일. 납.니.다."라고.

언젠가 어디선가 누군가가, 내가 모르는 사이에 원인과 결과가 차곡차곡 쌓여서 이 세상이 절단 날 수도 있을 것 같다는 불안함. 내가 그 원인 중에 하나일 수도 있다는, 아니 인류의 잘못이라면 내가 빠져나갈 수가 없다는 막연한 죄책감. 그걸 건드리는 것이다. 영화는 아주 작은 액션 하나로 황당무계한 이야기에 설득력을 얻어낼 수 있다.

바이러스가 인류를 멸종시킨다고? 그것 봐, 플라스틱 좀 작작 버리자니까. 핵전쟁이 난다고? 내 그럴 줄 알았지. 언젠가는 '이 버튼 하나 누르면 정말 인류가 멸망하는 걸까?'라는 궁금증을 이겨내지 못하는 또라이가 출현할 줄 알았다니까. 인간이 기계에게 지배를 당해? 그럴 만도 하지. 내비게이션 나올 때부터 불안했어. 웃기잖아, 기계가 명령하는 대로 운전하는 인간이라니. 소행성이 날아온다고? 어쩐지. 'KT 대멸종(통신사 이름이 아니니 궁금하신 분들은 찾아보시도록)' 이후로 한 번쯤 하나쯤 더 날아올 때도 됐어. 이상하잖아, 우주에서 날아오는 것이 약속이나 한 듯 지구만 피해 가는 게. 그동안 안 맞은 것도 지구가 노란색이나 빨간색이 아니라 녹색이라서일 거야. 과녁 중앙에 녹색을 칠해놓는 경우는 없잖아.

이런 유의 영화는 결국 인류 멸망으로 가기도 하고, 그걸 직전에 아슬아슬하게 막아내기도 한다. 둘 중 뭐가 되었건 간에 작가는 마음껏 상상력을 펼치면서도 현실과의 지나친 괴리를 막을 수 있다. 더 많은 사람들에게 효과적으로 먹히는 이야기를 하기 위해 '공통된 정서를 자극할 것'. 국적, 인종, 종교, 남녀노소를 불문하고 인류의 멸망은 두렵고 무서우며 피하고 싶은 일일 테니까.


포스트아포칼립스라는 장르는 거기서 한 발자국을 더 내딛는다. 이 장르의 영화는 아포칼립스, 그러니까 대재앙이 벌어져서 인류가 멸망한 이후를 다룬다.

앞에서 이야기한 인류 멸망이 인간이 상상해낼 수 있는 가장 끔찍한 결말이라면, 그것보다 더 끔찍한 결말은 뭘까. 그건 바로 모두가 속 편하게 죽어버린 세상에 나 혼자 살아남는 일일 거다. 그러니까 포스트아포칼립스는 전 인류 공통 악몽의 다음 단계이자, 그 악몽보다 더 더 더 끔직한 일을 다루는 영화인 것이다. 도대체 그런 영화는 무엇을 이야기하고 싶은 것일까. 그냥 악취미로 만든 것일까?

이 장르를 이야기하면서 절대로 빼놓을 수 없는 작품이 있다. 바로 《나는 전설이다》라는 소설과 그 소설을 원작으로 한 세 편의 영화다. 아마도 이 책을 읽으신 분들은 대부분 윌 스미스가 등장한 2007년 영화를 상상하실 거다. 연식이 좀 되시는 분들은 찰턴 헤스턴이 주인공을 맡은 1971년 영화 〈오메가 맨〉을 떠올리시는 분도 계실 텐데, 만약 그렇다면 연식이 좀 많이… 음, 넘어가자.

아무래도 영화유튜버이다 보니, 영화가 있는 작품은 원작 읽을 것 없이 영화로 넘어가는 걸 절대적으로 선호하는 편이지만(원작은 뭐 하러 봐? 영화 보면 될 일이지!), 이 작품에 대해서만은 예외다. 그것도 아주 많이 예외다.

영화 〈나는 전설이다〉를 재미있게 보신 분이라면, 혹은 포스트아포칼립스 장르가 취향에 맞거나 이 장르에 대해 궁금증이 생기신 분이라면, 리처드 매드슨의 1954년 원작 소설을 무조건 읽어보셔야 한다(원작의 제목 또한 《나는 전설이다》라는 사실!). 무조건이다. 토 달지 말고, 닥치고 읽어라. 모든 클래식은 응당 그럴 만한 이유가 분명히 있는 법이다. 아직 안 읽었으면 이번 장만큼은 그 소설부터 읽고 나중에 읽어라. 그럴 만한 가치가 있으니.

장담컨대 소설을 읽지 않고 영화만 봤다면 당신은 수박의 속살에는 닿지도 못하고 껍질만 벗겨내서 우걱우걱 씹어 먹은 꼴이다. 수박 맛은 제대로 보지도 못한 상황이라는 거다. 왜냐하면 이 원작을 가져다가 만든 세 편의 영화는 원작의 메시지를 제대로 전달하지 못했을 뿐만 아니라, 원작의 제목이자 원작의 마지막 대사를 거의 반대로 뒤집어서 끝을 내고 있기 때문이다. 솔직히 책을 읽은 다음 영화를 보면 깨닫게 될 거다. 거의 원작 모독 수준이라는 것을.

원작의 로버트 네빌은 영화처럼 변종인류를 피해 자신의 집을 요새처럼 만들고 그 안에서 숨어 지낸다(여기까지는 영화와 같다).

인류 대부분이 멸종하고 남아 있는 존재들은 대충 셋으로 나눠볼 수 있는데, 첫 번째는 당연히 로버트 네빌류의 정상 인간이고, 두 번째는 짐승과 마찬가지로 이성이 전혀 남아 있지 않은 흡혈괴물이다. 이 변종인류는 에이리언과 다를 것이 없는 이질적이고 대화 불가능한 존재다. 마주치면 죽이는 수밖에 없다. 그렇지 않으면 내가 이놈들에게 잡혀서 피가 쪽쪽 빨려 먹히거나.

문제는 세 번째 존재다. 로버트 네빌의 추론에 따르면 인류가 이 모양 이 꼴이 난 이유는 바이러스 때문인데, 이 세 번째 인류는 바이러스에 감염은 되었으되, 인간으로서의 자각과 이성을 가진 존재다. 즉 햇빛에 피해를 입는 등 부작용은 분명히 존재하지만 바이러스와 함께 살아갈 수 있으며, 인간 수준의 지성을 유지하고 단체생활을 하고 있다.

그러나 로비드 네빌은 자기와 다른 존재들을 그냥 속 편하게 모조리 두 번째 변종인류, 즉 괴물이라고 판단하고 눈에 띄는 대로 죽여버리거나 잡아다가 실험체로 사용한다. 그의 이러한 행동은 본인의 입장에선 분명히 '인류

구원의 마지막 방법을 찾는 인류의 마지막 희망'으로서의 행동이다. 왜. 본인이 생각하는 정상 인간은 오로지 그 자신밖에 없기 때문이다. 나머지는 전부 괴물이니까.

책을 읽는 사람은 누구나 로버트 네빌의 입장에서 그와 같은 생각을 하게 된다. 만약 나라면 어땠을까. 소설을 읽는 모든 사람들의 상상이 아니던가. 이 소설의 주인공이자 화자이자 우리가 감정이입이 가능한 인물은 오로지 로버트 네빌뿐이다. 작가는 아주 간사할 정도로 로버트 네빌의 생각과 감정을 집요하게 묘사해내는데, 덕분에 우리는 그의 외로움과 절망을 생생하게 느낄 수 있다.

생각해보라. 밤만 되면 괴물이 득시글대며 사방에서 가래 끓는 목소리로 내 이름을 불러댄다. 집 외부의 방비가 조금만 허술해진다면 이놈들은 눈 깜짝할 사이에 내 방으로 쳐들어와 내 목덜미를 물어뜯을 것이다. 공포와 불안함에 잠은 고사하고 돌아버리지나 않으면 다행이지. 낮? 낮에는 괴물이 밖으로 나오지 못하니 돌아다닐 수 있다. 그러나 텅 빈 세상에는 아무도 없다. 오로지 나뿐이다. 혼자 남겨졌을 때 사람이 할 수 있는 일은 정말 몇 가지 없다.

인간이 기쁨과 즐거움을 느끼는 순간은 보통 누가 옆에 있을 때 아니던가('아내가 아이들을 데리고 친정에 갔을 때' 등의 시시껄렁한 순간은 좀 제외하도록 하자. 그것도 평소에 아내와 아이들이 있는 상황과 비교해서 잠시 행복한 순간인 거지).

로버트 네빌은 대단히 의지가 강하고 멘탈과 몸이 튼튼한 인간이지만, 이와 같은 생활(그러니까 밤에는 공포에 시달리고 낮에는 외로움에 몸부림치는)을 3년 넘게 지속하면서 차츰 인간으로서의, '인간적인' 모습을 잃어가게 된다.

그는 점점 더 기계적으로 낮에는 괴물을 찾아 죽이고, 밤에는 괴물이 자신을 해치지 못하도록 막는 일과만을 반복하게 된다. 도대체 왜 나만 혼자 멀쩡한 건지, 저 괴물은 뭐가 어떻게 잘못되어서 저렇게 된 건지, 저것들을 원래 인간으로 되돌리는 방법은 없는 건지. 혼자 머리가 터져라 생각해보고, 책을 가져다가 공부도 해보고, 실험도 해보지만, 속 시원한 결론은 단 하나도 나지 않는다. 앞서 말했듯이 인간이 떨렁 혼자 남겨져서 무슨 대단한 일을 할 수 있겠는가.

소설의 내용을 다 요약할 수는 없지만, 로버트 네빌이 크게 간과한 사실이 하나 있었다. 바로 세 번째 인류, 그러니까 네빌의 입장에서는 그냥 똑같은 괴물일 뿐이지만, 그 괴물들은 나름의 변화를 하고 있다는 사실이다. 바이러스와 같이 살아갈 수 있는 인류. 세상은 이미 이 세 번째 인류를 중심으로 재편되고 있었다. 그들은 두 번째 변종인류, 그러니까 흡혈괴물들을 청소해버리는 정화 작업을 이미 진행하고 있었다. 괴물 소탕 작전이 성공리에 끝나면, 인류는 다시 예전처럼 하나의 종족으로 발전해나갈 수 있는 것이다. 전 인류를 몰살시키다시피 한 바이러스에 내성을 가진 새로운 종족 말이다.

그러나 거기에는 또 하나의 커다란 걸림돌이 있었으니 바로 무시무시한 연쇄살인마 로버트 네빌이었다. 이 살인마는 우리가 밖에 나갈 수 없는 시간인 대낮에 장전된 총을 잔뜩 들고 다니면서 닥치는 대로 우리 종족을 학살하고 다니며, 일부는 잡아다가 마루타처럼 실험용으로 쓴 다음 내다 버린다. 밤에는 자신의 요새에 틀어박혀 나오질 않고⋯. 어쩐지 브람 스토커의《드라큘라》가 생각나지 않는가? 선과 악, 낮과 밤만 서로 바꿔버린다면 말이다.

그렇다. 로버트 네빌은 사실 인류의 마지막 희망이 아

니었던 거다. 오히려 그는 인류의 새로운 진화에 커다란 걸림돌이었다. 우연히도 바이러스에 대해 완벽한 항체를 갖고 있는 단 한 명의 존재가 되었으나 대다수의 인류는 바이러스와 '함께' 살아갈 것을 선택한 상황에서, 그건 개성이나 장점이 아니라 음식에 내려앉은 머리카락 같은 이질적인 존재였던 것이다.

소설의 마지막 순간에, 세 번째 인류에게 사로잡힌 로버트 네빌은 이렇게 중얼거린다.

나는 전설이군.

이 말은 당연히 '내가 바로 전설의 레전드다'라는 뜻이 전혀 아니다. 자신이야말로 신화 속의 괴물, 이성이 지배하는 사회에서는 통하지 않는, 오히려 없어져야만 하는 전설 속의 존재가 되어버린 꼴에 대한, 그 길고 길었던 자가당착에 대한 기막힌 자조의 말이다. 그러니까, "이런 시발, 내가 바로 그 전설 속의 괴물인 꼬라지라니… ㅈ같네, 정말" 이런 뜻인 거지.

〈나는 전설이다〉의 내용은 딱 한 단어로 요약할 수 있다. 희망고문. 로버트 네빌은 이보다 더 절망적일 수가 없는 상황에서도 포기하지 않는 강한 의지의 소유자다. 그 의지는 당연하게도 자신의 일에 대한 확신에서 나왔다. 그는 자신의 시선에서 가장 숭고한 일을 하고 있는 사람이었던 것이다.

그런데 그게 아니었다. 어느샌가 세상은 완전히 바뀌어버렸고, 인간 종족의 주류는 그가 아니라 변종인류로 넘어가 버렸다. 누가 옳고 그른지 따질 수도 없고, 따져봐야 소용이 없다. 생물체의 진화는 언제나 가장 최선의 방법을 선택한다. 그는 진화에 뒤처진 인간이자 드라큘라 같은 구시대의 괴물이 되어버렸고, 잘못된 신념을 믿고 강철 같은 의지로 행동하는 바람에 오히려 인류 진화의 걸림돌이 되어버렸다. 내가 슈퍼히어로인 줄 알았는데, 사실은 끝판왕 슈퍼빌런 짓을 하고 있었던 거니까.

그런데 읽는 사람을 내내 희망고문만 하다가 마지막에 이렇듯 산뜻한 일격을 날리는 소설을 원작으로 영화를 만들면서, 2007년에 개봉한 영화처럼 결말을 지어버리면 심히 웃기는 거다.

영화의 결말은 로버트 네빌이 결국 백신을 만들어내서

정말 전설, 길이길이 기억될 레전드가 되었다고 하면서 끝나거든(극장판과 나중에 나온 감독판의 내용이 조금 다른데, 어차피 원작에 똥칠을 한 건 비슷하다. 이게 도대체 뭐 하는 짓이냔 말이다). 원작이 갖고 있는 기막힌 전복의 메시지를 다시 전복시켜서 평범하기 짝이 없는 해피엔딩 영웅담을 하나 만들어놓다니. 아무리 배드엔딩은 돈이 안 된다지만 이 작품은 그게 정체성인데 말이다.

그래서 원작 소설의 팬들(단순히 팬들이라고 퉁치기엔 무시무시하게 많다. 리처드 매드슨의 원작은 정말로 긍정적인 의미의 '전설'이 되었기 때문에)은 아직까지 《나는 전설이다》의 품격에 걸맞은 영화는 단 한 편도 없다고 생각하고 있다. 물론 나도 거기에 동의한다.

그러나 그건 그거고, 우리가 영화를 보는 방법이 스토리텔링만 있는 것은 아니다. 화면 구경도 빼놓을 수 없는 재미지. 영화 〈나는 전설이다〉는, 포스트아포칼립스라는 장르적인 비주얼을 정말 잘 살려냈다. 보통의 포스트아포칼립스 영화는 배경이 사막이거나 바닷가, 폐허가 되어버려서 도시의 흔적만 남아 있는 황량한 벌판 정도였다.

〈매드맥스〉를 떠올려보라. 포스트아포칼립스 영화인

데 줄창 사막과 도로와 8기통만 나온다. 왜? 그쪽이 제작비가 별로 안 들기 때문에. 안 그래도 세상이 홀라당 망한 희망 없는 이야기를 하는데 제작비 잔뜩 쏟아붓고 폭망해봐라. 〈워터 월드〉 꼴 나는 거지(〈워터 월드〉는 포스트아포칼립스 장르로 블록버스터를 만들었다가 역대급으로 폭망한 영화다. 지금 와서 다시 보면 겁나게 뻔하긴 하지만 나름 재미는 있다).

2007년 영화 〈나는 전설이다〉는 배경이 도시다. 원작에서 아무도 없는 도시를 혼자 누비는 주인공의 모습, 도심 속 텅 빈 도로를 질주하는 주인공의 차량, 풀이 자라서 빽빽하게 덮여 있는 타임스스퀘어의 모습 등등 보통의 포스트아포칼립스 영화에서는 볼 수 없는 떼돈 들인 비주얼이 아주 제대로 구현되어 있다. 거기에 주인공이 느끼는 외로움과 절망 또한 아주 잘 표현되어 있고.

이 영화는 포스트아포칼립스 영화치고는 많은 돈이 들어간 블록버스터다. 폐허를 누비는 인류 마지막 생존자가 윌 스미스라는 것만 봐도 그렇지. 평소에 우리가 굳이 거기에 가보지는 않더라도 텔레비전 틀면 흔하디흔하게 볼 수 있는 뉴욕 타임스스퀘어가 텅 비어 있는 비주얼은 매우 익숙하면서도 낯설다. 그런 효과를 내기 위해 엄청난 제작비가 필요했던 것이고. 그 제작비를 뽑아내려면 배드엔딩은 절대로 안 될 말이니 마지막엔 윌 스미스가 진짜로 전설의 레전드가 되는 원작 모독적 결말에 다다른 것이다.

한마디로, 장르적 특성과 정서는 잘 살렸으나 원작의 메시지는 말아먹어 버린 괴상한 영화가 나온 것이다. 이 정도라면 정말 자본이 낳은 괴물이자 낳아준 부모의 뚝배기를 후려갈기는 패륜아가 아닐 수 없다.

포스트아포칼립스 이야기를 하다가 참 멀리도 돌아왔는데, 결국 포스트아포칼립스 장르를 규정하는 정서는 외로움과 죄책감이다. 어떤 장르든 현재까지 꾸준히 만들고 있다는 것은 그 장르의 영화가 현대인의 정서를 건드리는 부분이 있다는 것, 그러니까 그 영화의 주인공에게 내가 강하게 감정이입을 할 수 있는 건더기가 있다는 반증이다.

세상에 니 혼자 남아 있는 듯한 감각. 나와 같은 사람이 나밖에 없다는 외로움. 그리고 막연한 죄책감. 그런데 그게 왜 현대인의 정서를 건드리는 거지? 세상은 안 망했잖아? 앞으로도 그렇게 쉽게 망할 것 같지 않은데?

간단하게 질문해보자. 당신, 석기시대나 철기시대 인간이 아니라 현대인이지. 확실하지? 그런데 당신은 지금 외롭지 않은가? 죄책감이 없나?

잠깐만 내 이야기를 해보자. 관심 없어도 할 수 없다. 어차피 내 이야기를 하려고 쓰는 책이니.

20대 후반에서 30대로 넘어가는 즈음에, 나는 꽤나 희망 없는 나날을 보내고 있었다. 대학을 졸업한 후 열심히 일해서 모아놓은 돈을 있는 대로 끌어모으고, 은행에서 대출도 받고, 친구들 몇 명까지 끌어들여 야심차게 시작한 사업은 정확히 6개월 만에 깔끔하게 말아먹고 말았다. 구구절절 이야기하고 싶지는 않다. 별로 유쾌한 기억도 아니고. 암튼 망했다. 쫄딱.

나는 사업을 하면서 얻게 된 빚을 탕감하기 위해서 약 1년간 투잡을 뛰었는데, 하나는 콜센터에서 클레임 처리를 담당하는 일이었고, 다른 하나는 그 일이 끝나면 저녁 8시부터 대리운전을 뛰는 거였다. 세상에 내가 하는 일 중에 힘들지 않은 일이 없고, 남이 하는 일 중에 개꿀이 아닌 일이 없지만, 확신을 담아 이야기할 수 있다. 저 두

가지 직업은 그중에서도 '최고로 ㅈ 같은 일'의 카테고리에 확실하게 들어갈 거다.

아니, 정정하자. 저 두 가지 일을 '동시에' 하는 건 최고로 ㅈ 같은 일에 확실히 들어간다. 약 1년여간 내가 만난 인간은 과장 좀 보태서, 전부 괴물이었다. 클레임 담당 부서까지 올 정도인 '고객'이라면? 보통 진상 짓으로는 힘들다. 심각한 진상이어야 가능하다.

간단하게 설명하자면, 내가 산 물건에 약간의 하자가 있거나 (사실 하자 없는 경우가 더 많았지만) 아니면 내가 광고에서 본 것과 다르다는 이유로 (사실 다르지 않은 경우가 더 많았지만) 전화를 해서 생판 모르는 나한테, 방긋방긋 웃는 상담원을 향해 KTX 기차 화통을 삶아 처먹은 듯한 초고음의 고함과 쌍욕을 동시에 시전할 수 있는 배포를 가진 인간만 상대하는 것이다. 만약 정말로 물건에 하자가 있거나 한다면 교환이나 환불처리가 되지 클레임처리 부서까지 오지도 않는다.

하루 종일 그런 인간을 상대하며 어르고 달래고 때로는 강경하게 대응하고… 따위의 일만 한다고 생각해보자. 매일매일이 정말 산뜻하겠지, 안 그래?

대리운전은 앞의 일에 비하면 정신적 난이도가 그렇게 높지는 않았다. 대개 술 취한 사람들은 뒷좌석에 앉아 곯아떨어지는 일이 가장 많았고, 자기 차를 운전하고 있는 사람(그러니까 자기 목숨을 쥐고 있기도 한 사람)에게 죽어라 진상 피우는 인간은 많지 않았다. 그러나 직업 특성상 대놓고 무시를 당하거나 투명인간 취급을 당하는 일은 이쪽이 더 많았다. 게다가 오전 9시부터 저녁 6시부터 풀로 일하고 늦은 8시부터 다시 일을 시작하는 셈이니, 이번엔 체력이 달리고 몸이 축나기 시작했다. 허허허….

낮엔 끊임없는 멘탈 공격에 시달리고, 밤엔 육체적 개고생이 계속되었다. 인간이 피폐해지는 데에 최상의 조건이 지속된 것이다. 내가 지금도 절대로 하지 않는 일 두 가지. 하나는 콜센터에 전화해서 진상 피우는 일이고 다른 하나는 대리운전 부르는 일이다.

그게 잘못되었다는 말이 아니다. 잘못된 게 있으면 따져야 하고, 술 먹었으면 대리운전 불러야지. 음주운전 할 게 아니라. 그냥 내가 안 하는 거다. 그러니까, 이건 트라우마다. 도저히 못 하겠다. 그래서 나는 술도 안 먹는다. 1년간 남의 입에서 술 냄새를 하도 맡았더니 술 자체가 싫어지기도 했고.

가끔 내 동영상에 댓글로 질문하는 척하면서 뜬금없는 오지랖을 떠는 사람들이 있다.

_____ 학창 시절에 공부 좀 열심히 하셨다면 유튜브에서 이런 일하지 않아도 됐을 텐데. 하하하.

글의 뉘앙스가 좀 의심스럽지? 의심하는 그대로다. 저렇게 천박할 수 있다니 놀랍지 않은가. 걱정해주는 것과 걱정해주는 척 비웃는 건 아주 쉽게 구분이 된다. 그게 구분이 안 될 리가. 댓글 세상은 놀라움의 연속이다. 이것도 이야깃거리가 한 보따리인데 그건 나중에 이야기하도록 하자. 이런 식의 댓글을 볼 때마다 나는, 좀 미안하지만 창자 깊숙이에서 끓어오르는 비웃음을 도저히 참을 수가 없다.

'너, 진짜 힘든 게 뭔지 전혀 모르는구나.'

암튼, 그 1년간 전화기 반대편에 존재하는, 뒷좌석에 앉아 있는 괴물과 싸우면서 내가 정말 힘들었던 건 멘탈 공격도 육체적 고행도 아니었다. 불안함과 외로움이었다.

그때 내 나이가, 한창 열심히 일하면서 희망찬 미래를 그리고 있을 나이였다(실제로 내 친구들은 대부분 이 나이 대에 연애를 하고, 결혼을 하고, 아이를 낳고 있었다). 그런데 나는 내가 싼 똥을 치우느라 대열에서 이탈해 거꾸로 달려가고 있었다.

로버트 네빌은 잘못된 것이나마 자기 확신이라도 있었고, 곧 내 연구가 완성될 수도 있다는 막연한 희망이라도 있었지. 나에게는 마이너스가 찍혀 있는 통장과, 이걸 다시 0으로 만들어놓겠다는 오기만이 원동력이었다. 세상에 통장을 0원으로 만들기 위해서 죽을똥을 싸며 일을 하다니. 푸하하하.


'이렇게 발버둥을 치는 게 과연, 효과가 있기는 있는 일일까.'

'나는 지금 내 인생을, 시간을 얼마나 낭비하고 있는 것일까. 이게 이런다고 복구가 될까.'

'이러다가 나는 영영, 대열에서 멀어져 남들처럼 살지

못하게 되어버리는 건 아닐까.'

'저 괴물 같은 새끼들도 다 잘만 사는데 나는 왜 이 모양이지.'


포스트아포칼립스 영화를 한 편 더 소개한다. 〈일라이〉다. 이번 장만 너무 길어지므로 그리고 이 영화는 그렇게 잘 만들었다거나 클래식까지는 아니므로 간단하게 이야기하자면, 주인공 일라이는 쫄딱 망해버린 세상에서 혼자 30년째 대지를 걷고 있다. 그는 신이 자신에게 신성한 임무를 주었다고 '믿는다'.

그에게 임무를 맡긴 신은 그에게 임무를 완수할 때까지 죽거나 다치는 일이 없을 것이라고 예언했다. 그 예언이 사실이었는지, 아니면 원래 인간 자체가 싸움을 무식하게 잘하는 인간이었는지 암튼 이 남자는 무적이다. 싸워도 한 대도 안 맞는다. 총도 칼도 모두 이 남자를 알아서 피해 간다. 반면 일라이는 대충 귀찮은 듯 손발을 휘두르기만 하면 상대방의 팔다리가 퍽퍽 부러지고, 뚝배기는 펑펑 터져 나간다. 총? 칼? 장님이 지팡이 휘두르듯 획획 휘두르면 상대방은 사지가 잘려 나가고 마빡에 명중한다. 그러니까 이 남자는 신빨을 받아 싸우는 셈이다. 두려울 게 없다(이 영화는 꽤 독특하고 재미있는 액션 영화이기도 하다. 귀찮은 듯, 날아드는 날파리 쫓듯 휘적거리며 싸우는 덴젤 워싱 턴의 연기가 압권이다).

그러나 내가 꽂힌 장면은 싸움박질하는 장면은 아니 었다. 영화 초반에, 일라이가 빈집에 들려 하룻밤을 지내 는 장면이 있다. 그는 장작불을 피워 그날 사냥한 사냥감 을 요리하고, 물티슈를 하나 뜯어 온몸을 닦고(물이 매우 부족한 세상이다), 매고 다니던 백팩을 주섬주섬 풀어 그 안 에서 족히 40년은 썩은 듯한 아이팟을 하나 꺼내들어 켠 다음, 음질 구리기로 소문난 이어폰을 하나 꺼내 연결한 다. 그리고 영화는 그가 듣는 음악을 밖으로 꺼내 관객에 게 들려준다.

무슨 곡이냐 하면… 미국의 솔뮤직 가수 알 그린이 1972년에 발표한 〈How can you mend a broken heart〉 라는 곡이다. 유튜브 뒤져서 한번 찾아보자. 좋은 노래다. 처음부터 끝까지 다 적으면 너무 날로 먹는 것 같으니 이 노래의 후렴구 가사만 살펴보자.

And how can you mend a broken heart?

어떻게 상처 입은 마음을 치유할 수 있을까요?

How can you stop the rain from falling down?

어떻게 비를 멈추게 할 수 있어요?

How can you stop the sun from shining?

어떻게 해가 빛나는 걸 멈추게 할 수 있죠?

What makes the world go round?

무엇이 세상을 돌아가게 하죠?

How can you mend a this broken man?

어떻게 상처 입은 남자를 치유할 수 있나요?

How can a loser ever win?

어떻게 패배자가 승리할 수 있을까요?

Please help me mend my broken heart and let me live again.

상처 입은 마음을 치유하고 살아갈 수 있게 도와줘요, 제발.

주인공이 듣는 노래를 관객에게 그대로 들려준다는 건, 그 노래에 뭔가 의미가 있다는 말이다. 어떤 감독도 자기 영화에 러닝타임 때우는 용도, 혹은 "야, 이 노래 기깔나게 좋은데 너도 좀 들어볼래?" 따위의 이유로 노래를 넣지 않는다.

암튼, 가사를 보자. 문장이 온통 물음표로 끝나고 있다. 왜 주인공은 신의 사자(영화의 설정상, 기독교의 신이다)라면서 CCM이나 찬송가 등을 들으며 통성기도를 하지 않고 아무 말도 없이 앉아 저런 불경한 노래를 듣고 있는 것일까? 이 사람은 신의 임무를 받아 수행하고 있잖아? 어떤 의심도 없이 굳게 믿고?

그렇다. 사실은 그게 아니었던 거다. 그가 행하는 일은 이 개박살이 나버린 세상에서 아주 작은, 어쩌면 아무짝에도 쓸모없을지 모르는 아주 작은 일에 불과하다. 이걸 제대로 미션 컴플리트 해낸다고 해서 과연 이 세상이 이전처럼 돌아가게 되는, 그러니까 치유되는 것일까? 진짜? 그걸 누가 장담하지?

내가 들은 게 정말 신의 목소리가 맞기는 맞는 것일까? 세상이 망해버린 후로, 거의 모든 사람들은 정신착란적 현상을 겪고 있다. 나라고 그러지 말란 법은 없지 않은가? 사실은 내가 잠을 자다가 꿈에서 들은 소리를 착각한 것이거나, 아니면 그냥 환청을 들었던 것일지도 모르잖은가. 왜 신은 딱 한 번 말하고 30년째 아무 말이 없는 거지? 30년 전의 기억이 정말 사실이 맞긴 한 걸까? 내가 기억 조작한 거 아니고?

주인공은 확신을 가졌을 수도 있다. 영화는 해석하기 나름이니까. 그러나 그렇지 않았을 수도 있다. 그냥 본인이 온 힘을 다해서 필사적으로 그렇게 믿고 있는 것에 불과할 수도 있다. 정말 털끝만큼도 흔들리지 않는 굳은 믿음이라면, 이렇게 애타게 해답을 갈구하는 내용의 노래를 왜 듣는단 말인가. 본인이 해답을 알고 있는데.

생각이 거기에 미치는 순간, 나는 내가 왜 그렇게 아저씨 한 명이 폐가에서 혼자 잠들 준비를 하는 장면에 꽂혀서 몇 개월째 그 장면만 주야장천 보고 있었는지, 왜 그 장면에서 흘러나오는 노래를 그렇게 닳고 닳도록 들었는지 깨달았다.

나는 나처럼 불안해하고, 힘들어하고, 그렇게 하루를 정리하고 잠드는 또 다른 사람을 보면서 나도 모르게 안심하고 있었던 거다. 위로를 얻고 있었던 거다. 저기에 나 같은 사람이 한 명 더 있구나. 나 혼자만 그런 게 아니었어.

지금 가는 길이 맞는지는, 결코 알 수 없다. 신의 사자라고 해도 인간은 인간. 신은 아니니까. 고로 어떤 인간의 인생에도 절대적인 확신 따위는 존재하지 않는 거다. 신념과 확신은 다르다. 로버트 네빌의 굳건한 신념은 결국 커다란 삽질에 불과했다. 신의 사자 일라이는 신이 내린 임무를 행하면서도 불안감을 완전히 떨치지 못했다.

그렇다면, 미래가 불안하지 않은 사람이, 지금 내 일에 100퍼센트 확신을 갖고 있는 인간이 과연 있을까?

장담한다. 만약 자기의 판단과 신념을 100퍼센트 믿고 일말의 의심도 없다면, 그 사람은 아주 위험한 사람일 가능성이 대단히 높다.

히틀러가 그랬거든. 마블 유니버스의 타노스도 그랬고. 본인들은 인류를 위해서, 혹은 우주를 위해서 더 커다란 선을 행하는 것이라고 굳게 믿고 일말의 타협도 없었다. 면도날도 안 들어갈 정도로 타협의 여지를 두지 않는 신념은 대부분 좋지 않은 결과를 초래한다.

'혹시 내가 지금 틀린 건 아닐까?'
'내가 지금 뻘짓을 하고 있는 건 아닐까?'

끊임없이 의심하고 불안해하는 것은 어쩌면 당신이 잘못되지 않았다는 강력한 반증이기도 하다.

영화를 어떤 목적으로 봐야 한다, 이 영화는 이렇게 봐야 한다, 이런 식으로 강요하는 것을 나는 정말 싫어한다. 그런 게 어디 있나. 영화는 자기 꼴리는 대로 보는 거다. 보고 싶은 것만 봐도 되고, 한 장르만 죽어라 파도 되고, 배우 얼굴만 구경해도 된다. 상징? 의미? 그딴 건 아무래도 상관없다.

그게 당신에게 위로가 되고 힘이 된다면, 불안함과 외로움을 달래준다면, 얼마든지 그렇게 해라. 무슨 영화 한 편 보는 데 공식이 있고 방법이 있단 말인가? (단, 내 시선을 남에게까지 강요하는 촌스런 짓은 절대로 하지 말자.)

그리고 한 가지 더. 〈일라이〉의 주인공 일라이는 30년을 황야에서 떠돌았고, 삶의 마지막 순간에 가서야 본인이 정말 틀리지 않았다는 것을 깨달았다. 그는 매일매일 불안함과 외로움 속에서 잠들었지만, 그렇다고 해서 그 자리에 철퍼덕 주저앉아 버리지 않을 정도로는 강인한, 그러니까 적당히 강한 인간이었다.

그 정도면 된다. 당신도 그 정도로만 강하면 되는 것이다. 울버린처럼 총알을 튕겨내는 골격을 가질 필요도, "어, 잠깐만. 나 지금 십이지장 쪽에서 소화가 잘 안 되는 것 같은데 기다려봐"라고 말한 다음 배를 갈라서 손을 넣어 위장을 쥐어짜 버릴 만큼 (실제 코믹스에 있는 장면이다) 말도 안 되게 강할 필요까진 전혀 없다. 힘들면 울고, 불안하면 흔들리고, ㅈ 같은 일이 있으면 걸쭉하게 욕하면서도 계속 걷기만 하면 된다. 대상이 영화든 뭐든 좋으니까 때때로 위로받으면서 말이다.


내 이야기를 조금만 더 하면서 마무리를 해볼까.

나는 내 인생이 가장 힘들었을 때, 미친 듯이 영화를 봤다. 눈에 핏발이 서 있을 게 분명한 진상 고객과 통화를 하면서도 한쪽 눈으로는 컴퓨터 화면에 켜놓은 영화를 보고 있었다(주로 외국 영화였다. 소리 없이 자막만 봐도 되니까). 뇌의 반쪽만이라도 현실에서 도망가는 가장 확실한 방법이었으니까.

그런데 웃기게도 나는 지금 그때 본 영화와 딴생각 덕분에 영화유튜버를 해먹고 있다. 수많은 댓글들이 나에게 질문하는 바로 그것.

_____ 거의없다 님은 어떻게 그렇게 영화의 장면과 대사를 잘 기억해요?

여기에 대답할 만한 베이스를 쌓은 게 바로 이때였다는 말이지. 본 영화 또 보고, 좋아하는 대사는 따라서 읊어보기도 하고, 주인공이 하는 행동 그대로 해보기도 하고. 놀아주는 사람이 없으니 그러고 혼자 놀았거든. 지금도 내가 〈걸작선〉을 만드는 기억의 기반 중 가장 큰 덩어리는 그때 본 영화들이다.

가장 엿 같은 순간에 함께한 것들이 가장 괜찮은 순간을 만들어내는 재료가 된다니.

인생이란, 참 어이없을 정도로 재미있지 않은가?

# 2장

# 지금 좀 누우면 안 돼?
# 난 지금 힘든데

# 폭스캐처  Foxcatcher

2014

가끔은, 처음부터 끝까지 잘 보고 나서 '이게 도대체 뭔 영화지?' 하게 되는 영화가 있다. 도대체 무슨 말을 하고 싶은 건지 도대체 모를 영화 말이다.

혹시 내가 〈걸작선〉에서 다뤘던 영화들이 마구 생각난다면, 그 영화들은 제외하도록 하자. 본인이 무슨 말을 하고 싶은지 정확히 모르는 사람의 이야기는 못 알아듣는 게 당연한 거다. 문제는 이 영화가 또렷한 주제를 갖고 이야기를 하고 있는데 뭔 말인지 접수가 안 되는 경우다.

_____ 야, 이건 도대체 뭔 영화냐? 무슨 말이 하고 싶어
서 만든 거지?


　지금까지 가장 많은 사람들에게 이 질문을 받은 영화
는 바로 〈폭스캐처〉다. 나름 흥미진진한 이야기를 하고
있는 영화라서 처음부터 끝까지 지켜보긴 했는데, 다 보
고 나니… '어?' 하게 되는.
　웃긴 건 또 이런 영화가 전 세계 평론가들에게 극찬 세
례를 받고, 인정을 받는다는 점이다. 그러니까 더 아리송
하고 기분이 더럽다. 내가 양키 감성이 부족해서 이해를
못 하는 건가?
　이번 장에서는 영화를 보고 사유하는 법, 생각하는 법
에 대해서 이야기해보도록 하자.
　개인적으로 이번 장은 〈폭스캐처〉를 보고 나서 천천히
읽어보시길 권한다. 하나도 어려울 것 없다. 그렇게 어려
운 영화도 아니므로. 눈을 부릅뜨고, 대사 하나도 놓치지
말고 보기만 한다면 누구나 다 이해 가능한 수준의 영화
다. 아주 약간의 배경지식만 있으면 된다. 배경지식이 없
다고? 그건 내가 드리겠다. 그러니 쫄지 마라.

단, 영화에 집중하시라. 가끔 자랑스러운 얼굴로 "나는 영화를 2배속으로 보거나 게임하면서 보는데 그래도 내용 이해가 다 되지롱~!" 하면서 중2병스러운 자랑을 하는 분들이 있는데, 그건 본인이 그런 영화만 찾아서 보기 때문이다. 좋은 영화는 대부분 영화에서 이야기를 시작해 영화 밖으로 그 이야기를 확장해나간다. 단순히 줄거리를 이해하는 데에서 끝나지 않는다는 말이다.

세계적으로 아주 유명한 금수저의 이야기를 해보도록 하자. 좁디좁은 한국 땅에서 건물 몇 채 갖고 있는 흔한 (물론 그런 흔해빠진 금수저라도 되기만 되면 좋겠다는 생각은 지금 나도 하고 있다) 금수저 이야기가 아니다. 사이즈가 완전히 다른 미국산 골드스푼 이야기다.

'듀퐁' 하면 보통 영화 〈타짜〉에서 고니가 사용하는 라이터를 생각하는 분들 많을 거다.

〈신세계〉에서 정청과 이자성이 사용하는 고가의 라이터 역시 듀퐁 제품이다. 시그니처인 '퐁' 소리가 나는 라이터는 보통 50만 원대부터 시작하고 거기에 은장 금장 섞기 시작하면 라이터 가격이 기백만 원 넘어가는 어마어마한 물건이다.

물론 당겨서 불을 켠 다음 담배에 불붙이는 용도로 사용되는 건 500원짜리 편의점 라이터와 같지만, 이 라이터를 사용하면 겁나 비싼 돈 들여서 내 건강을 해치는 담배를 피울 수 있다는 보편적인 장점과, 꺼내서 불을 켤 때 남들 앞에서 겁나 있어 보일 수 있다는 사소한 장점이 있다.

영화에서 소품으로 사용되는 이유도 그 사소한 장점 때문이다. 예를 들어 〈타짜〉에서 주인공 고니가 언제부터 이 듀퐁 라이터를 쓰는가. 평경장과 결별하고 정 마담과 붙어먹은 ('붙어먹는다'는 표현은 두 가지 속뜻이 있는데, 이 경우에는 두 가지 모두 해당한다) 이후부터다.

누나의 돈을 찾기 위해서 평경장을 스승으로 모시며 착실하게 도박 손기술을 배우던 소박한 고니(도박판에서 남 속이는 기술을 배우고 있는 중이지만), BMW가 뭔지도 모르고 차의 선루프가 열리자 "열어놨다가 비 오면 어떡하지?"라는 얼빠진 질문을 하는 순진한 고니가 (남의 뼛속까지 탈탈 털어먹는 데에는 전문가이기는 하지만) 자본의 단맛에 취하기 시작하면서 허세도 부리고 센 척도 하기 시작하는 시점, 그러니까 안과 밖이 깔끔하게 일치하는 도박꾼이자 사기꾼이 된 이후부터 이 듀퐁 라이터를 쓰기 시작하는 것이다. 비싸고 폼 나는 물건이니까.

영화에서 소품은 보통 그렇게 사용된다. 그 사람이 쓰는 물건 또한 등장인물의 정체성을 이야기해주는 것이다 (그런데 고니가 쓰는 듀퐁 라이터가 멋지다고 따라서 사지는 말자. 너무 비싸다. 취미로 모으시는 분들도 있는데, 그분들이야 취미니까 그렇다 치고, 멋져 보여서 덜컥 사기엔 너무 비싼 물건이다).

잠시 이야기가 딴 길로 샜다. 내가 말하려는 듀폰은 지금 말하는 듀퐁이랑은 다른 회사인데.

듀폰사(E. I. Du Pont de Nemours and Company)는 미국에서 기업가로 대성공한 가문이 세운 회사이자, 미국 델레웨어 주 윌밍턴에 있는 세계적인 화학회사다. 이 회사는 아주 간단하게 설명할 수 있다. 스타킹. 나일론을 개발해서 스타킹을 만든 회사다.

스타킹 마니아와 스타킹 페티시 있는 분들은 듀폰사에게 감사를, 맨 처음 나일론을 개발한 월리스 흄 캐러더스 박사(1896. 4. 27~1937. 4. 29)에게는 명복을 한번 빌어드리자. 그분은 나일론을 개발해놓고 대박이 나기도 전에

음독자살로 생을 마감하셨다. 좀만 참으셨으면 떼부자가 되셨을 텐데.

암튼 캐더러스 박사는 듀폰사에 고용되어 나일론이라는 신소재를 개발해냈는데, 나일론이 얼마나 쓸모 있는 물건이었을지는 뭐, 다 알고 계시겠지. 지금이야 천연 소재 아니라고 싸구려 취급을 받지만, 개발 당시에는 혁명적인 물건이었고 나일론이 대중화되는 바람에 우리는 싸고 질 좋은 옷을 마음껏 사서 따뜻하게 입을 수 있었다.

암튼 이 듀폰가(家)는 원래 프랑스의 명문 집안이었으나 프랑스대혁명을 피해 (그대로 프랑스에 머물러 있다간 단두대에 모가지 날아가지 않을 거라는 보장이 없었을 테니) 미국으로 건너갔는데, 공장 설립 이후 터진 미국의 남북전쟁에 성능 좋은 탄약과 폭탄을 만들어 팔아 떼돈을 벌었다. '죽음의 상인'이라는 오명을 쓰기도 했지만. 지금은 세계에서 가장 큰 화학회사 중 하나다. 더 설명하긴 귀찮으니 궁금하면 찾아보자.

간단하게 무기사업으로 떼돈을 번, 돈이 우라질 나게 많은 명망 높은 기업가 집안이라고 생각하면 되겠다(사실 이 가문은 미국 이주 역사에서 엄청나게 자주 등장하는 집안이며, 이 회사는 델라웨어주를 대표하는 기업이다. 델라웨어주의 듀폰가는 고담 시의 웨인가(家)와 비슷한 개념이라고 생각하면 되겠다).

이 집안의 창업주인 E. I. 듀폰의 손자의 손자, 그러니까 어려운 말로 현손이라고 부르는, 존 듀폰이라는 사람이 있었다. 그러니까 고조할아버지는 창업주, 존 듀폰은 재벌 5세인 셈이다. 태어났을 때부터 돈방석 정도가 아니라 돈의 강 위에서 태어난 이 양반은 아마도 평생 가장 큰 고민이 어떻게 하면 간지 나게 돈을 쓸까…였을 것이다. 돈을 벌 필요? 그럴 필요가 어디 있어? 가만히 집에 앉아 있기만 해도 돈이 알아서 막 자가증식하는데.

그리고 이 사람은 듀폰가 사람들 중에서 유일하게 자기 고조할아버지보다 유명하다. 왜냐하면, 사람을 총으로 쏴 죽이고 감옥에서 생을 마감했기 때문이다.

'… 으응?'이라는 말이 머리를 스치지 않는가. 우리나라마냥 차고 있던 땅값이 올라서 엉겁결에 (그리고 순식간에) 졸부가 된 인물도 아니고, 명망 높은 귀족 가문이자 떼부자 가문에서 태어난 금수저 중의 금수저, 이 정도면 금수저가 아니라 다이아몬드수저라고 불러줘야 할 것 같은 부잣집 도련님이 총을 쏴서 누군가를 살해하고 빵에서 생을 마감했다고? 도대체 왜?

자, 영화 〈폭스캐처〉 이야기다. 브래드 피트를 주연으로 〈머니볼〉이라는 영화를 만들었던 베넷 밀러 감독은 이 흥미로운 소재를 가지고 영화를 만들기로 결정한다. 〈머니볼〉이 야구 영화가 아니었던 것처럼, 이 영화 역시 역동적인 스포츠 영화와는 대단히 거리가 멀다. 마크 러팔로와 채닝 테이텀이 등장해서 박진감 넘치는 레슬링 장면을 연출하고, 고난을 이겨낸 인간 승리의 스포츠 드라마를 기대하고 이 영화를 본다면 100퍼센트 실망 대실망을 하고 쌍욕을 뱉어낼 것이다.

〈폭스캐처〉는 대단히 정적이고 차가운 시선으로 진행되는 영화다. 심지어 배경음악도 거의 들리지 않는다. 그렇다면 베넷 밀러 감독은 이 영화를 통해서 도대체 무엇을 이야기하고 싶었던 것일까. 설마하니 장수하고 싶은 욕심에 '영화로 사람들 좀 낚아서 진탕 욕을 좀 먹어야겠다'라는 심성으로 만들지는 않았을 터인데.

베넷 밀러 감독은 이 영화를 통해 사람의 마음속에 있는 '결핍'이 어떤 방식으로 작동하는가를 지켜보고 있다. 벌써부터 겁먹지 말자. 결핍이 별거 아니다. 채워지지 않는 공허함, 내가 갖지 못한 것 그리고 그것에 대한 집착이 인간을 어떻게 망가뜨리는가에 대한 이야기다. 그리고 원래 남이 망하는 이야기, 특히 금수저가 추락하는 이야기는 겁나 재미있다.

… 나만 그래? 나만 쓰레기야?

〈폭스캐처〉의 주인공은 마크 슐츠라는 인물이다. 이 사람은 레슬링 선수이자 1984년 LA올림픽 금메달리스트다. 올림픽 금메달이라는 게 무엇을 상징하나. 체육인으로서 이룰 수 있는 최고의 영광이자 최종 목표다. 종목을 불문하고 금메달을 딴다는 것은 국민영웅 대접을 받고, 부와 명예를 얻는 지름길 아니던가.

그는 그 엄청난 일을 서른도 되지 않은 젊은 나이에 이뤄낸 셈이다. 그럼에도 불구하고 영화 처음에 등장하는 마크 슐츠의 얼굴에는 만족감이나 행복함이 전혀 보이지 않는다. 폐차를 해야 하는데 폐차할 돈이 없어서 억지로 굴리고 있는 것 같은 구질구질한 고물차를 몰고 다니는 이 젊은이는 초등학교에 강사로 초대받아 교단에 서서 자기가 따낸 올림픽 메달이 얼마나 대단한 것인지를 열심히 전파하려 하지만, 아이들은 '그래, 그래서 그런데 뭐 어쩌라고' 하는 표정만 지을 뿐 그의 이야기를 조금도 흥미롭게 들어주지 않는다.

약간의 배경지식을 추가해보자. LA올림픽은 '사실상' 반쪽짜리 올림픽이었다.

왜? 1980년 모스크바올림픽에 미국이 보이콧을 선언해버림으로써 열심히 올림픽을 준비하던 소련을 바보로 만들어버렸거든. 미국이 민주주의 진영의 대빵이었던 탓에, 미국을 따라서 올림픽에 참가하지 않은 나라들이 많았다. 우리나라도 그중 하나였고. 아주 쉽게 말하자면 우리 편에서 짱 먹고 있는 미국의 눈치를 보느라 미국이랑 냉전 중인 소련이 개최하는 올림픽에 참가하지 않았던 것이다(덕분에 피땀 흘리며 열심히 올림픽 준비하다가 실력 발휘할 기회를 잃어버린 선수들이 많았다).

미국이 훼방 놓은 덕분에 열심히 준비한 올림픽을 불명예스런 반쪽짜리로 치러야 했던 소련은 4년이 지난 LA올림픽, 그러니까 미국이 개최한 올림픽에서 똑같은 방식으로 보복을 했다. 소련을 비롯한 동유럽 국가들이 모조리 올림픽 참가를 보이콧해버린 것이다.

그런데 체조, 레슬링 등등의 종목에서는 소련을 비롯

한 동유럽 선수들이 엄청나게 강세였다. 그 선수들이 모조리 불참해버린 탓에 미국은 전 종목에서 금메달을 싹쓸이하다시피 했지만 제대로 된 올림픽 우승으로 취급받지 못했다.

첫 번째 이념에 상관없이 전 세계인의 축제라는 올림픽 정신에 위배된 미국산 국뽕 잔치에 불과했었고.
두 번째 제대로 된 라이벌 국가가 없는 상황에서 무주공산으로 따먹은 우승이었기 때문에.

즉 영화의 주인공 마크 슐츠는 이런 올림픽에서 금메달을 딴 것이다. 물론 반쪽짜리 올림픽에서 우승했다고 금메달을 반쪽짜리로 준다거나, 금의 함량을 절반으로 줄여서 금메달을 제작했을 리는 당연히 없지만, 당당하게 "내가 세계 최강이다!"라고 소리치기에는 모양새가 좀 많이 빠지는 것도 사실은 사실이었다. 우리나라 양궁 국가대표님이 불참한 올림픽에서 다른 나라가 양궁 금메달을 따면 당연히 인정 못 받겠지. 마찬가지인 거다.

더불어 주인공 마크 슐츠가 열등감을 느끼는 또 다른

존재가 있었다. 바로 자신의 형이었다. 마크 슐츠의 형인 데이브 슐츠는 그와 마찬가지로 레슬링 선수였고, LA올림픽의 금메달리스트였다. 형제가 같은 종목에서 나란히 금메달리스트가 된 셈인데, 어찌 된 일인지 형인 데이브 슐츠만 국민영웅 대접을 받았다. 그에게는 서포트해줄 테니 와서 코치를 해달라는 요청이 줄을 이었고, 각종 강연 요청도 끊이지 않았다. 사실 마크 슐츠가 처음에 강연을 갔던 초등학교 또한 형인 데이브 슐츠에게 요청이 온 것이었다. 형이 동생에게 양보한 것이었지.

영화가 진행되면서 우리는 이 형제에 대한 정보를 조금 더 얻게 된다. 이 형제는 어린 시절에 부모가 이혼을 하고 둘만 남겨졌다. 아마도 먹고사는 문제를 대부분 형인 데이브가 해결했을 것이고(이 부분은 추측이지만), 동생을 품 안에 끼고 살며 다른 일에 신경 쓰지 않고 운동만 하도록 했을 것이다.

동생 마크에게는 형이 아버지이자, 유일한 친구이자, 운동 파트너였겠지. 아마도 모든 일은 형을 거쳐서 했을 것이다. 그러니 다른 일에는 모조리 신경 끄고 죽어라 운동만 '할 수 있었고' 또 운동만 했던 청년이 사회성 같은 것이 길러졌을 리가 없지 않겠는가.

반면에 형인 데이브는 운동 실력도 뛰어났지만, 어린 시절부터 어린 동생까지 건사해가며 살아야 했을 터이니 자연스럽게 사회성이 길러졌을 것이다. 게다가 어린 동생에게 계속 레슬링을 가르쳐야 했을 테니 남을 가르치는 기술 또한 자연스럽게 길러졌을 터…. 이는 레슬링 선수뿐 아니라 코치로서의 능력까지 자연스럽게 따라오는 결과를 가져왔을 것이다.

그러나 하나부터 열까지 형에게 의지하며 살아왔던 마크는 형 같은 능력이 없었다. 영화의 처음, 마크가 초등학생들에게 강연하는 장면을 다시 한 번 복기해보면 이는 더욱 확실해지는데, 마크는 그 자리에서 할 말을 종이에 미리 적어서 달달 외운 다음 강단에 서서 기계적으로 외운 내용을 줄줄 읊어댄다. '영광'이라는 단어를 반복적으로 써가면서 말이다. 험악하게 생긴 레슬링 선수가 꼿꼿하게 서서 인상을 잔뜩 써가며 자기 자랑을 하는데, 아이들이 그걸 재미있게 들어줄 리가 있겠는가?

만약 강단에 선 게 당신이라고 생각해보자. 대인 관계에서 머리를 굴릴 줄 알거나 어린아이들과 대화해본 경험이 있는 당신이라면 어땠을까. 레슬링을 전혀 모르는 아이들에게 먼저 레슬링이 뭔지를 설명하지 않았을까. 만약 가능하다면 아이들 몇을 앞으로 불러내서 번쩍 안아 올리고, 레슬링 기술이 어떤 식으로 들어가는지 등등을 직접 보여주면서, 아이들의 흥미를 먼저 끌었을 것이다.

그다지 길지도 않은 첫 장면을 통해 우리는 주인공 마크 슐츠라는 인물이 타인과의 관계에 얼마나 경험이 없고 서툰지를 바로 알 수 있다. 그리고 이어지는 형과의 대화나 훈련 장면 등을 통해서, 그가 자신의 형에게 심한 열등감을 갖고 있으며 형의 그늘에서 벗어나기를 열망하고 있다는 사실도 충분히 알 수 있다. 이 영화는 촌스럽게 캐릭터의 성격을 대사로 풀어내서 떠먹여 주지 않는다. 대신 충분히 유추할 만한 장면을 던져준다. 아무것도 없는 그의 텅 빈 집 안에 그림이 하나 걸려 있는데, 바로 미국의 독립전쟁을 그려놓은 그림이다.

내가 앞에서 뭐라고 했더라? 영화에 쓰인 소품은 절대로 아무 의미 없이 쓰이는 게 아니라고 했었다(물론 이건 잘 만든 영화만 해당된다. 〈폭스캐처〉는 잘 만든 영화고). 고니의 듀퐁 라이터처럼. 형의 후광으로부터 벗어나고 싶은, 성인으로서 '독립'하고 싶은 마크의 심정을 감독은 이렇게 노골적인 소품을 사용해서 드러내는 것이다. 그게 아니라면 레슬링 선수의 집 안에 굳이 그림이 걸려 있을 이유가 뭐란 말인가? 차라리 존경하는 레슬러의 사진이 걸려 있는 게 현실성 있지. 혹시나 못 알아들을까 봐 화면이 그림을 천천히 훑고 지나가고, 밑에 자막으로 그림의 제목을 깔아주기까지 한다. 이 정도면 정성이 갸륵해서라도 알아먹어 줘야 하지 않겠는가.

그러나 마크가 그토록 열망하는 형으로부터의 독립은 사실상 불가능하다. 왜. 그가 이룬 모든 것은 그의 형이 있었기 때문에, 형이 옆에서 처음부터 끝까지 함께해줬기 때문에 가능한 일이었으니까.

아이러니하게도 형으로부터의 독립은 그가 간절히 원하면서도 혼자서는 절대로 할 수 없는 일이기도 했다. 올림픽 금메달이라는 거창한 목표를 이뤄낸 그였지만, 그에게는 혼자 힘으로는 채워지지 않는 결핍이 있었다. 그 결핍은 아이러니하게도 그를 진심으로 사랑하는 그의 형이 그를 위해주고 보호한답시고 만들어준 점이라는 것이 더욱 웃기는 지점이기도 하고. 형의 지나친 보호가 어른으로 성장할 수 있는 기회를 빼앗아버린 것이다.

그러던 어느 날 뜻밖의 기회가 찾아온다. 문제의 인물, 존 듀폰이 그에게 스폰서를 제의하며 접근해온 것이다. 존 듀폰은 앞에서 이야기한 것처럼 재벌가의 자손이었고, 자기 재산이 정확하게 얼마인지 앉아서 돈만 세고 있어도 평생을 바쳐야 할 만큼 (세는 동안에도 끊임없이 불어날 테니까) 진절머리 나게 돈이 많은 양반이었다.

보통 우리가 밀덕질을 하게 되면 밀리터리 잡지를 사 모으거나, 비비탄 총이나 에어소프트건 등등을 사 모으거나 하겠지. 그러나 이 양반은 그냥 탱크를 한 대 사다가 차고에 넣는다. 실화다. 진짜 포탄이 발사되는 탱크 말이다!

그뿐 아니다. 어렸을 때 이런 이야기 한 번쯤은 들어들봤겠지. "어떤 부잣집에 갔는데 대문 열고 마당 지나서 집 문까지 가는 데 30분이 걸렸네, 1시간이 걸렸네" 하는 거. 이 사람은 자기 집의 이쪽 건물에서 저쪽 건물로 헬기를 타고 다니다가 외출할 일이 있으면 전용기를 타고 나간다. 이걸 뭐라고 표현하면 좋을까. 천조국 재벌의 패기? 이 양반이 지금까지 살아서 K-Pop 덕질을 하지 않은 게 천만다행이지. 혹시라도 트와이스를 사서 델라웨어로 데려가 버리면 어떡해?

암튼 이 양반은 이유는 알 수 없지만 어느 날 마크 슐츠에게 전화를 해서 만나자고 한다. 마크를 만난 자리에서 그는 마크 못지않게 허접한 화술을 자랑하며 더듬더듬 말하는데, 자기는 미국이 위대한 승리를 거두는 것에 도움을 주고 싶으며, 미국 국가대표 레슬링 팀의 스폰서이자 코치가 되고 싶다는 것이다.

마크 슐츠는 좋은 기회라 생각하고 덥석 허락한다. 당연히 그는 존 듀폰을 마음씨 좋은 재벌 아저씨, 동화 속에 등장하는 키다리 아저씨쯤으로 생각했겠지. 스폰서가 아니라 스폰서이자 코치가 되고 싶다는 말이 맘에 좀 걸렸겠지만 말이다.

결론부터 이야기하자면, 존 듀폰은 마크 슐츠 못지않은 어른아이였다. 정신적으로 성장을 못 하고 몸만 커서 어른이 되어버린 아이 말이다. '순수함을 간직한 어른' 이딴 긍정적인 게 아니라 '성인에게 당연하게 요구되는 그 어떤 덕목을 단 하나도 갖지 못한 상태'를 말하는 거다.

사실 존 듀폰의 경우는 마크 슐츠보다 훨씬 더 심각했

는데, 마크 슐츠는 레슬링이라는 특출 난 능력(딱 하나밖에 없었지만)이 있었지만 존 듀폰은 돈이 허벌나게 많다는 것 외에는 어떤 특출 난 점도 없었다는 거다.

그는 자기 스스로를 "조류학자이자, 우표수집가이자, 박애주의자이면서, 레슬링 팀 폭스캐처(마크를 데려다가 만든 레슬링 팀이다)의 코치"라고 소개하는데, 이는 모두가 명함에 찍힌 잉크 자국에 불과한 것이었다. 자기 집 마당이 겁나게 넓어서 망원경으로 거기에 살고 있는 각종 새를 쳐다보는 취미가 조류학자로 포장된 거고, 우표수집가…는 뭐, 한때 대한민국 사람들이 다 하던 우표 모으는 취미를 포장한 거고(물론 우리랑은 사이즈가 다르게 모았겠지만), 박애주의자는 딱히 어떤 지위도 아니지 않은가? 명함에 '평화주의자' 혹은 '초현실주의자'라고 적고 다니는 거나 마찬가지고.

그렇다. 배트맨은 돈이 없다 해도 뛰어난 무술가이자 탐정이고, 아이언맨은 돈이 없다 해도 특급 공돌이에 플레이보이면서 무기제작자이고, 스파이더맨…은 원래 돈이 없지. 그러나 피터 파커는 거미력(?)이 없다 해도 물리학 영재이지만, 존 듀폰은 돈이 없다면 정말 아무것도 아닌 인간이었던 것이다.

"그게 뭐가 문제야? 돈 많은데 그냥 아무것도 아닌 인간으로 살아도 되잖아?"라고 되물을 참인가?

그렇지 않다. 인간은 그렇게 단순한 존재가 아니다. 손에 들고 있는 것으로 본인의 결핍을 가리거나 채우려고 하는 게 조금 더 인간다운 짓이다. 소용이 없을지라도.

그의 결핍은 그의 어머니로부터 온 것이었다. 어린 시절부터 어머니에게 인정이나 사랑을 전혀 받지 못하고 자라온 그는, 자신이 유일하게 친하게 지내고 친구라고 생각했던 운전사의 아들네미가 사실은 자기 어머니가 돈을 주고 고용한 페이팔(돈 주고 산 친구. 진지하게 쓴 게 아니라 말장난이다)이라는 사실을 알고 어머니와의 관계에서 완전히 마음을 닫아버렸다.

그 상태로 꾸역꾸역 나이를 먹으면서, 다른 사람 말고 (다른 사람들이야 전부 돈 때문에 자기에게 굽신거리는 사람뿐이었을 테니) 어머니에게 인정받고 싶다는 욕구가 점점 더 심해졌고 이는 점점 괴상망측한 형태로 나타났는데, 대표적인 짓이 바로 레슬링 팀을 서포트하고 직접 코치가 되려고 한 것이다.

그가 레슬링의 어떤 지점에서 매료되었는지, 레슬링을 사랑하는 마음이 정말 있었는지, 혹은 미국의 '위대한 승리'를 정말 원하고 있었는지는 명확하지 않다. 명확한 것은, 그의 이런 절규에 가까운 몸부림에도 불구하고 그의 어머니는 레슬링을 천박한 운동이라면서 경멸에 가깝게 싫어했다는 것이며 레슬링 팀을 운영하는 그의 행동 또한 전혀 진지하게 보아주지 않았다는 것이다.

마크 슐츠의 결핍은 그를 너무나 사랑하는 그의 형으로부터 비롯되었다. 존 듀폰의 결핍은 그를 전혀 사랑하지 않는 그의 어머니로부터 발생했다.

두 사람 모두 아버지가 없는 상황에서 발생한 결핍을 갖고 있었지만, 마크 슐츠의 경우에는 형이 그의 인생에 지나치게 간섭하는 바람에 발전할 기회를 얻지 못했고, 존 듀폰의 경우에는 아예 그 정도의 관심이나 애정조차 받아본 일이 없었다. 같은 상황에서 다른 영향으로 각자 다른 결핍이 자라난 것이다. 흥미롭지 않은가.

어쨌든 둘은 비슷하게 어그러진 동류였다. 그들은 함께 레슬링 훈련을 하면서 어렴풋하게나마 서로를 조금은 이해하게 되고 우정 비스무레한 것이 살짝 생기기도 하는데, 문제는 그렇게 친해졌다고 생각하자 존 듀폰이 "친구야, 이거 엄청 좋은 건데 맛 좀 봐"라면서 마크에게 건넨 것이 다름 아닌 코카인이었다는 사실이다. 세상에 곧 올림픽 대표선발전에 나가는 선수에게 코카인을 주다니. 코카인은 대단히 고가의 마약이라서 귀한 게 맞기는 한데 말이지….

'어른의 덕목' 중 하나가 자기절제라는 것을 생각해볼 때, 운동선수 친구에게 코카인을 내미는 존 듀폰이나 그걸 또 내민 사람이 민망할까 봐 넙죽 받아먹은 (준다고 먹냐, 미친놈아!) 마크 슐츠나, 몸만 어른인 이 두 사람의 동행은 당연하게도 별로 좋은 성과를 내지 못한다. 코카인과 술을 맛본 마크 슐츠는 너무나 당연하게도 자기 몸을 망치게 되고, 존 듀폰은 마크 슐츠를 그 꼬라지로 만든 당사자가 본인이라는 건 생각도 안 하고 그런 마크에게 실망하더니 종국에는 그에게 손찌검과 심한 모욕을 퍼붓게 된다.

보통의 친구 사이라면 이다음에 한바탕 주먹다짐을 하거나, 아니면 술을 한잔 하면서 푼다거나 하는 과정을 거쳤을 것이다. 그러나 이 두 사람은 일반적인 친구 사이가 아니라 돈을 대주는 스폰서이며 소속 선수 사이였다는 것이 문제였다. 그리고 존 듀폰에게는 마음만 먹으면 핵무기를 제작할 수도 있는 막대한 돈이 있었다.

존 듀폰은 자기의 레슬링 팀 폭스캐처를 이끌어 가기 위해서는 마크 슐츠가 아닌 그의 형 데이브 슐츠가 필요하다는 결론을 내리고 바로 행동에 나선다. 엄청난 돈을 들여 데이브 슐츠와 그의 아내, 자녀들까지 전부 폭스캐처 팀의 선수촌(그래 봐야 듀폰가의 광활한 토지 위에 있었지만)으로 불러들인다.

그러니까, 이런 거다. 처음에 같이 놀던 친구와 일방적으로 절교 선언을 한 뒤, 그 친구가 가장 싫어할 만한 존재(형을 싫어해서가 아니라 마크 슐츠의 열등감을 가장 아프게 건드리는 존재)를 통째로 가족까지 사서 친구와 놀던 판에 데려와 버린 셈이다. 실로 혀를 내두를 만한 유치한 짓거리가 아닐 수 없다.

그러자 이번엔 존 듀폰 못지않게 미성숙한 자아의 주인공 마크 슐츠가 완전히 토라져버린다. 뭔가 귀여운 표현을 써버렸는데, 이 표현 말고는 적당한 게 없다. 마크 슐츠는 정말로 '토라져'버린다. 그는 델라웨어로 오자마자 자신부터 찾는 형과 형의 식구를 외면하고, 형이 팀을 코칭하는 와중에도 혼자 멀리 떨어져서 개인 연습을 한다.

친구가 정말 싫어할 만한 행동을 해놓고 뭔가 무안해진 존 듀폰이 주억거리며 그에게 다가서자 마크 슐츠는 그에게 시선조차 주지 않고 그의 손을 확 쳐내 버린다.

존 듀폰과 마크 슐츠의 막상막하의 유치함은 이 일을 점점 더 파국으로 이끈다. 만약 존 듀폰이 조금 더 인격적으로 성숙한 사람이었다면, 그래서 점점 약과 술로 몸이 망가져가는 마크 슐츠를 모욕하는 게 아니라 점잖게 타일렀다면(그런데 인격적으로 성숙한 사람이라면 운동선수에게 마약을 권할 리가 없겠지…), 하다못해 마크 슐츠가 오로지 돈만 바라보고 존 듀폰이 무슨 짓을 하건 신경 쓰지 않고 돈만 받아먹는, 존 듀폰의 주변에 널리고 널린 사람들 중하나였다면 이 파국은 적당한 선에서 끝났을 것이다. 그러나 두 사람의 절륜한 유치뽕짝은 거의 완벽한 리듬으로 파멸의 교향곡을 써내려 가고 있었고, 아무것도 모르고 그 사이에 끼게 된 데이브 슐츠는 어안이 벙벙했을 것이다.

그러나 이들에게는 또 다른 불행인 것이, 데이브 슐츠

는 그나마 제대로 된 어른이었다는 점이다. 그는 폭스캐처 팀에 오자마자 존 듀폰이 어떤 인간인지를 바로 파악한다. 그리고 엉망진창으로 망가진 자기 동생을 찾아가 뺨을 후려친 다음 이렇게 말한다.

나는 네 형이고 너를 사랑한다. 절대로 네가 이따위로 망가지게 내버려 두지 않겠어.

자, 다음엔 어떻게 되었겠는가?

이제 시선을 존 듀폰에게로 옮겨보자. 존 듀폰의 결핍은 아까 이야기했다. 어린 시절부터 단 한 번도 어머니에게 인정을 받거나 애정을 받아본 적이 없다는 것. 그래서 그는 거기서 성장이 멈춰버렸다. 우리 어린 시절을 떠올려보자. 주변의 어른들이나 부모님이 나를 예뻐해주고, 내가 뭐 하나라도 이루어냈을 때 "아이쿠, 우리 애가 잘했네" 하면서 치켜세워 주면 내가 정말 대단한 일을 해냈다는 생각이 들고, 나아가서는 더 대단한 일을 해서 더 칭찬받아야겠다는 생각이 들어 뭔가에 열중하게 된다.

나는 심리학은 잘 모르지만 보통 그렇게 자존감이 자

라나고, 나 스스로에 대해서 알아가게 되는 것이지 않을까. 타인에게 인정을 받고, '아, 나의 장점은 이런 것이군. 그렇다면 이번에는 이걸 해봐야지' 또는 '아, 이건 망했군. 그렇다면 나는 이걸 잘하니까 이걸 하는 게 좋겠군' 그러면서.

존 듀폰은 이 과정을 거치지 못한 것이다. 거기에 쓸데 없이 돈이 넘쳐나는 환경은 오히려 그의 인격 형성에 더욱 방해만 되었다. 원하는 게 있으면, 사버리면 된다. 갖고 싶은 명함이나 달고 싶은 타이틀이 있으면, 만들면 된다. 조류학자 타이틀 하나 다는 게 뭐가 어려운가? 산더미 같은 돈만 있다면. 대충 대필작가 하나 고용해서 책한 권 쓴 다음에 본인 저서로 출판하고 잔뜩 사들여서 베스트셀러로 만들어버리면 된다. 그럼 조류연구가이자 베스트셀러 작가인 간판을 간단하게 획득할 수 있다. 재벌인 그에게 세상과 삶은 그렇게나 간단했을 것이다.

그러나 그가 아무리 노력을 해도 (물론 그가 뭐 제대로 된 노력을 하지 않았을 거라는 건, 당연히 예측이 가능한 일이다만) 만족시킬 수 없는 사람이 두 명 있었다. 한 명은 자기 어머니였고, 다른 한 명은 자기 자신이었다.

2시간이 넘는 영화 내내 그가 자기 어머니와 대화하는 장면은 딱 한 번, 그나마 3분도 채 안 된다. 감독은 이 장면을 신과 신의 연결로 찍었다.

보통 우리가 생각하는 두 사람이 대화하는 장면을 떠올려보자. 아까 예를 들었으니 계속 〈타짜〉를 써서. 고니와 정 마담이 처음 만나서 쿵짝쿵짝 애정행각을 한 다음에, 둘이 한 침대에 누워서 이야기하는 장면. 고니는 비스듬히 누워 있고, 정마담은 침대 한쪽에 걸터앉아 있다. 이 장면에서 카메라는 다정하게 대화하고 있는 이 두 사람을 한 프레임 안에서 함께 잡는다. 우리가 흔히 생각하는 대화 신이란 이런 장면이다.

그런데 존 듀폰과 그의 어머니가 대화하는 장면에서 카메라는 그들의 얼굴을 단독으로, 차례로 잡는다. 어머니에게 인정해달라고 울부짖듯 말하는 존 듀폰의 얼굴을 먼저 한 화면에 잡고, 그가 대사를 친다.

저는 레슬링 팀에서 선수들을 기르고 있어요. 그들에게 아버지이자 멘토 같은 존재라고요.

그다음 화면에는 온통 '엄근진'이라고 써 붙인 듯한 어머니의 얼굴이 가득 잡힌다. 그리고 그의 어머니는 그의 희망을 싹둑 잘라내는 대사를 친다.

> 나는 그 레슬링이 마음에 들지 않는다. 천박한 스포츠야. 그
> 건 그렇고, 너의 장난감 기차들은 어디에 둘 셈이니? 눈에
> 안 띄는 곳에 있었으면 좋겠구나.

여기서 말하는 장난감 기차는 진짜 기차다. 그의 어머니는 진짜 기차와 탱크를 수집하는 그의 취미를 한낱 어린아이 장난감 수집 정도로 보고 있었던 것이다. 아들도 아들이지만, 어머니도 대단하다. 자기 자식한테 이렇게까지 시베리아 벌판의 소나무처럼 한결같은 개무시를 선사할 수 있는 사람이라니.

이게 영화의 문법인 셈이다. 보통 두 사람이 대화하는 장면에서 카메라가 왔다 갔다 하며 한 사람씩 따로 잡아서 이야기를 이어간다면, 그 대화는 긴장감이 넘치거나 적대적인 상황에서 이루어지는 경우가 많다.

〈아메리칸 갱스터〉를 본 사람이라면 프랭크 루카스와

리치 로버츠가 처음으로 만나서 대화하는 장면을 떠올려보자. 비슷한 느낌일 것이다. 두 사람은 각각 마약상과 형사였다.

존 듀폰은 영화가 진행되는 내내 '진짜 레슬링 팀의 코치'처럼 행동하려고 무진 애를 쓴다. 그러나 그렇게 보이려 애를 쓴다고 해서 평생 운동이라고는 해본 적이 없는 중년 남자가 어느 날 갑자기 레슬링 팀의 코치가 될 수는 없다는 건 누구나 알 터이다.

그가 어떻게든 레슬링 팀의 연습에 끼어들고 싶어서 주변을 서성거리는 모습은 나중에 가면 진심으로 슬퍼 보이기까지 한다. 그 절정을 이루는 장면은 그의 어머니가 체육관에 방문했을 때인데, 그는 어머니가 온 것을 보고 갑자기 팀의 연습에 끼어들어 선수 하나를 붙잡고 직접 기술을 가르치려고 든다.

그러나 나처럼 레슬링 일자무식인 사람이 보아도 그가 시범이랍시고 보이는 기술은 너무 허접해서 눈물이 나올 지경이다. 지켜보는 사람도, 갑자기 호명돼서 말도 안 되는 기술 코칭을 받는 선수도, 둥글게 모여 앉아 그 꼬라지를 지켜봐야 하는 팀의 선수들도 모두 한마음 한뜻으로 고역스러운 순간이 아닐 수 없다.

특히 그 팀의 진짜 코치인 데이브 슐츠는 그의 동생 마크 슐츠와 달리 존 듀폰에게 동질감 따위를 전혀 느끼지 못했다(마크는 형과는 다르게 정말 진심으로 존 듀폰에게 기초적인 레슬링 기술을 알려주고, 그가 해내면 함께 어린아이처럼 기뻐해줬었다. 말했듯이 두 사람은 정신연령이 비슷했으므로).

그는 대충 존 듀폰을 돈 대주는 영감 정도로 취급하며 적당히 거리를 두고 무시할 건 과감히 무시해버렸다. 그가 정말 애정을 쏟아붓는 일은 행복한 가정을 꾸리는 일과 동생의 선수 생활을 다시 살려내는 것이었으므로(흥미롭게도 이 행동 또한 부모 없이 자라야 했던 본인의 결핍에서 출발하는 것이다).

존 듀폰의 입장에서는 이놈이 마음에 안 들어서 저놈을 데려왔더니, 그 두 놈이서 작당을 하고 나를 따돌리는 꼬라지가 되어버린 것이다. 캬! 정말 흥미롭게 돌아가는 개판이 아닌가.

스포는 여기까지만 하려 한다. 어차피 처음에 말한 내용이 스포이기도 하고. 나는 당신이 이 영화를 직접 보기를 원한다. 이 정도의 영화라면 취향을 넘어서는 작품이

지금 좀 누우면 안 돼?
난 지금 힘든데    0 8 5

며, 영화를 사랑하는 사람이라면 직접 보는 것이 훨씬 더 좋을 것이기 때문에.

감동적인 스포츠드라마가 아닌, 인간이 결핍으로 어떻게 무너지는가를 차갑고 무거운 시선으로 관찰하는 영화지만 이 영화가 선사하는 긴장감은 무시무시하다. 〈노인을 위한 나라는 없다〉와 함께 배경음악이 거의 없음에도 불구하고 내가 그것을 전혀 느끼지 못하고 봤던 영화이기도 하고.

그런데 정말 그게 끝일까? 형에 대한 열등감으로 가득 찬 레슬링 선수와 애정 결핍으로 돈만 우라지게 많을 뿐 텅 빈 인간으로 자라난 부잣집 금수저의 신세 파탄 스토리가 진짜 감독이 하고 싶었던 이야기였단 말인가? 고작 그거? 사랑과 전쟁이랑 다를 게 뭐야? 그 이야기가 뭐 대단한 거라고 평론가들이 입을 모아 이 영화를 극찬했다는 것인가?

그러니까, 물론 그것뿐일 리가 없는 거다.

영화를 보면 아시겠지만, 이 영화는 마치 마이클 베이의 영화를 보는 것처럼 성조기가 자주 등장한다. 존 듀폰의 대저택은 미국의 독립전쟁 당시 치열한 전투가 있었던 곳에 세워져 있다. 존 듀폰은 남들 앞에서 연설을 할 때마다 '미국의 위대한 승리'를 원한다고 이야기하고 자신이 '훌륭한 시민이자 애국자'임을 민망할 정도로 강조한다. 그가 스스로에게 붙인 명칭이 뭔 줄 아는가? '골든 이글'이다(이 양반, 정말 민망함의 끝을 보게 만드는 사람이다. 어느 날 재벌 기업 총수가 와서 자기 이름 앞에 '황금 호랑이'를 붙인다고 생각해보자. ㅇㅇㅇㅇ). 독수리가 뭘 상징하는지는 다 알고 계시겠지? 미국을 상징한다.

그리고 존 듀폰은 총에 대단히 집착한다. 밀덕질을 위해 구입한 탱크에 기관총이 달려 있지 않자 화를 내며 기관총 달아서 다시 가져오라고 하는 장면을 봐도, 레슬링 선수들이 운동하는 체육관까지 총을 휴대하고 와서 천장에 한 발 발사한 다음 이야기를 꺼내는 장면을 봐도, 이 인물은 총에 대단히 집착하고 있다는 것을 알 수 있다.

정리해보자. 스스로 골든 이글이 되기를 바라는, 총을 사랑하는 금수저 집안의 또라이. 여기에 미국이 자연스럽게 대입되는 것은, 내가 너무 많이 나가는 것일까?

그렇다. 감독은 존 듀폰을 통해, 사람에게 총질하고 감

지금 좀 누우면 안 돼?
난 지금 힘든데

옥에서 썩다가 죽은 또라이를 통해, 미국을 바라보고 있는 것이다. 선조들로부터 분에 넘치는 부를 물려받았지만 결정적인 하나가 결핍되어 있는 상황. 최고라서 부자가 아니라, 부자이기 때문에 최고가 되어야 한다는 강박에 싸여 있는 나라.

그러나 최근에 하고 있는 짓거리를 보면 맹금류의 왕이 아니라 아무래도 남의 삥 뜯고 다니는 양아치가 생각나는 나라. 총을 들고 다니면서 쏘고 싶어 안달하는 존 듀폰과 군사력 믿고 여기저기 들쑤시고 다니는 미국의 행태가 너무나 자연스럽게 오버랩된다(미국 나쁘게 이야기한다고 불끈하는 분들 생기겠지만 어쩌겠나. 그러길래 남의 나라에 있지도 않은 대량살상무기 핑계를 대면서 침략전쟁은 왜 일으켜서 욕을 사서 먹고 그래?).

우리는 이쯤에서 미국 드라마 〈뉴스룸〉의 한 장면을 자연스럽게 떠올릴 수 있다. 다들 한 번쯤 본 동영상일 테니 설명은 생략하자. 궁금하면 찾아보시길. 동영상 제목은 〈미국이 위대한 이유〉다. 한 학생이 미국이 왜 위대한 나라인지를 묻자, 뉴스 앵커가 폭발하듯 이렇게 대답하는 내용이다.

염병 떨고 있네. 누가 미국이 위대하대? 도대체 누가 그런 소릴 해? 미국이 위대하다는 증거 따위 없어. 예전에 잠깐 미국이 위대했던 적은 있었지. 근데 언제까지 그 뽕에 취해 있을 건데. 지금은 미국 역사상 최악의 시대라고.

그리고 마지막에 이렇게 이야기한다.

문제를 해결하는 첫 번째 방법은 문제가 있다는 걸 인식하는 거야. 미국은 더 이상 가장 위대한 국가가 아니라고.

베넷 밀러 감독은 이 영화와, 존 듀폰이 남의 인생을 날려버리고 자기 인생까지 시궁창으로 던져버린 사건을 이야기하면서, 그에게 미국을 투영하고 있다. 미국이 품고 있는 심각한 결함 혹은 결핍을 조심스럽게 이야기하고 있는 것이다. '지금 우리가 품고 있는 문제가 혹시 이런 비슷한 문제는 아닐까?'라는 시선으로 말이다.

그래서 미국이 품고 있는 결함이 뭔데? 음, 그게 뭐냐 하면 말이야… 알 게 뭔가. 내 나라도 아닌데. 미국 문제는 미국 애들이 알아서 하겠지. 내가 왜 남의 나라 문제와 해결책까지 줄줄이 읊어야 해? (사실은 잘 몰라….)

내가 말하고 싶은 건 베넷 밀러 감독이 이런 영화를 통해, 이런 시선을 통해 문제점을 제기한다는 점이다. 그게 소위 배운 자들의 의무가 아니던가. "지금 우리는 이런 문제에 처해 있다. 그러니 모두 함께 해결책을 고민해보자"라고 말을 꺼내는 것 말이다. 그런데 정말 이게 미국만의 문제일까. 사고를 조금 더 확장해보자. 우리나라는 지금 이런 문제가 없을까?

왜 없어. 그나마 미국은 돈이라도 많지. 우리는 그렇지도 않잖아.

국뽕이라는 말이 있다. "캬~ 주모, 여기 국뽕 한 사발!"에 쓰는 그 국뽕 말이다. 우리는 반만년 역사의 단일민족으로… 흔하게 들어온 말일 것이다. 이게 국뽕의 출발점이다. 우리나라는 다른 나라보다 훌륭하다. 우리는 다른 민족보다 우위에 있다. 이런 식으로 애국심을 '억지로' 고취하는 것을 국뽕이라 한다.

국가적 자부심이야 물론 필요하다. 내 나라와 내 민족이 위대하고 훌륭하다는 인식과 자부심은 당연히 필요한 것이다. 〈인셉션〉에 이런 대사가 있다.

부정적인 생각보단 긍정적인 생각이 행동에 더 크고 오래가는 영향을 미친다.

월드컵 응원을 끝낸 후 그 자리에 쓰레기 하나 남기지 않고 돌아간 일을 생각해보자. 그거 자부심에서 출발하는 것이다. 그 자리에서 남의 시선이 두려워서 그랬을까? 남의 시선이 두려웠으면 몰래 버렸겠지, 눈에 안 띄는 곳에. 국가적 자부심은 이런 의미로써 긍정적인 효과를 미친다.

단순하게 생각해도 어린아이에게 "너는 착하고 훌륭한 아이란다. 그런 아이들은 다른 사람을 곤란하게 하는 짓을 하지 않아"라고 교육받은 아이와 "사람 많은 곳에서 소리치고 뛰어다니면 이따 집에 가서 죽여버릴 줄 알아"라고 교육받은 아이. 둘 중에 어떤 아이가 더 자발적으로 훌륭한 일을 하게 될까.

이렇게 긍정적인 효과를 기대할 수 있는 국뽕을 제대로 생성하려면 선행되는 조건이 있다. 납득할 만한 이유가 있어야 한다는 것이다. 왜. 도대체 왜 우리나라가 훌륭한 나라지? 왜 우리는 훌륭한 민족이지? 여기에 내놓을 만한 궁색하지 않은 이유가 필요하다.

내 생각일 뿐이지만, 아마도 미국은 그게 부족할 것이다. 자랑스러운 역사 말이다. 미국은 이민자들이 원주민을 모조리 잡아 죽이고 그들의 영토를 날로 빼앗아서 세운 나라다.

그들이 아메리칸인디언을 얼마나 잔인하게 쓸어버렸는지, 그나마 지금 남아 있는 인디언을 어떻게 취급하고 있는지 한번 구글에게 물어봐라. 그게 어딜 봐서 자랑스러운 역사겠어, 돌아볼수록 개쪽팔린 일이지. 그런 거 생각하면 미국은 어디서 '정의' '인권' 이런 이야기 나올 때 바로 입 굳게 닥쳐야 한다. "니들이 인디언들한테 한 짓이나 생각해보시지" 하면 게임 끝나는 거다. 미국인 친구가 있다면 써먹어 보자. 먹살이 잡히거나 인연이 끊길 거다.

결핍은 집착을 초래한다. 미국엔 왜 그렇게 슈퍼히어로 캐릭터들이 많을까? 왜 그렇게 많은 슈퍼히어로가 정의를 부르짖으며 색색별로 전신 타이즈를 입고 등장해서 (정말 많기도 우라지게 많다) 빌런을 때려잡는 것일까. 지들의 역사에 바로 그 정의가, 존경할 만한 영웅이 심각하게 결핍됐기 때문이다.

우리는 어떤가. 우리나라 영화 중에서 최고 흥행작이 뭐더라? 〈명량〉이다. 우리는 영웅이 필요하면 우리 역사에서 찾을 수 있다. 이순신 장군님처럼 세계 해군 역사에 남을, 이해할 수 없을 정도로 말이 안 되는 대승을 거둔 빼어난 지휘관도 있고, 전 세계 모든 글자 중에서 가장 쉽게 익힐 수 있고, 가장 많은 소리를 표현할 수 있는 오파츠에 가까운 문자 체계를 완성하신 세종대왕님 같은 분도 있다(말로써 한국말과 글자로써 한글은 다르다. 한국말은 익히기 어렵지. 하지만 한글 '글자'는 정말 익히기 쉽다). 개인적으로 내 취향을 가장 저격하는 척준경 같은 장수도 있다. 영웅이 필요하면, 그중에 하나 고르면 된다. 굳이 망토 두르고 날아다니는 초현실적인 영웅을 창조해낼 필요가 없는 것이다.

그런데, 현재의 우리는 그렇지 않다. 솔직히 말하면, 우리, 그러니까 한국이 품고 있는 결핍은 미국이 품고 있는 결핍 따위는 어린애 장난으로 보일 정도로 심각하다(물론 최근의 코로나 사태에서 보여주는 우리나라의 국가적 재난 대응 능력은 명실공히 월드 넘버 원. 상상을 초월할 정도로 훌륭하다. 다만 이번

장에서는 사회구조적으로 품고 있는 결핍이 개개인에게 어떤 영향을 미치는지를 이야기하는 중이니… 문제의 장르가 좀 다르다). 뭐, 존경할 만한 영웅이 없어? 그딴 건 만들어내면 그만이지. 미국은 결핍에서 피어난 수많은 슈퍼히어로를 영화로 만들어서 전 세계 극장의 수입을 모조리 휩쓸고 있다.

우리는 어떤가? 현대사로 넘어오게 되면, 그야말로 비참하다. 여기서 이 썰을 다 풀 순 없으니, 가능하다면 제대로 된 책을 골라 한국 현대사를 꼭 다시 한 번 되돌아보시기를 바란다.

현대사 공부를 할 필요까지도 없다. 지금 우리 사회는 어떤가. 사람마다 생각이 다르겠지만, 나는 지금의 우리 사회가 다른 무엇도 아닌 '희망'이 심각하게 결핍된 사회라고 생각한다. 나 포함 지금의 젊은이들이 결혼을 포기하고 자녀 갖기를 포기하고 내 집 갖기를 포기하고 심지어는 연애까지도 포기해버리는 이유. 결혼도 연애도 내 집 갖기도 모두 노오오오력을 통해서, 상당 기간의 존버를 통해서, 그러니까 눈앞의 마시멜로를 집어 처먹지 않고 참고 참고 참는 과정을 통해 이루어지는 것이다.

우리나라 젊은이들은 마시멜로를 안 집어 먹고 참 잘

견딘다. 놀라울 정도다. 대학에 들어갈 때까지 얼마나 오
랜 기간인가. 무려 12년의 공교육 + 사교육 과정이다. 인
간의 몸이 생물학적으로 가장 왕성할 나이(10대 후반)에,
우리나라 청소년들은 엉덩이를 의자에 딱 붙이고 버티는
데에 그 왕성한 신체 능력을 사용한다. 인서울 대학에 가
보겠다고.

그런데 그 개고생을 하고 대학에 들어가면? 이번에는
취업을 향해서 또 달려야 한다. 남자라면 군대도 다녀와
야지. 존버의 기간은 점점 늘어난다. 어, 그런데 대학 등
록금이 너무 비싸다. 그래서 '저렴한 금리'의 학자금 대
출을 받는다. 존버가 끝나지도 않았는데 빚부터 쌓이기
시작한다. 어떻게 생활비라도 마련하려고 알바를 시작한
다. 정말 딱 생활만 된다. 빚은 한 푼도 줄어들지 않는다.
알바를 하면서 공부까지 하려니 공부할 시간이 부족하
다. 공부를 하면서 알바까지 하려니 체력이 부족하다.

그런데, 어찌어찌 졸업장을 따고 나니, 이번엔 취업이
안 된다. 이력서를 존나게 써서 (아마 그렇게 열심히 편지를
쓰면 영국 여왕이라도 꼬실 만한 양의) 회사에 들어갔다. 비정
규직이다. 고액연봉은 고사하고 언제 잘릴지 모르는 파

리 목숨이다. 빚? 들어오는 돈이 있으니 갚을 수는 있을 거다. 매일 회사에서 하기 싫은 일을 억지로 하면서, 아무것도 안 하고 숨만 쉬면서 빚만 갚는다면 말이다.

마시멜로를 안 집어 먹고 견디게 만드는 원동력은 결국 지금 참으면 두 배의 보상을 받게 될 것이라는 기대다. 그런데 아무리 참고 노력해봐도 바로 그 두 배의 마시멜로가 도대체 나한테 돌아올 기미가 보이질 않는다. 그러니까 결국 그냥 포기해버리게 되는 거지. 몇몇 특출난 소수를 제외하고, 대다수의 젊은이들이 미래에 대한 희망을 갖지 못하는 사회가 되어버린 거다. 어후, 말하고 나니 암담하네.

이쯤 되면 소위 지식인 딱지를 달고 있는 사람들, 소위 예술인들이 이것에 대해서 무수하게 다루고, 끊임없이 문제제기를 해야 한다. 그런데 생각보다 그렇지 않더라고. 오로지 정치인만이 취업률, 결혼률, 출산률을 숫자와 성과로만 다룬다. 어후, 더 암담하잖아?

나는 지식인도 아니고 예술인도 아니고 정치인은 더더욱 아니므로, 이 문제에 대한 명쾌한 해답을 내릴 수는 없다. 더 솔직히 말하자면, 이 나라가 어디로 가는가 따위의 커다랗고 거시적인 문제로 머리를 싸매고 고민할 정도로 그렇게까지 큰 애정이 없는 편이기도 하고.

그러나 나는, 이 책을 읽는 당신이 본인의 행복에 대해서 진지하게 생각해보기를 바란다. 행복은 돈을 많이 벌기만 하면 자연스럽게 따라오는 것은, 분명 아닐 거다(물론 돈을 많이 벌면 행복해질 확률이 기하급수적으로 상승하기는 한다). 돈을 산더미처럼 가졌지만 한순간도 행복해본 적이 없는 사람의 이야기를 지금까지 해오지 않았나.

지금 당신이 행복하지 못하다면, 당신을 행복하지 못하게 만드는 결핍은 무엇인가. 그리고 내가 진짜 행복을 느끼는 순간이 언제인가에 대해서 진지하게 생각해보기 바란다. 혹시 당신은 지금까지 본인의 행복에 대해 생각하는 것까지 무의식적으로 미뤄오지는 않았던가? 막연하게 "다 너 좋으라고 하는 말이다"라는 부모님의 말을 들으며, "지금 공부하면 꿈을 이룬다. 그러니까 처자지 마라"라는 선생님의 말을 들으며, "그저 참고 견디면 좋은 날이 온다"라고 막연하게 주입당한 행복만을 그리고 있지는 않은가 말이다.

나는 가수 강산에 씨를 좋아한다. 그의 노래들은 다들

희망적이고 좋지만, 그중에서도 〈거꾸로 강을 거슬러 오르는 저 힘찬 연어들처럼〉이라는 곡을, 특히 이 구절을 좋아한다.

걸어 걸어 걸어 가다 보면 저 넓은 꽃밭에 누워서 나 쉴 수 있겠지

정정하자. 나는 이 노래의 이 구절을 '좋아했다'.
지금은 아니라는 말이다.
지금은 약간 다른 생각이 들거든.
그래 뭐, 언젠가 꽃밭에 누워서 쉴 수 있을지도… 죽은 다음엔 말이야….
오해하지 말자. 강산에 씨의 말이 틀렸다는 것도 아니고, 그의 태도가 나쁘다는 말도 결코 아니다. 그런데 말이야. 꼭 강물을 거꾸로 거슬러 올라가는 연어들마냥 완전연소를 한 다음에야 꽃밭에 누워서 쉴 건 뭐란 말인가. 지금 좀 누우면 안 돼? 지금 힘든데.
바다에서 헤엄치던 연어들은 9~11월쯤 알을 낳기 위해서 자기가 태어난 강으로 돌아간다. 돌아가다가 절반 정도는 물개나 상어, 그리고 강 상류 지점에서 동면 직전

에 배를 채우려고 눈을 희번덕거리고 있는 곰의 먹이가 된다. 나머지 절반은 끝끝내 강으로 헤엄쳐 가서 알을 낳은 다음… 기력이 다해 죽는다. 죽은 다음 그들의 시체는 보통 새들의 먹이가 되고. 물론 연어들이 이렇게 목숨을 걸고 바다의 영양분을 육지까지 끌고 오는 덕분에 생태계의 수많은 동식물들은 그 영양분을 나눠 먹을 수 있다.

그런데 그건 어디까지나 생태계 입장에서나 그런 거지, 연어 입장은 아니잖아? 알을 낳는 신성한 의무(이것도 연어 입장에서나 신성한 거지)를 다한 다음에도 살아남아 다시 바다로 돌아가는 연어는, 알을 낳으러 출발한 연어들의 2퍼센트 정도밖에 되지 않는다. 98퍼센트는 남 좋은 일만 실컷 하다가 죽어나가는 거지. 이유도 모르고 말이야.

나는 가끔 혹은 자주, 우리나라의 산업화 세대 어르신들(보통 6·25 전쟁 중이거나 직후에 태어나신 분들이 많다. 우리나라가 전후 경공업 위주의 값싼 노동력을 주로 한 경제정책을 폈을 때, 바로 그 값싼 노동력으로 일하신 분들이다)을 볼 때마다 연어가 생각난다.

이분들이 말도 안 되는 품삯을 받아가며 "우리도 한번

잘살아 보세"라시며 몸 바쳐 일하신 덕에, 우리나라에는 나X키를 비롯한 세계적인 대기업의 공장들이 마구 들어왔고, 단기간에 엄청난 경제 발전을 이룩할 수 있었다만…. 이분들은 노동자를 보호할 아무런 장치도 없는 시절에 지나치게 혹사당하시는 바람에 돈도 많이 못 벌고 건강까지 잃는 경우가 허다했다. 미싱 돌리다가 피 토하면서 죽었다는 여공 이야기, 신발공장에서 바느질하다 허리가 굽어버렸다는 이야기 등등 모두 이분들이 주인공인 이야기들이다.

　본인들은 개 같은 대접을 받아가며 나라의 경제를 끌어올리는 주축이셨고, 그 와중에 자녀 생산(…)에도 부지런하셔서 전후의 가파른 인구증가까지 책임지셨던 분들이지만, 글쎄… 나는 우리나라가 정말 "우리도 이제 제법 살게 되었다"라고 말할 수 있는 위치까지 올라간 후에 이분들이 꽃밭에 누워서 쉬시는 모습을 별로 본 적이 없거든. 아니, 아예 본 적이 없다고 해도 과언이 아닌 것 같아.

　어르신들을 탓하는 것도 아니고, 연어가 멍청하다는 말도 아니다. 국가가 부강해지는 것이 개인의 행복이 될 수는 없으며, 생태계가 제대로 돌아가는 것이 연어의 행복이 될 수는 없다는 말을 하는 거다.

우리가 어려서부터 끊임없이 주입받는 성실함, 자기 몸을 돌보지 않는 꾸준함, 눈앞에 있는 자그마한 만족과 즐거움을 포기할 줄 아는 인내심. 과연 이런 게 과연 나 개인의 행복에 얼마나 영향을 주는 걸까? 사다리의 위 칸으로 올라가는 길이 예전보다 몇 갑절은 힘들어진 이 시대에 말이다. 생각해볼 일이다.

당신이 행복하지 못하다면, 그 문제를 해결하는 첫 번째 방법은 문제가 있다는 사실을 '인식'하는 것이다. 그리고 당신의 문제를 대신 생각하고 해결해줄 수 있는 사람은 아무도 없다. 너무나 흔한 말이지만, 당신은 당연히 행복을 추구할 권리가 있고, 당연히 그래야만 한다. 그리고 그 열쇠는 당신 말고는 그 누구의 손에도 쥐어져 있지 않다.

3장

# 님 좌파임?

다이 하드 Die Hard
1988

별처리도시
2017

종말경찰
2017

내가 가장 많이 그리고 꾸준히 받는 댓글이 있다.

_____ 다른 이야기 말고 영화 이야기만 합시다.

_____ 정치 이야기는 왜 하나요? 영화 이야기만 해야지!

_____ 정치적인 의견을 표현하는 건 불편합니다.

물론 이런 댓글의 최종 진화판은 이거다.

_____ 님 좌파임?

허허허….

이런 댓글을 발견할 때마다 (댓글이 너무 많아서 일일이 다 읽지는 못한다. 나중에 몰아서 보지) 나는 파리넬리 못지않은 초고음으로 내면의 비명을 지른다. 내적 비명이다. 밖으로 비명을 지르려고 해봐야 내가 낼 수 있는 최고음이 3옥타브 레 정도니까 파리넬리만큼 고음으로 지를 수가 없지. 무엇보다 파리넬리는 카스트라토, 즉 고자니까 나는 그렇게 될 생각이 없… 아아, 이게 아니지(또 이렇게 쓰면 카스트라토를 웃음거리로 사용했다고 불편해할 분이 계실 거다. 제발 농담은 그냥 좀 웃고 넘어가자. 현대에는 인위적으로 거세한 카스트라토가 아예 존재하지 않는다. 불편할 사람이 더 이상 존재하지 않는데 이 정도 농담도 못 한단 말인가? 내가 고자가 될 생각이 없다는데, 솔직히 이건 농담도 아니고 100퍼센트 진심이다).

결론부터 말하자면 영화는 절대 '그냥 영화'로만 존재하지 않는다. 영화는 대중이 즐기는 대중예술이고, 당연히 대중이 공유하는 가치관과 시대를 반영하면서 변화한다. 왜? 셀 수 없을 정도로 많은 고급스러운 이유가 있지만 (앞 장에서 이야기한 지식인, 예술인으로서 사회의 문제점을 지적해야 한다는 사명의식 같은 게 고급스러운 이유에 들어갈 거다) 가장 간단명료하고 빨리 와닿는 이유를 말한다면, 그래야 장사가 되니까. 당연한 이야기다. 다 먹고살자고 하는 짓 아니던가.

〈겟 아웃〉 같은 영화를 흑인이 목화농장에서 목화 따던 시절에 개봉했다고 생각해봐라. KKK가 들이닥쳐서 제작사를 쑥대밭으로 만들어놓을 거다("우리 백인에게 니그로의 신체 따위가 왜 필요하단 말이냐!"라고. 설마 이번엔 또 '니그로'라는 단어 썼다고 불편해하실 텐가? KKK가 그렇게 말하고 다녔다는 말이다. 내가 그런 게 아니라!).

인종차별이 얼마나 비인간적인 짓인지 누구나 알고 있는 지금 시대와 사회에 와서야 그게 웰메이드 공포영화가 되는 거지. 반대로 미래에 언젠가, 인종을 구분하는 방법이 아예 없어진 시대에 개봉하면? 그땐 그냥 역사극이자 한참 철 지난 공포영화가 되겠지.

모든 영화는, 시대와 사회의 담론을 담는다. 담고 싶어서 담는 게 아니다. 싫어도 담을 수밖에 없다. 예를 들어볼까?

〈다이 하드〉 이야기를 잠시 해보자. 아니다. 조금 길게 해보자. 내가 좋아하는 영화이기도 하니까. 사실 액션 영화 좋아하는 사람이라면 존 맥클레인을 싫어할 수가 없지.

다른 거 다 떠나서도 이 영화는 액션 영화의 마스터피스가 맞다. 한정된 공간에서 다수의 적들에 맞서 힘든 싸움을 벌이는 액션 영웅의 이야기는 셀 수 없이 많이 나왔지만, 〈다이 하드〉 1편만큼의 완성도를 가진 영화는 거의 없었다. 간단하게, 1 대 다수의 액션 영화에서 쓸 수 있는 거의 모든 기교를 모조리 부려놓은 영화다. 그 기교 하나하나가 모조리 관객에게 먹히는 영화이기도 하고. 긴말할 필요 없이 궁금하면 보시면 된다. 지금 봐도 재미있으니(1편이 재미있다면 3편까지는 쭉 봐도 된다. 4편부터는 호불호 갈리니 맘대로 하시고. 3편까지는 취향을 뛰어넘는 명작이다).

〈다이 하드〉 이전의 유명한 액션 영화로는 뭐가 있을까? 당장 머릿속에 두 명이 생각날 거다. 〈코만도〉와 〈람보〉, 아놀드 슈워제네거와 실베스터 스탤론. 〈다이 하드〉 이후에 태어나서 아무 생각이 안 났다고? 그래, 젊어서 좋겠다. 퉤.

암튼 그랬다. 브루스 윌리스가 존 맥클레인을 연기하

기 이전까지 할리우드 영화에 등장한 액션 영웅들은 대부분 어마어마한 근육질의 남자들이었다. 많은 사람들이 아놀드 슈워제네거(발음하기도 너무 어렵다. 그냥 아놀드 형이라고 하자)를 영화배우(혹은 주지사)로만 기억하지만, 사실 이양반은 원래 보디빌더였다. 그것도 전설적인.

지금까지도 역사상 최고의 보디빌더? 하면 당연히 이분이다. 보디빌더계의 김연아이고 마이클 조던이다. 이분의 육체가 너무나 아름다웠기에, 할리우드의 거물 제작자인 디노 드 로렌티스(이탈리아계다)는 〈코난-바바리안〉(1982)을 만들면서 코난 역할은 무조건 아놀드 형이 아니면 안 된다고 고집을 부렸고, 그 고집대로 만든 영화가 대박이 났다. 아직도 실사영화 〈코난-바바리안〉에서 아놀드 형 말고 다른 배우는 상상할 수 없다. 아, 그 영화 개봉했을 때 태어나지도 않았다고? 그래, 젊어서 좋겠다. 퉤퉤.

실베스터 스탤론도 마찬가지. 이분도 히스토리가 대단한 분이다. 그건 나중에 또 기회가 되면 이야기하고, 암튼 〈록키〉나 〈람보〉에서 보여주시는 이분의 몸도 대단히 멋지다. 심지어 이분은 보디빌더도 아니고, 본인이 언어

장애와 안면신경마비 때문에 배우로 적합하지 않다는 평가를 이겨내기 위해 이를 악물고 독학 운동으로 몸을 가꿔낸 분이다(그렇게 몸을 가꾸고도 고질적인 발음 문제와 딱딱한 표정연기 때문에 번번이 오디션에서 낙방하는 바람에 자기가 출연할 영화 〈록키〉의 시나리오를 아예 스스로 써버렸다. 알고 보면 이분은 작가로서 재능도 대단한 분이다).

여기에 신예 액션 스타로서 돌프 룬드그랜이나 장 클로드 반담 등이 있었는데, 이들의 공통점도 비슷하다. 좋은 피지컬과 울퉁불퉁 우락부락 아름다운 육체를 갖고 있는 배우지만, 말투는 다소 어눌했고 대사 소화 능력이 그다지 좋지 못했다. 특히 아놀드 형 같은 경우는 더 그랬는데, 이분은 영어가 모국어가 아니다. 당연히 발음이 좋을 리가 없지.

그래서 이분들은 주로 입은 굳게 다물고 (말하면 깨니까) 웃통을 벗고 기름기가 좔좔 흐르는 상체 근육과 젖꼭지를 불끈거리며 기관총을 난사해서 악당들을 도살하거나 (심지어 10킬로그램이 넘는 M-60 기관총을 한 손으로 들고 마구 쏴제끼는 영화도 많았다!) 아니면 오함마 같은 주먹을 휘둘러 뚝배기를 풍선 터트리듯 깨부수며 악당들을 잡아 조졌다. 그렇게 많이 죽었는데도 끊임없이 튀어나오는 걸 보면 지구촌에 악당이 많긴 많은 모양…이지?

〈다이 하드〉에 등장하는 존 맥클레인은 그런 액션 스타들과는 완전히 다른 존재였다. 그는 '흔한 미국인의 얼굴'을 하고 있었고(물론 브루스 윌리스가 겁나 잘생긴 얼굴이긴 하지만 그는 흔하게 잘생긴 얼굴이다. 아예 넘사벽으로 다른 종족인 것 같은 톰 크루즈나 브래드 피트와는 다른 종류의 잘생김이라는 이야기), 몸매 역시 부담스러울 정도로 울퉁불퉁한 근육질이 아니었다. 사실 브루스 윌리스의 얼굴을 한 사람은 찾아보기 어려워도 브루스 윌리스의 몸을 하고 있는 사람은 키 큰 사람 중에 제법 있을걸?

즉 평범한 미국인 아저씨처럼 보였다는 말이다. 거기에 다른 액션 배우들이 몸을 단련하고 젖꼭지에 기름칠을 할 시간에 이분은 잔대가리를 연마하고 성대에 기름칠을 한 듯, 익살스런 목소리로 끊임없이 주절주절 거리며 썰렁한 농담을 던져대는 스타일이었다.

인상은 호감인데 끝도 없이 이죽거리고, 속사포처럼 시니컬한 개그를 던져대는데 이게 듣고 나면 나를 비웃고 있는 것 같아서 열받지만, 농담이 웃기니까 화내기도 모양이 이상해지는 뭐, 그런 유의 사람들 있지? 간단하게 말해, 이야기하다 보면 한 대 후려갈기고 싶은 스타일.

나카토미빌딩이 테러리스트들에게 점령되고, 자기 와 이프를 포함한 인질이 억류되고, 혼자 남게 되고 나서도 그의 행동 패턴은 비슷했다. 만약 아놀드 형이라면 표정 의 변화가 일체 없는 굳은 얼굴을 하고 웃통을 다 벗고 기름진 근육을 드러낸 다음 로켓포를 가져와서 테러리스 트들을 한 번에 날려버렸거나 (그 과정에서 총을 몇 발 맞아도 역시 얼굴 표정은 그대로였을 거다. 음… 좀 아픈데? 독일제 총알인 가?) 기관총을 가져다가 모조리 벌집을 만들어버렸겠지.

그런데 존 맥클레인은 그런 종류의 후까시는 일체 부 리지 않았다. 그는 안절부절못하고, 왔다 갔다, 설왕설래, 전전긍긍하면서 혼자 쌩난리를 치다가 결국 비상전화 라 인을 찾아 경찰에 신고를 해놓고는 떨 듯이 기뻐한다. 기 관총과 로켓포까지 들고 있는 테러리스트 떼거지들과 떨 렁 권총 하나 차고 혼자 싸워보겠다는 생각은 애시당초 하지도 않은 거다. 사실은 이게 상식적인 거지만.

그런데 비상전화를 받는 담당자가 자신이 말한 내용을

자꾸 다시 확인하자 (신고받은 사람도 황당했을 거다. 우리나라 같으면 지금 신XX백화점 본점에 테러리스트가 쳐들어와서 크리스마스 파티 하던 직원들을 모조리 인질로 잡고 있다는 내용을 비상전화 라인으로 신고한 거니까. 당연히 한 번에 안 믿었겠지) 열 뻗친 존 맥클레인은 이렇게 쏘아붙인다.

**상담원** 이 번호는 비상 라인입니다. 그런 내용은 119로 신고하셔야죠.

**존 맥클레인** 염병 떨고 있네! 내가 지금 뭐, 피자 주문이라도 하고 있는 걸로 보이쇼?

**상담원** 그 건물에선 신고 들어온 게 없다고요! 자꾸 헛소리하면 체포합니다?

**존 맥클레인** 오오 씨벌 그래! 당장 튀어 와! 와서 제발 나 좀 체포해! 얼른! 후딱! 빨리 안 오고 뭐 해?

뭐, 이런 캐릭터였던 셈이다. 어쨌든 신고는 받았으니 근처에서 순찰 중이던 경찰이 오긴 했는데, 테러리스트들은 인질들과 함께 건물 고층에 머무르고 있었고, 1층에는 당연히 테러리스트 중 한 명이 경비원 옷을 입고서 아무 일도 없다고 딱 잡아떼 버리자 경찰은 그냥 돌아가 버리는데 그 모습을 건물 40층쯤에서 지켜보던 맥클레인은 또 한마디를 한다.

도대체 누가 순찰을 온 거야. 스티비 원더가 왔나?

모르는 분들을 위해. 스티비 원더는 미국에서 가장 유명한 시각장애인 재즈&솔 뮤지션이다. 그는 이 영화에서 본인이 소재로 사용된 농담을 듣고는 재미있다며 유쾌하게 웃었다고 한다. 당신이 대신 불편하려고 해도 이미 늦었다. 본인이 기분 안 나빠했다.

그는 이렇게 끊임없이 투덜거리며, 듣는 사람도 없는데 혼자 떠벌떠벌 떠들면서 어찌어찌, 겨우겨우 테러리스트를 하나씩 처리한다. 맨 처음 그가 입고 있던 하얀 러닝셔츠는 점점 적들의 피와 본인의 피, 땀, 먼지와 그을음 범벅이 되어 거지꼴이 되어간다.

그는 중간에 테러리스트가 들고 있던 무전기를 하나 쌔벼서 테러리스트 대빵과 대화를 하는데, 여기서도 상대방을 툭툭 건드리며 신경을 벅벅 긁어대는 말빨이 아주 일품이다. 나중엔 이를 악물고 부들부들 떨어가면서도 애써 웃어가며, 아무렇지도 않은 척하면서 그 깐족거림을 받아내는 테러리스트가 불쌍해 보일 정도였으니까. 여기서부터 궁금하신 분들은 직접 영화를 보자. 내가 이야기하고 싶은 건 그게 아니니.

미국인들은 〈다이 하드〉를 좋아한다. 그냥 좋아하는 정도가 아니라, 약간 숭배하는 느낌이다. 미국의 초절정 인기 시트콤 〈프렌즈〉의 주인공 중 한 명인 조이 트리비아니는 아예 연중행사로 〈다이 하드〉를 재탕하고 심심할 때, 볼 영화 없을 때, 기타 등등 시간만 나면 〈다이 하드〉를 본다. 미국산 영화 리뷰 채널인 '노스탤지어 크리틱 (Nostalgia Critic)'은 이 영화를 역대 최고의 명작이라고 선정한 적도 있다(100퍼센트 진심은 아니었다고 생각한다, 나도).

미국인, 더 좁혀보자면 적어도 미국인이자 백인 남성은 〈다이 하드〉를 숭배에 가깝게 사랑한다. 도대체 왜 그러는 걸까? 단순히 존나 재미있는 액션 영화라서? 액션 영화는 〈다이 하드〉 말고도 널리고 깔려서 발에 막 차이는 게 액션 영화일 텐데? 도대체 이 영화에 뭐가 있길래 그런 거지?

사실 〈다이 하드〉에는 특별한 게 있다. 아주 간단한 이유이며 파악이 어렵지도 않지. 이 영화는 미국 백인 남성, 그중에서도 블루칼라 노동자계급의 백인 남성이 세계 최고의 남자라고 주장하는 영화니까.

자, 영화를 다시 한 번 복기해보자. 〈다이 하드〉가 개봉했던 1980년대 후반, 그러니까 내가 갓 초등학생이 되었을 때쯤에, 한 사람이 가지고 다닐 수 있는 가장 먹어주는 인싸템이 뭐였을까? 바로 소니 워크맨이었다. 그냥 워크맨 말고, 소니 워크맨. 걸어 다니면서 음악을 들을 수 있게 해주는 인류 최초의 발명품. 마블의 영화 〈가디언즈 오브 갤럭시〉의 주인공 스타로드가 들고 다니는 카세트 테이프 재생기기가 바로 1세대 워크맨이다. 대단히 유서 깊은 물건이 아닐 수 없을 뿐 아니라, 그게 지금까지 돌아간다는 게 더 놀랍다. 1970년대 물건인데… 우주의 시간은 다르게 흘러서 나이를 덜 먹었나?

이 워크맨은 전 세계에서 엄청나게 팔려나갔는데, 가장 많이 팔린 곳이 어디? 미국이었다. 소니는 워크맨을 시작으로 재패니스 인베이전이라고 불러도 좋을 만큼 저렴하고 품질 좋은 전자기기로 미국 본토를 공략했고, 전

자제품 시장을 거의 휩쓸어버렸다. 일본 경제는 엄청나게 성장했고, 부동산엔 본격적으로 거품이 끼기 시작했다. 일본 경제의 황금기였다. 이때 미국에 이어 세계 제2의 경제대국으로까지 성장한 일본에 대해 미국이 얼마나 경계심과 위기의식을 느꼈는지는 그 시기의 영화를 보면 대충 알 수 있다.

1982년 영화 〈블레이드 러너: 파이널 컷〉을 보자. 이 영화는 사이버펑크의 효시와 같은 작품인데, 대충 맛만 보자면 그렇게 희망적으로 미래를 보는 영화는 아니다. 배경만 놓고 보면 오히려 디스토피아적인, 그러니까 망한 미래 세계에 가까운 영화다.

〈블레이드 러너: 파이널 컷〉에서 주인공 데커드가 살고 있는 LA 거리는 백인을 찾아보기 힘들 만큼 온통 동양인으로 넘쳐난다. 거리는 지저분하고, 사방에서 정체를 알 수 없는 수증기가 피어오르며, 초고층 빌딩의 초대형 전광판은 일본인 여성(게이샤로 보인다)의 얼굴이 가득 채우고 있다. 잘 보면 한글도 찾을 수 있으니 국뽕 필요하신 분은 찾아보자.

주인공 데커드는 거지랑 별로 다를 게 없는 모양새로 거리에서 일본식 포장마차에 앉아 일본인 주인장이 말아 주는 국수를 먹는다. 정말 맛없게.

그런데 LA에 뭐가 있더라…? 그렇다, 리틀도쿄가 있다. 가전제품 시장을 통째로 일본에 빼앗기다시피 한 미국인들이 어떤 미래를 두려워했을지 대충 짐작이 가지 않는가.

그깟 가전제품 시장 빼앗긴 게 뭐가 대수냐고? 롯X가 껌을 팔아 빌딩을 여러 채 지었듯이, 소니는 워크맨(을 비롯한 각종 가전제품)을 팔아서 세계 3대 음반대기업 중 하나인 소니뮤직을 만들었다. 영화사(소니픽처스)도 사들였다. 〈스파이더맨〉 판권을 누가 들고 있더라? 소니가 들고 있다. 마블이 자기네들이 만든 캐릭터인 〈스파이더맨〉 영화를 맘대로 못 만드는 이유? 〈스파이더맨〉이 〈어벤져스〉에 가장 늦게 합류한 이유? 소니픽처스의 허락을 받아야 하기 때문이다.

우리가 제주도 땅을 중국인이 왕창 사갔다는 말에 "이러다가 언젠가 제주도 가면 몽땅 중국인만 있는 거 아냐?"라고 하면서 위기의식을 느끼는 것처럼, 자기네들 문화를 야금야금 잠식해 들어오는 일본계 자본에 대해 미국인들은 당연히 위기의식을 느꼈다. 무엇보다 일본 기업들 덕분에 말라죽은 미국 기업들이 속출했고, 따라서 일자리를 잃는 사람들도 많아졌다. 미국인들은 이때 "일본으로부터 제2의 진주만공격을 당했다"라고까지 말했다.

〈빽 투더 퓨쳐〉(1985)는 더 노골적이다. 이 영화 개봉했을 때 안 태어났을 너네(그래그래, 어려서 좋겠다)를 위해 친절하게 설명해주자면, 이 영화는 시간 여행이 주제다. 여기서 주인공이 1985년에서 2015년으로 날아가자, 살아남은 미국 기업이 단 하나도 없고 온통 일본 기업뿐이다. 주인공은 이렇게 지껄인다.

내 이럴 줄 알았지….

이 정도면 충분하겠지? 예시는 얼마든지 더 있지만 이쯤 하자.

〈다이 하드〉의 주인공 존 맥클레인은 결혼한 미국 남성이자 경찰이다. 이 양반을 보면 손목시계를 손목 안쪽으로 차고 있는데, 보통 사무직 직원들, 소위 화이트칼라

직종은 손목시계의 알이 손목 안쪽으로 오게 차지 않는다. 데스크에 두 손을 다 올려놓고 일해야 하는데 아래쪽이 볼록 튀어나와 있으면 걸리적거리고 불편하니까. 실제로 월스트리트나 금융가를 배경으로 하는 또는 기자들이 주인공으로 등장하는 영화를 자세히 보면 대부분의 등장인물이 가죽 끈이 있는 손목시계(손을 많이 움직이는 직업은 메탈 시계를 차면 무겁다)를 정상적인 방식, 그러니까 시계의 알이 손등 쪽으로 오도록 차고 있는 것을 알 수 있다. 멀리 갈 것도 없이 당신이 사무직 종사자라면 바로 알아들을 거다. 시계 거꾸로 차고 일해봐라. 당장 시계 얼굴에 잔뜩 흠집 날걸?

그러나 블루칼라 계급, 그러니까 주로 육체노동을 하는 계급의 사람들 중에는 종종 손목시계의 알이 안쪽으로 오도록 차는 경우가 있다. 책상보다는 외부에서 일하는 경우가 많고, 여기저기 부딪히고 하는 일이 많으니까 손목시계 알을 보호하려고 (나도 비싼 시계 차고 외출할 때는 흠집 날까 봐 종종 이렇게 차고 나간다. 내 손등은 다쳐도 낫지만 기계는 부서지면 저절로 다시 붙지 않는다. 고치려면 돈 들고) 안쪽으로 차는 것이다.

내가 저번 장에서 뭐라고 했더라? 주인공이 쓰는 물건은 하나하나 다 이유가 있다고 했다. 주인공의 손목시계조차 말하고 있다. 이 남자는 블루칼라 계급의 미국인 남성이라고(여담으로, 내가 시계 덕후라서 유심히 봤는데 존 맥클레인은 브라이틀링 시계를 차고 있다. 롤렉스보다 반 끗발 정도 아래에 위치하고 있는, 나름 고가의 시계다. 뭐, 미국 경찰은 우리나라보다 월급이 많다고 하니 돈 모아서 샀을 수도 있고, 와이프가 돈을 잘 버니 선물했을 수도 있다).

그런데 이 남자의 와이프인 홀리 맥클레인은 일본계 대기업인 나카토미플라자에서 중역을 맡고 있는 성공한 커리어우먼이다. 그래서 이 여자는 회사가 있는 LA로 옮겨 와서 혼자 살고 있었고(존 맥클레인은 뉴욕 경찰이다), 덕분에 두 사람은 팔자에 없는 별거 생활을 하고 있었다. 지금 비슷한 걸 찾아보자면 딱 기러기 아빠가 되겠다. 단, 다른 나라 혹은 도시에 살고 있는 가족에게 매달 돈을 부쳐줘야 하는 인간 ATM 처지는 아닌 정도. 그래서 존은 크리스마스 휴가를 맞아 자기 와이프를 만나기 위해 나카토미플라자에서 주최하는 파티에 참석하러 비행기를 타고 뉴욕에서 LA까지 날아온 것이다.

영화 시작부터 존이 왜 개가 핥은 죽사발 모양으로 얼굴을 잔뜩 찡그리고 있었는지 충분히 짐작 가는 상황이다. 보수적인 터프가이 존은 자기 마누라를 만나겠다고 비행기 타고 날아와야 하는 이 꼬라지 자체가 마음에 들지 않았을 것이다. 근데 돈은 또 본인보다 와이프가 훨씬 많이 벌고 잘 버니까, 딱히 뭐라고 할 수도 없다. 나보다 잘나가고 돈도 잘 버는 와이프한테 일 그만두고 집구석에서 밥이나 하라고 할 수도 없는 노릇이고. 누룽지 끓이는 밥통마냥 조용히 혼자 열통만 터지는 것이다.

나카토미플라자 입구에서 와이프의 이름을 확인한 존 맥클레인은 더 개빡치는 상황을 맞이하게 된다. 와이프의 이름이 '홀리 맥클레인'이 아니라 '홀리 제나'라는 이름으로 등록되어 있기 때문이었다. 미국에선 결혼하면 남편 성을 같이 쓰는데, 존의 아내인 홀리는 결혼하고 나서 바꾼 이름이 아니라 처녀 적 이름을 쓰고 있었던 것이다.

나중에 파티에서 만난 홀리는 존에게 "일본 회사에선 결혼한 여자에게는 중책을 맡기지 않으니까, 어쩔 수 없이…"라고 나름 설명은 하지만, 섭섭하고 열받는 마음이 "아, 그랬군. 하긴 성공하기 위해서는 어쩔 수 없는 일이지"라고 단번에 이해될 리는 없을 터. 당장 내 여자친구 혹은 남자친구가 직장에서 애인 없는 척, 싱글인 척하고 있다고 생각해봐라. 생불이 아닌 이상 빡이 치는 게 정상이지.

그러니까 주인공 존 맥클레인은 자기 생각에, 잘난 마누라를 일본계 회사에게 빼앗긴 꼴이 된 거다. 미국 기업들이 일본 기업들에게 빼앗긴 게 뭐라고? 가전제품 시장. 가전제품은 주로 집 안에 들이는 물건이다. 그것을 일본산 제품에게 몽땅 빼앗겼으니 안방을 빼앗긴 셈인데…. 정말 그럴듯한 상징이 아닌가.

내가 너무 넘겨짚는 것 같다고? 꿈보다 해몽이라고? 후후후.

영화에 등장하는 일본인이자 나카토미플라자의 사장이라는 양반이 직접 이런 대사를 친다.

우리는 진주만에서 실패했지만, 워크맨으로 성공한 셈이지요.

절대 우연이 될 수가 없는 대사고, 상징이다. 영화 시나리오는 그렇게 간단하게 쓰는 게 아니다. 특히 상업영화 시나리오는 더 그렇다.

영화를 보는 미국인 남성들이 그 상징을 다 알아차리진 못해도, 일본계 기업들에게 일자리를 빼앗긴 미국 남자들이 보기에 존 맥클레인에게 감정이입하기가 얼마나 좋겠는가 말이다. 비슷한 예로 〈천하장사 마돈나〉라는 영화를 보자. 거기엔 노골적으로 외국인 노동자들에게 일자리를 빼앗긴 가장이 등장한다. 김윤석이 연기하는 주인공의 아버지. 〈다이 하드〉의 존 맥클레인은 빙 둘러서 이야기했을 뿐, 비슷한 느낌이라고 생각하면 될 테다.

자, 상황은 점입가경이다. 아내와 말다툼을 벌이던 존은 곧바로 테러리스트가 쳐들어와 나카토미빌딩의 한 층에서 파티를 벌이던 직원들을 모조리 인질로 잡는 상황을 맞이하게 된다. 그런데… 이 테러리스트들은 뭔가 좀 이상하다. 독일어를 쓰는 것이다.

'응? 독일이 거기서 왜 나와?' 싶지? 자, '독일' 하면 뭐가 생각나는가? 독일 차와 히틀러 그리고 제1차, 제2차 세계대전. 대충 그렇지? 사실 벤츠도 전범기업인 건 맞으니까. 그렇다. 여기서 본격적인 악역이자 최종 보스는 독일인이 맡았어야 한다.

왜냐하면 미국 자동차 시장의 저가형은 일본 차가 휩쓸고, 고급형은 독일 차가 휩쓸고 있었거든. 그러니까 미국 입장에서 일본은 기어오르는 도전자인 거고, 독일은 언젠가 물리쳐야 할 최종 보스인 거다.

더 재미있는 건 일본의 관료제와 법률제도, 기업문화 등등은 모조리 독일 걸 가져다 베꼈다는 사실이다. 그러니까, 독일은 일본을 이렇게 키워놓은 원흉인 거지. 독일이 없었으면 일본이 그걸 베껴다가 이렇게 크질 못했을 테니까(독일이 없었다면 일본이 진주만을 선제공격하는 일도 없었겠지!).

게다가 미국이 2차세계대전에 참전해서 승리를 쟁취했을 때, 자기네들이 나치를 때려잡고 세계평화를 수호한 것 같은 그들의 국뽕은 최고치에 달해 있었다(이 시대를 배경으로 만든 마블 캐릭터가 뭐냐. 무려 캡틴 '아메리카'다. 캡틴 아메리카가 처음 등장해서 히틀러 때려잡던 거 기억나지?). 예전에 한 번 때려잡은 적이 있는 보스몹 같은 존재가 바로 유럽, 그중에서도 독일이었던 거지.

결국 그렇다. 〈다이 하드〉는 전형적인 미국인 남성이

자, 카우보이 중에서도 로이 로저스(설명하기 귀찮다. 궁금하면 찾아보자. 싫으면 대충 존 웨인처럼 카우보이 영화에 주로 등장하는 배우라고 생각하면 된다)를 좋아하는 터프가이 블루컬러 워커 미국 남자가 일본 회사 건물에서 독일 악당을 때려 잡고 인질로 잡힌 자기 아내를 되찾는 이야기다.

여기에 디테일한 상징들은 또 얼마나 많은지, 존 맥클레인을 개무시하고 빌딩 바깥에서 마구 설쳐대며 삽질만 하다가 테러리스트들에게 처참하게 당하는 FBI 요원은 무려 베트남전 참전 용사다(그걸 스스로 자랑스럽게 떠벌린다. 베트남전이라면… 미국이 패배한 전쟁이잖아? 오오오… 이 짜식들. 대단히 노골적이다).

아까부터 감이 왔겠지만, 〈다이 하드〉는 다수의 미국 남자들에게 자부심을 고취시키고 자뻑과 국뽕을 거의 치사량까지 잔뜩 넣어주는 영화인 것이다. 보고 있자면 '쪽바리 새끼들 꺼져! 니들은 ㅈ밥이야! 재수 없는 유럽 놈들 학 다 죽어버려! 베트남전? 그딴 건 몰라, 기억 안 나 시팔! 미국 남자가 짱이야! 맞짱 붙으면 우리가 다 이긴다고! 미국 여자들은 결국 다 우리가 구해주게 되어 있어!'라고 교묘하게(라고는 하지만 상당히 노골적으로) 외치는 영화인 것이다.

그러니 미국 남자들이 〈다이 하드〉를 사랑하지 않을 도리가 있겠는가? 미국 한정이라면 이 영화는 우주명작에 등극해도 전혀 이상하지 않다. 거기에 좋은 원작 소설을 2시간짜리 영화로 만들기 위해 수많은 작가들이 머리를 짜낸 최고 수준의 시나리오가 잠시도 관객의 긴장감을 늦추지 않고, 싸우다가 피떡이 되도록 처맞고 죽을똥을 싸면서 개고생을 하는 와중에도 능글능글거리며 시니컬한 농담을 뱉는 존 맥클레인은 지금까지의 액션 영웅들과 달리 친숙한 매력까지 품고 있는 뉴타입이었다. 슈퍼메가히트를 칠 자격이 충분한 영화인 것이다. 기본적으로 대단히 잘 만들었고, 시대적인 흐름을 정확하게 읽고 관객이 가장 원하는 가치에 대응했으며, 대중이 가장듣고 싶어 하는, 원하는 이야기를 한 셈이니까.

〈다이 하드〉에 일본인 대신 아메리카 대륙의 원주민, 그러니까 아메리칸인디언이 등장했다고 생각해보시라. 독일인 대신 파푸아뉴기니 출신의 악당이 등장했다면? 그래도 재미있는 영화인 건 변함이 없었겠지…만(확신은 없다), 지금처럼 미국인들이 숭배에 가까운 사랑을 퍼붓는 존재가 될 수 있었을까? 아마 없었을걸?

더 영리한 점은, 이 영화는 그렇게 명명백백한 상징을 마구 뿌리면서도 직접적인 언급은 전혀 없다는 것이다. 악당들이 독일어를 쓰기는 쓰는데, 그래서 독일인 같다는 의심이 아주 합리적으로 드는데…. 막상 이들이 쓰는 독일어는 너무나 어설픈 수준이다. 그러니까 네이티브 독일어라고는 도저히 생각할 수 없는 수준, 〈블랙 팬서〉에서 부산시장 아주머니가 쓰는 말도 안 되는 한국어처럼 말이다. 악당 두목의 이름은 한스 그루버지만 연기는 영국 배우가 했으며(고 앨런 릭먼이 연기했다. 스네이프 교수를 연기했던 바로 그 사람), 명확하게 이 새끼가 독일인이라고 명시하는 부분은 영화 전체를 아무리 찾아봐도 없다.

영화를 본 독일인이 빡 돌아서 "야, 왜 독일인을 악역으로 쓰고 지랄이야?"라며 따지고 들어도, "걔들이 쓰는 독일어 들어봤음? 독일인 아니고 그냥 독일어 몇 마디 할 줄 아는 국적 불명의 테러리스트인데? 걔들이 독일인이라는 표현도 없는데 님 왜 발끈하셈? 뭐 찔리는 거라도 있나?"라고 대답해버리면 되도록 말이다.

영화의 목적은 어디까지나 미국 남자들의 기를 살려주

는 것(그래서 미국에서 존나 흥행하는 것)이었지 다른 나라들을 약 올리려는 목적은 없었던 것이다. 불필요한 저격을 해서 어그로를 끌 필요는 없었던 거지. 영리하지 않은가.

조선족 인구 비율이 높은 신림동을 무슨 칼과 도끼가 난무하는 무법지대 생지옥처럼 묘사한 것도 모자라서 지하철역 표지판 대림역까지 그대로 내보낸 〈청년경찰〉 같은 영화가 개봉 후에 어떤 미움을 샀는지 생각해보자. 거기 악당의 정체를 일체 밝히지 않고, 굳이 대림동을 택시 기사마저 안쪽으로 들어가기조차 회피하는 치안위험지역으로 대사 처리까지 해서 확인 사살하지 않고, 그냥 악당이 등장해서 조선족 억양을 쓰기만 했어도(그렇게 해도 영화의 진행에는 아무런 문제가 없다), 관객은 사회 분위기상 이 악당이 누군지 다 알아챘을 거다. 근데 굳이 안 해도 될 말을 너무 분명하게 하니까 반발심이 생기는 거고, 불필요한 미움을 받는 거지.

말이야 바른 말이지, 신림동이나 대림동처럼 조선족이 많이 사는 동네 치안이 좀 좋지 않은 건 어느 정도 사실이지만, 어느 민족이나 그렇듯 대다수의 선량한 사람과 소수의 악당은 모두 공존한다. 100퍼센트 악인만 존재하는 민족이 있나? 아무 죄 없이 열심히 일하며 살아가는 선량한 조선족 분들까지 머리채 잡아끌고 갈 자격 따위는 누구에게도 없다.

일반화는 정말 위험한 거다. 당장 북한을 세계평화를 위협하는 공공의 적 정도로 그리고 있는 〈007 언리미티드〉 같은 영화에 우리가 얼마나 쌍욕을 퍼부었는지 생각해보자. 내가 그런 배려가 부족한 상업영화들을 '멍청'하다고 말하는 이유도 그것이다. 조금만 머리 쓰면 해결될 일을 왜 굳이 그런 방식으로 해서 욕을 먹느냐는 거지. 안타까워서 그런다, 안타까워서.

〈청년경찰〉과 〈범죄도시〉 두 편을 놓고 비교해보자. 전자는 대림동을 밤중에 잘못 들어갔다가는 뼈도 못 추리는 악마의 도시로 묘사했고, 후자는 대다수의 선량한 사람들이 부대끼며 살아가는 곳이지만 소수의 또라이 악당이 난장을 피워서 어지러운 동네 정도로 '적당히' 묘사했다. 영화의 완성도나 작품성 등등 어려운 건 다 빼고 간단하게 생각해보자. 어떤 영화가 더 영리한지 말이다. 그리고 있잖아.

_____ 그런데 조선족이 범죄 많이 저지르는 건 팩트 아님?

심지어는 말이지.

_____ 다른 건 몰라도 조선족 다 내쫓아야 되는 건 사실임. 반박불가.

이런 댓글 좀 달지 말라고, 제발.

내가 2년간 왔다 갔다 하며 〈걸작선〉을 만들던 데마시안은 구로디지털단지에 있고, 거기서 우리 집으로 오는 버스를 타려면 대림역까지 걸어가야 한다. 나는 2년 동안 대림역 부근에서 버스를 타고 집으로 돌아왔고, 대부분 내가 타는 버스는 막차였다. 그 말인즉슨 나는 만 2년 동안 매일같이 막차 시간의 대림역 밤거리를 걸어서 가로질러 버스정류장까지 갔다는 말이다. 그런데 나는 멀쩡하게 살아 있지 않은가? 내가 무슨 격투기 선수처럼 생긴 것도 아니요, 조폭처럼 검은 양복에 사시미 차고 다닌 것도 아닌데. 시비 한 번 붙은 적도 없는데?

당장 눈앞에 보이는 현상만을 보고, 대상을 일반화하

거나 특정해서 밑도 끝도 없이 증오하는 건 참 쉬운 일이다. 그런데 지성인이라면, 아니 머리 안에서 두뇌가 살아서 회전하는 사람이라면 싸잡아 욕하기 전에 이게 섣부른 판단은 아닌지 한번 돌이켜 생각 정도는 해봐야 할 것 아닌가. "모든 조선족과 대림동 주민을 싸잡는 건 옳지 못하다"라고 말하고 있는데, "님 뭔데 조선족 편들어? 조선족임?" 이런 식의 반응도 제발 하지 말고, 좀.

〈청년경찰〉은 의도(젊은 청년 경찰들이 악당들을 때려잡고 정의를 구현한다)는 좋았지만, 그 표현 방식이 시대의 의식을 따라잡지 못하는 영화였다. 박평식 평론가가 평가한 대로, 인간과 시대에 대한 무례와 무지함을 그대로 드러내는 영화. 당장 30여 년 전에 만든 액션 영화만큼의 섬세함도 없으니 혹평을 받는 거지.

자, 이름만 대면 누구나 알고 있는, 총 쏘면서 악당을 때려잡는 액션 영화만 봐도 이렇다. 영화는 시대의 흐름과 사회의 모습, 대중의 기호에 가장 민감하게 반응하는 예술이다. 그리고 이런 것은 대부분 정치행위의 결과다. 그래서 정치가 중요한 것이고, 그러므로 당연히 영화 이야기에 정치를 기반으로 한 정치적 · 경제적 · 사회적 시선의 접근은 빠질래야 빠질 수가 없는 것이다. 그게 알맹이니까.

근데 영화에서 정치 이야기를 하지 말라니, 이게 무슨 다 구워놓은 빵에서 밀가루만 빼달라는 급의 소리란 말이야. 정도껏이어야 이빨싸움이라도 상대를 해줄 것 아닌가.

빵 이야기가 나와서 말인데, 지금 빵에서 목숨을 연명하고 계시는 범죄자 박근혜 씨 말이다. 박근혜 씨가 대통령을 해먹기 직전, 그러니까 대선 기간 동안 영화배급사인 CJ그룹을 거쳐간 두 편의 영화가 있다. 〈광해〉와 〈변호인〉이다. 〈광해〉는 CJ에서 투자와 배급을 맡았고, 〈변호인〉은 투자를 검토하다가 나가리가 되었더랬다.

이 두 편의 영화를 보면, 싫어도 떠오르는 사람이 있다. 노무현. (설마 〈광해〉와 〈변호인〉을 보고 이명박이 떠오르진 않을 테지.) 〈광해〉는 보다 은유적으로, 〈변호인〉은 아예 대놓고 노무현을 재조명하는 영화다. 그런데 이명박에서 박근혜로 정권이 이어지는 시절에, 왜 하필이면 노무현을 그리워하거나 재조명하는 영화를 그렇게 만들었을까?

다른 거 다 제껴놓고 최대한 단순하게 생각해보자. 돈이 될 것 같았기 때문이다. 그렇다면 왜 그 영화가 돈이 될까? 대중이 노무현이라는 인물, 혹은 그 인물이 소유하고 있던 이미지를 그리워했기 때문이다. 소탈함과 정의로움 말이다.

나는 실제 노무현이 얼마나 소탈하고 정의로운 사람이었는지는 잘 모른다(라고는 하지만 충분히 알고 있다. 단, 내가 개인적으로 속속들이 알고 있는 사이는 아니었다는 말이다). 그러나 2013년 당시, 대중이 그런 덕목을 가진 리더를 갈망하고, 대안으로 '노무현'이라는 존재를 통해 적극적으로 소비했던 것만은 분명한 사실이다. 두 영화 다 천만 관객을 동원했으니까. 그런데 신기하게도 〈변호인〉이 천만 관객을 동원했을 때, 주류 언론에서는 이와 관련해서 신문 기사 한 줄이 안 나갔다.

농담 같지만 사실이다. 영화가 천만 관객을 달성했는데 정말 어느 언론도 주목하거나 이와 관련된 기사를 쓰지 않았다. 왜일까? 궁금하지 않나? 〈신과 함께〉가 천만 관객을 동원했을 때 우리나라 언론이 얼마나 호들갑을 떨어댔는지 생각해봐라. 그리고 다른 영화가 천만 관객을 동원했는데 어떤 언론도 이를 다루지 않는 것이 얼마나 해괴망측한 일인지도 한번 생각해보시길 바란다.

결론부터 말하자면, 당시 유력한 대선후보였던 박근혜 씨는 이런 상황을 아주아주 탐탁지 않아했다. 심증이 아니라 물증이 존재하는 이야기다. 게다가 CJ그룹은 당시 큰 인기를 끌고 있던 코미디쇼 〈SNL코리아〉의 〈여의도 텔레토비〉라는 코너를 통해서 대선후보 박근혜 씨를 노골적으로 풍자했다.

이를 바득바득 갈았을 것이 분명한 박근혜가 대통령에 당선된 그해에, 검찰은 냅다 칼춤을 추기 시작했다. 궁금하신 분들은 구글에 '박근혜' 'CJ'라는 두 개의 키워드를 검색해보시기 바란다. 정말 탈탈 털었다. CJ 이재현 회장은 특정경제범죄가중처벌법상 조세포탈 등의 혐의로 무려 2년 6개월의 실형을 받았다. 대기업 회장이 하루아침에 진짜로 빵에 들어가게 된 것이다(이재현 회장에게 씌운 혐의는 상당 부분이 검찰에 의해 크게 부풀려진 것이었다는 사실이 나중에 밝혀지게 된다). 그리고 대통령 박근혜는 한번 본때를 보여준 후에, 직접 CJ를 찾아가서 이렇게 말했다.

"CJ가 만드는 영화와 방송산업이 편향적이다. 더 잘 만들었으면 좋겠다."

이 말의 속뜻은 다음과 같다.

"나 씹거나 노무현 추억하는 영화나 텔레비전 프로그램 또 만들면 가만 안 둔다."

당시 CJ그룹 회장이었던 손경식 회장은 머리를 조아리면서 "시정하겠습니다"를 외쳤다.

이런 일이 있은 후, CJ가 제작하고 배급하고 투자한 영화는 뭐가 있더라. 아주 시기가 미묘한 그리고 누군가 참 좋아할 것 같은 영화가 두 편이나 있다. 〈국제시장〉과 〈인천상륙작전〉. 이 두 영화는 대통령 박근혜가 직접 극장에 가서 관람하고 아주 흡족해했다는 공통점이 있다.

상식이 있는 사람이라면 이게 얼마나 촌스러운 작태이며 추한 짓거리인지 굳이 내가 열 내지 않아도 알 것이다. 대통령이 직접적으로 문화예술계에 압박을 넣어서, 내 맘에 안 드는 영화 만들면 다 쓸어버리겠다고 협박질을 한 것이다. 이게 무슨 의미인지도 모르고 "그게 왜 문제야?"라고 반문할 사람들을 위해서 대답도 준비했다.

염병, 도대체 초등학교에서 뭘 배웠나? 대한민국은 민주주의국가다. 내가 하고 싶은 말은 마음대로 지껄일 수 있는 사회란 말이다. 나라님 심기를 건드릴까 봐 하고 싶은 말을 못 하고 입 꽉 닫고 참고 살아야 하는 곳은 여기가 아니다. 당신, 권력자가 불편해할 말을 하면 끌려가는 독재국가에서 살고 싶나?

나는 박근혜가 싫다. 정치적인 논리로 싫은 것도 아니다. 범죄자라서 싫다. 그 범죄자가 비선실세 하나 앉혀두고 3년 동안 자기는 미용시술이나 받고 프로포폴이나 비아그라 같은 약물(은 도대체 어디에 썼단 말인가?)이나 남용하며 온 나라를 개판으로 만들어놓은 게 싫다. 특히 그런 새끼들이 블랙리스트 만들어놓고 문화예술계를 조져놓은 게 싫다. 그래서 〈인천상륙작전〉처럼 끔찍하고 촌스러운 영화를 만든 게 너무 너무 너무 너무 싫다.

그런데 대단히 멍청하신 몇몇 분들은 명백하게 죄를 짓고 깜빵에 가 있는 범죄자를 욕하는데 나한테 좌파냐고 물어본다. 도대체 썅, 전직 대통령이자 현직 범죄자를 욕하면 정치적인 태도라는 건 어떤 논리의 소용돌이를 통해서 나오는 거냐? 그럼 전직 목사이자 현직 성범죄자를 욕하면 종교적인 발언이 되는 거냐? "다른 얘기 말고 영화 얘기합시다"라는데, 지금 영화 얘기하고 있잖아, C발!

… 후. 정리한다. 상업영화는 그 시대의 대중이 원하는 이야기를 한다. 상업적이기 때문에. 존나게 힘센, 존나게 무서운 권력자가 원하는 이야기를 하면 절대로 안 된다. 창작자로서의 자존심이 있다면 차라리 영화를 못 만들지언정 그렇게 권력이 원하는 이야기를 하는 친일파 같은 짓거리는 절대로 해서는 안 되는 거다. 이건 직업윤리에 가깝다. 경찰관이 뇌물을 받아 처먹고 범죄자의 뒤를 봐주면 안 된다는 말과 같은 말이란 말이다.

나는 앞으로도 대통령이 누구든지, 한국의 영화제작과 배급을 쥐고 흔들고 있는 대기업 회장을 찾아가서 저런 협박질을 한다면, 똑같이 욕해주겠다. 그건 상식이 있는 사람이라면 절대로 하면 안 되는 범죄이자 권력 남용이거든.

그리고 제발 어디서 이런 이야기 좀 자랑스럽게 하고 다니지 마라.

_____ 사람 많은 데에서 정치 이야기랑 종교 이야기는 하지 않는 게 좋다.

아니, 도대체 왜? 다른 사람이랑 견해가 다를 수 있는 이야기는 먼저 알아서 입을 닥치는 게 현명한 태도라는 것인가? 그건 현명한 태도가 아니라 비겁한 태도다.

정치는 (종교도 그렇지만) 밥 먹고 숨 쉬는 것과 비슷한 빈도로 끊임없이 우리 삶에 영향을 미친다. 당신이 정치에 관심을 끊는 것, 당신이 정치에 입을 다무는 것, 그거야말로 부패한 정치인들이 가장 원하는 것이다. 왜. 당신이 관심이 없을수록 당신이 낸 세금 빨아먹기가 편해지거든.

먹고사느라 바빠서 정치에 관심을 둘 틈이 없다? 웃기는 소리 하지 마라. 국민이 먹고사는 데 가장 큰 영향을 미치는 게 정치다. 국민이 정치에 관심이 많을수록, 두 눈을 부릅뜨고 감시할수록, 정치인들이 비리를 저지르기 어려워진다. 정치인들이 비리를 못 저지르고 열심히 일할수록 당신이 먹고살기 좋아진다. 할리우드 배우인 맷 데이먼이 말했다.

정치에 적극적으로 참여하는 것은 올바른 시민으로서의 의무 중 하나다.

맷 데이먼도 좌파란 말인가?

# 4장

# 요단강 크루즈,
# One Way 플리즈

할로윈 Halloween

1978

에이리언 Alien

1979

싸이코 Psycho

1960

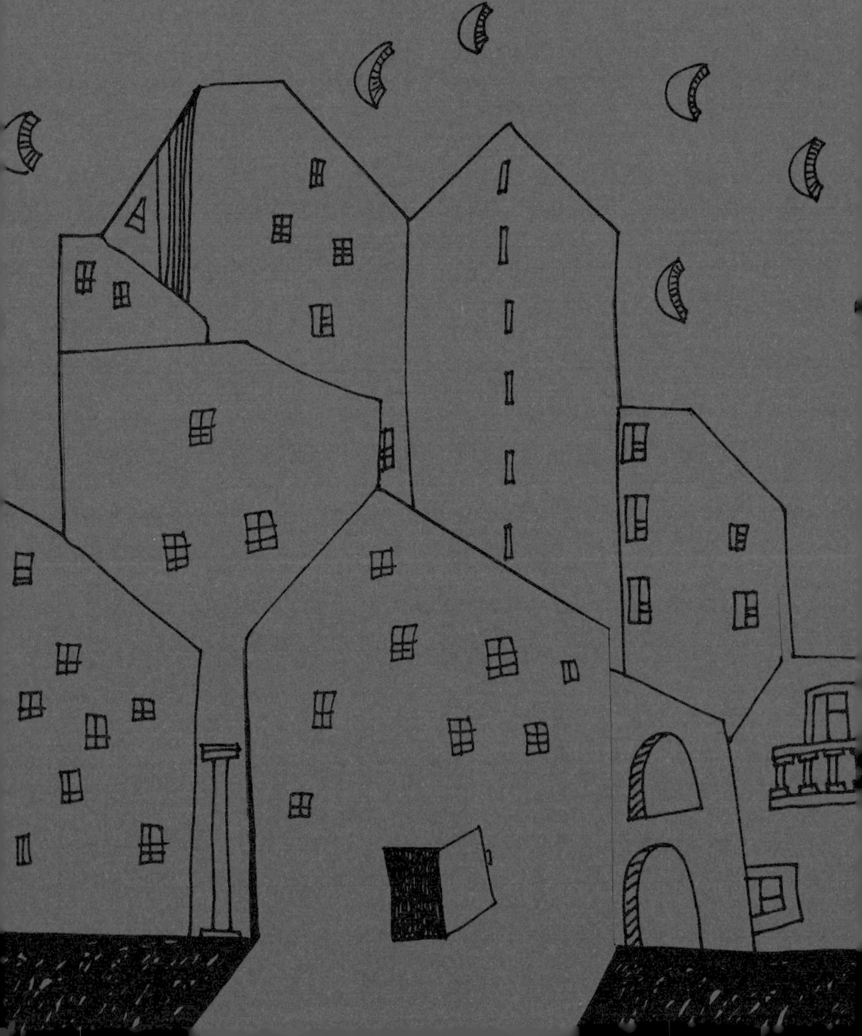

자, 이제 누가 뭐라 해도 거의없다 자타공인 최애 장르인 호러 영화 이야기를 좀 해보자. 최애 장르이니만큼 할 말 무지무지하게 많다. 그럴 일은 없을 거고 별로 바라는 일도 아니지만, 만약 나에게 영화를 만들 기회가 생긴다면 두 번 돌아보지도 않고 호러 영화부터 만들 거다. 호러 영화야말로 자본에 크게 얽매이지 않고 감독이 마음대로 만들어 제낄 수 있는 장르이기 때문이다. 제작비가 무시무시하게 적게 들기 때문에. 제작자나 투자자가 이렇게 만들어라 저렇게 만들어라 지랄을 떨어대면 걍 "아,

됐어, 꺼져. 짱 나서 그냥 내 돈으로 찍는다"라고 해버릴 수도 있다.

오바 떠는 것 같은가? 〈파라노말 액티비티〉의 제작비가 1만 5,000달러다. 150만 달러도 15만 달러도 아니고 1만 5,000달러, 환율계산 무식하게 때리면 1,800만 원 정도라는 말이다. 이 돈이면 풀옵션 놓은 국산 경차 한 대 사기도 버거워서 중고를 고민해볼 예산이다.

초저예산이라는 말은 물론이요, 아예 예산이라는 말을 가져다 붙이기도 미안해지는, 〈어벤져스: 인피니티 워〉를 찍을 때 배우들과 스탭들 한 끼 회식비도 안 될 것 같은 금액으로 찍은 이 영화는 전 세계에서 2억 달러 가까운 흥행 수익을 벌어들였다. 현재 환율로는 대충 2,400억 원 정도 되며, 제작비 대비 흥행 수익으로 기네스북에 올라가 있다.

마블 영화가 앞으로 전 세계 흥행 수익 10억 달러 이상의 영화를 아무리 만들어내도, 제작비 대비 흥행 수익 기록은 이걸 못 깰 거라는 데(일단 마블 영화는 제작비를 기본 1억 달러씩은 깔고 시작하니까)에 내 오른손…은 혹시 그럴지도 모르니까 못 걸고 오른손 약지 손톱 끄트머리 정도는 걸 수 있다.

아, 그렇다면 거의없다는 쥐ㅈ만큼 투자해서 초대박을
꿈꾸는 마음으로 호러 영화를 만들겠다는 것인가? … 당
연히 그건 아니지.

그만큼 호러 영화는 제약이 적고 시나리오와 아이디어
로 끝장을 볼 수 있는 장르란 이야기다. 유명 배우도 필
요 없다. 오히려 작은 규모의 영화에 너무 비싼 배우가
나오면 그 배우가 끝까지 살아남을 것이 너무나 자명하
기 때문에 긴장감이 떨어지는 역효과만 날 뿐이다. 안 비
싸도 연기 잘하는 배우라면 좋고, 더 솔직히 말하자면 연
기력이 크게 필요한 장르도 아니다. 연쇄살인마가 날이
퍼렇게 서 있는 식칼을 들고 달려드는데 비명 지르면서
달아나는 연기는, 물론 그렇다고 해서 개나 소나 다 할
수 있는 연기는 아니지만 난이도가 높은 연기도 결코 아
니다. 살인마 캐릭터? 대부분 얼굴을 가리고 있잖아? 여
기는 심지어 체형 비슷한 여러 명이 돌아가면서 연기해
도 티가 안 난다(실제로 〈13일의 금요일〉 시리즈나 〈할로윈〉 시리
즈에서는 여러 명이 살인마 캐릭터를 공동 연기하기도 했었다. 배우
의 스케줄이 안 맞을 땐 스턴트맨이 줄창 찍기도 했고, 스텝이 가면

쓰고 연기하기도 했었다고).

최근에 내가 인상 깊게 본 호러 영화 중 〈맨 인 더 다크〉라는 영화가 있다. 나는 이 영화를 어머니와 함께 봤는데, 영화가 끝나자마자 어머니와 내 입에서 동시에 이런 반응이 나왔다.

"이 영화 진짜 돈 안 들이고 찍은 것 같은데 재미있네."

〈맨 인 더 다크〉 보신 분이라면 공감할 거다. 이 영화 찍는 데 무슨 돈 들 거리가 있나. 디트로이트에 넘쳐나는 폐가 중에 하나 잡아서 개보수 작업 좀 하면 (깨끗하게 할 필요 전혀 없음) 영화 처음부터 끝까지 써먹을 수 있는 세트장 완성이요, 등장하는 인물은 잠깐 스쳐 지나가는 얼굴까지 포함해도 열 명이 안 된다(물론 유명한 A급 배우는 출연하지 않는다). CG를 처발처발할 필요가 있나, 비싼 특수효과를 쓸 필요가 있나. 〈파라노말 액티비티〉의 경우에는 파운드푸티지 장르의 특성상 좋은 화질마저도 필요가 없었다. 이건 장르의 효시가 되었던 〈블레어 위치〉도 마찬가지.

결국 호러 영화의 미덕과 매력은 거기에서 발생한다. 적은 자본 대신 감독의 역량으로 승부를 걸어볼 수 있는 장르이자, 가진 거라곤 쌩쌩 돌아가는 머리와 젊은 몸뚱어리뿐인 흙수저 감독도 도전해볼 수 있는 장르. 실제로 호러 영화를 통해 데뷔한 감독들 중 지금 명감독 칭호를 듣는 사람들도 심심찮게 찾아볼 수 있다.

소니의 〈스파이더맨〉 시리즈(토비 맥과이어가 피터 파커로 등장하는 시리즈)를 만든 샘 레이미 감독의 데뷔작은 그 유명한 〈이블데드〉(1981)다. 이 영화는 샘 레이미 감독과 그의 친구들 몇몇이 (주연인 브루스 캠벨 또한 그와 함께 독립영화를 만들던 친구 사이였다) 의기투합해서 초초초저예산으로 만들어낸 영화다. 무대는 숲속의 다 쓰러져가는 오두막집 하나, 등장인물 역시 열 명이 안 된다. 피나 내장 등등은 옥수숫가루를 물에 개어서 만들어 썼고, 특수효과나 분장, 조명 등등은 거짓말 좀 보태서 눈 뜨고 못 봐줄 수준으로 조악하기 짝이 없는데, 그런데 이 영화가 졸라게 무섭다! 농담인 것 같으면 한번 직접 봐라.

허접한 효과가 오히려 기괴함을 증폭시키는 걸 목격하게 될 것은 물론이요, 현대 공포영화는 물론 대규모 상업

영화에서도 심심찮게 등장하는 괴물이나 악령의 일인칭 시점 카메라워킹의 시초를 보게 될 것이다(이 촬영 기법은 샘 레이미 감독의 〈스파이더맨 2〉에서도 깨알같이 사용되었다). 카메라가 빠른 속도로 움직이며 촬영해야 하는 이 기법은 정석대로라면 카메라가 움직이면서 찍기 편하도록 미리 촬영장에 레일을 깔고 그 레일을 타고 이동하며 찍었어야 했지만, 촬영장에 레일 깔 돈 따위가 있을 리 만무했던 샘 레이미는 급한 대로 고물상에서 주워 온 휠체어에 카메라를 묶고 미친 듯이 굴리며 이 장면을 만들어냈다. 실로 눈물겹다 하지 않을 수 없다.

영화감독 커리어 중 흥행 수익 10억 달러를 돌파한 메가히트작을 두 개나 보유하고 있는 〈아쿠아맨〉〈분노의 질주: 더 세븐〉의 감독 제임스 완은 어떤가. 이 사람 역시 스물여섯 살에 〈쏘우〉를 만들며 데뷔했다. 〈쏘우〉 역시 보신 분은 알 테지만, 제작비를 줄이려는 눈물겨운 노력의 흔적이 여기저기에서 마구 묻어나는 저예산 영화다. 그러나 그는 〈쏘우〉 단 한 편으로 자신의 능력을 증명해냈고, 지금까지 할리우드에서 감독한 영화 중 흥행에 실패한 영화는 단 한 편 〈데스 센텐스〉뿐이며, 중급 호러 영화인 〈컨저링〉 역시 제작비의 몇 배를 상회하는 흥행 수익을 냈다. 지금 할리우드에서 돈 좀 들어가는 호러 영화나 시리즈의 영화를 제작할 때는 제일 먼저 이 사람부터 찾는다. 남이 만들던 영화의 속편을 맡든, 유니버스 영화를 맡든 간에 거의 무조건적으로 대흥행을 치는 데다가 자기 영화를 프랜차이즈로 만드는 실력 또한 뛰어나기 때문이다.

서론이 길어졌는데, 암튼 그렇다. 내가 가장 아끼는 장르 영화가 호러 영화인 이유. 그렇다고 해서 정말 호러 영화는 지 꼴리는 대로 막 만들어도 되는 건 물론 아니다. 장르에는 법칙이 있다. 법칙을 황당하게 깨부수는 영화는 장르 영화로서 아예 인정을 받지 못한다. 그렇다고 해서 순한 양이라도 된 듯 장르의 법칙대로만 곧이곧대로 만드는 영화는 뻔하게 예측이 되기 마련이니 당연하게도 재미가 없다.

"우라질, 그럼 뭘 어쩌라는 말이야?"라고 하고 싶나? 좋은 장르 영화를 만들려면, 장르의 법칙을 지키면서 지키지 말아야 한다. 지키는 척하면서 깨야 한다. 벗어나되, 완전히 벗어나지는 않고 슬쩍 우회해야 한다. 그렇다, 더럽게 어려운 것이다.

이번 장에서 이야기할 영화는 호러 장르 중에서 서브 장르인 슬래셔 영화다.

록이라는 거대한 자양분에서 헤비메탈이라는 하위 장르가 파생된 것과 마찬가지로 슬래셔 장르는 호러 영화라는 큰 줄기에서 갈라져 나온 하위 장르다. 장르의 역사 공부까지는 하지 않겠다. 골치 아프니까. 궁금한 분은 직접 찾아보도록 하자.

간단하게 이렇게 생각해보자. 알프레드 히치콕 감독이 1960년에 만든 걸작영화 〈싸이코〉를 보면(이라고 말해도 관심 없는 분들은 안 보겠지. 그런데 내가 항상 이야기하듯이 당신이 정말 영화광을 자처하고 싶거나, 또는 영화와 관련한 꿈을 꾸는 사람이라면 히치콕의 모든 영화는 필견이다. 단 한 편도 빼지 말고 전부 봐라. 히치콕의 영화를 보지 않고 그런 말을 하는 건 사기다), 이 영화를 두고 다소 과대평가되었다는 이야기도 하지만, 히치콕이 등장인물의 심리묘사를 어떤 방식으로 하는지만 찾아봐도 본전은 충분히 뽑고도 남는다. 지금으로부터 무려 60년 전에 만든 흑백영화인 것까지 감안해도 그렇다. 특히나 심리학에 조금 조예가 있는 분이라면 두고 두고 보며 무릎을 치며 감탄할 거리가 널려 있다. 그뿐인가? 구렁이 담 넘어가듯 주인공을 바꿔치는 밑장 빼기 기술이나 온수매트에 따듯한 물 흘러 들어가듯 알맞은 타이밍에 적절한 복선을 깔아두는 기술, 짧은 대화를 통해 관객에게 필요한 정보를 슬그머니 꽂아주는 기술 등등 시나리오 작법의 기준으로 봐도 실로 어마어마한 테크닉을 보여준다. 이러니저러니 해도 역대 최고의 스릴러 영화라는 타이틀을 아무나 가질 수 있는 건 아니라는 이야기.

그런데 호러 영화 이야기를 하면서 왜 〈싸이코〉인가. 〈싸이코〉를 본 사람의 머릿속에 가장 강렬하게 남아 있는 장면, 〈싸이코〉를 보지 않은 사람도 너무 유명해서 분명히 알고 있는 대표적인 장면이 무엇인가?

두말할 필요 없이 샤워실 살해 장면이다. 생각하면 생각할수록 이 장면이 대단한 이유는, 직접적인 묘사가 전혀 없음에도 관객에게 끔찍한 살해의 현장과 상황을 모조리 전달하기 때문이기도 하고, 마치 바이올린이 비명을 지르는 듯한 버나드 허먼의 음악 때문이기도 하지만,

최고의 결정타는 관객을 가장 안심시켜놓은 상태에서 기습적으로 들어오는 장면이기 때문이다.

영화를 보신 분은 알겠지만 주인공 마리온은 영화의 첫 부분에서 남의 돈을 횡령해서 차를 타고 달아나던 인물이다. 그녀는 충동적으로 범죄를 저질렀지만, 길 가다 하루 묵어가기 위해 차를 멈춘 모텔에서 주인인 노먼 베이츠를 만나 대화를 하던 중 다시 자제력을 찾고 계획을 수정한다. 자신이 범죄를 저지르고 맘 편히 살 수 있는 종류의 인간이 아님을 깨달은 것이다.

다행히 그녀가 돈을 훔쳤다는 사실이 밝혀지기까지는 시간적인 여유가 있는 상황. 그녀는 모텔에서 하룻밤을 지낸 다음, 떠나온 곳으로 돌아가 돈을 돌려주어야겠다고 다짐하고 나서 샤워실로 들어선다. 영화 처음부터 끝까지 돈을 훔쳐 달아나는 과정을 바로 옆에서 지켜본 관객은 그녀의 결정을 보고 그때서야 초보 횡령범을 지켜보는 불안함, 얘가 이러면 안 될 텐데… 그 와중에 또 잡히는 거 아냐? 등등의 염려를 거두게 된다. 영화 시작하고 처음 안심이 되는 것이다.

그리고 주인공 마리온은 샤워실로 들어가서 쏟아지는

물을 맞으며 샤워를 한다. 위에서 쏟아지는 물줄기는 보통 속죄나 갱생에 이어, 그 죄를 사하는 손길을 의미한다. 즉 마리온은 관객 앞에서 자신의 죄를 반성하고 용서를 받은 것이다.

상징? 그딴 걸 무슨 수로 알아듣지? 뭐가 뭘 상징하는지 내가 알 게 뭐야? … 물론 그딴 건 몰라도 된다. 그냥 당신이 잠자리에 들기 전, 따뜻한 물로 샤워를 할 때 보통 어떤 기분인지 생각해보자. 하루 중에 가장 평화로운 시간이 아마도 그때일 테다. 음악을 들으며 흥얼거릴 수도 있고, 스마트폰을 켜서 〈영화걸작선〉 같은 훌륭한 유튜브 영상을 보며 샤워를 할 수도 있을 테지. 샤워실은 그만큼 개인적이고 긴장이 이완되는 공간이다.

그리고 살해 신은 바로 그다음 장면에서 샤워실 안으로 벼락같이 들이닥친다. 이 영화를 전반부 내내 무지막지하게 쪼이던 긴장감을 처음으로 그리고 살짝 풀어준 다음, 바로 다음 스텝에 옷을 벗고 있는 금발 미녀를 잔인하게 살해하는 최고로 자극적인 장면을 훅 꽂아 넣는 것이다. 지금 봐도 이 흑백영화가 적지 않은 정서적 충격을 전해주는 것은, 그 장면의 묘사가 특별하게 잔인하거나 해서가 아니다. 영화를 보는 관객의 심리를 자기 마음 대로 쥐락펴락하는 노련한 연출의 결과물이자, 히치콕 영감의 업계 최고수 테크닉인 것이다.

자, 그렇다면 역대 최고의 스릴러이자 호러 영화의 마스터피스라 불리는 〈싸이코〉처럼 훌륭한 영화를 또 만들어낼 수 있을까? 결론부터 말하자면, 거의 불가능에 가깝다.

왜 안 돼? 걍 만들면 되잖아? … 안 되지, 시발. 긴말할 것 없이 이 걸작영화를 현대에서 그대로 재연해보겠다는 기획을 했던 사람이 있다. 구스 반 산트 감독. 나름…이라고는 하지만 칸영화제에서 감독상까지 받았던 양반인데, 이분의 영화 〈엘리펀트〉는 나도 아주 좋아하는 영화다. 이런 감독님이 삘 받아서 달려든 적이 있었으나….

망했다. 졸라 망했다. 그냥 똑같이 찍어버렸거든. 화면만 총천연색 컬러로 바뀌었을 뿐 원작과 다른 점이 전혀 없었다. 이건 감독 자신이 뭔가 새로운 점을 추가해서 전작의 위상을 뛰어넘어 보겠다는 야심 자체를 완전히 접어버린 결과다. 왜.

**첫 번째** 원작이 너무 대단한 평가를 받는다는 점.

**두 번째** 섣불리 뭘 했다가는 원작 훼손이라고 욕을 삼태기로 얻어먹을 것이 자명하니까.

그래서 원작 그대로 찍어버리는 방법(이걸 방법이라고 할 수나 있는지 모르겠다만)을 썼는데, 결과는 이게 무슨 필름 낭비냐는 평가만 받았을 뿐이다. 원작이 흑백영화라고 해서 해상도가 떨어지는 것도 아닌데 원작이 보고 싶음 원작을 보면 되지 군이 뭐 하러 똑같이 만들어놓은 짝퉁을 본단 말인가.

그렇다면 다시 돌아가 보자. 〈싸이코〉만큼 훌륭한 영화를 만들 수는 없다. 고전이 되기 위해서는 시대빨도 타고나야 한다. 〈싸이코〉가 개봉했을 시절의 미국은 영화에 대단히 엄격한 심의를 적용했었다. 어느 정도였냐 하면, 영화에 변기가 등장하지 않았다. 정말이다.

〈싸이코〉는 할리우드 영화 중 처음으로 수세식 (또는 착좌식) 변기가 아주 노골적으로 등장하는 영화이기도 하다. 그런 시절에 사이코패스가 사람을 칼로 찍어 죽이는 영화를 만들면서, 거기에 마치 프로이트에게 맨투맨 자문을 받은 듯한 깊은 층위의 심리학적 상징들을 추가하고(그러면서도 재미를 해치지 않는다는 것이 또 다른 포인트다), 정교한 시나리오와 세련된 대사를 더한 후, 아직까지도 긴장감을 살릴 때 두고두고 사용될 정도로 끝내주는 사운드트랙을 끼웠고, 영화 처음부터 끝까지 잠시도 관객의 딴생각을 허락지 않는 최고급 낚시질 테크닉까지 뿌려서 길이길이 회자될 명작을 탄생시킨 것이다. 시대보정 따위 하지 않아도 (지금 봐도) 명작인데, 시대보정까지 하고 나면 더더욱 명작인 셈.

  그렇다면 질문을 살짝 다르게 해보자.
  〈싸이코〉만큼 훌륭한 영화를 만들기는 불가능에 가깝도록 어려운 일이다. 그렇다면 〈싸이코〉만큼 자극적인 영화는 어떨까. 앞에서 말한 것처럼 이 영화를 통틀어 가장 기억에 남는 장면은 '여성의 누드'와 '살인'이라는 키워드로 구성되어 있다('사이코패스'를 넣고 싶은 사람도 있겠지만 그 장면까지 노먼 베이츠가 사이코패스임을 명확하게 보여주는 장면이 없다. 즉 관객은 그 시점에서 노먼 베이츠가 사이코패스임을 알수가 없다). 이야기의 방법적인 측면으로 보자면, 관객의 긴장을 이완시켜놓고 갑자기 들이닥치는 살해 장면 정도로 정리될 수 있을 것이다.

오호라. 그렇다면 다른 골치 아픈 건 모조리 빼버리고 이 키워드만 가지고 영화를 만들어보는 건 어떨까? 그럼 어쨌든 끝내주는 영화가 되지 않을까? 걸작은 못 되더라도, 흥행작은 만들 수 있지 않을까?

… 물론 여기까지는 내 상상이다. 실제로 슬래셔 영화가 그렇게 해서 탄생한 것인지, 그래서 슬래셔 영화의 시작을 알프레드 히치콕의 〈싸이코〉로 보는 것이 합당한 것인지에 대한 명확한 결론은 아직 나지 않았다. 앞으로도 안 날 것이다. 사실 그게 그렇게 중요한 것도 아니고. 그러나 나의 개인적인 생각에, 영화와 같은 대중예술은 생각보다 더 많은 사람들에게 영감을 주고, 세대를 지나며 학습되고 발전된다.

DJ들이 파티 음악을 연달아 틀면서 중간중간 몇 마디씩 던지던 것이 조금씩 길어지고 복잡해지며 (그렇다면 그냥 랩만 넣어서 온전히 하나의 곡을 만들어보는 건 어떨까?) 오늘날 현대의 랩 음악이 완성된 것처럼, 하위 장르는 그런 식으로 발전되는 것이 가장 보편적이다.

나는 어디서 누군가 나에게 슬래셔 영화의 기원을 묻는다면 히치콕의 영화 〈싸이코〉에 등장하는 샤워실 살해 장면이라고 대답할 거다. 지금까지는 그렇게 물어보는 사람이 없었지만 앞으로 물어보는 사람이 있으면 틀림없이 그렇게 대답할 거다. 그러니까 팩트 좋아하시는 분들은 그런 질문은 하지 마시라. 어차피 완벽한 팩트가 존재하지 않는 질문이다.

현대 슬래셔 영화의 진짜 오리지널이라고 불릴 만한 작품은 1978년에 나온다. B급 호러 영화의 명장, 존 카펜터 감독의 〈할로윈〉이다. 물론 그 전에도 슬래셔 영화의 원전이라고 불릴 만한 작품은 여럿 있었다. 토브 후퍼 감독의 〈텍사스 전기톱 학살〉(1974)과 같은 명작영화도 있었고, 듣보잡이긴 해도 〈블랙 크리스마스〉(1974)와 같은 영화도 있었다. 그러나 여전히 슬래셔 장르의 오리지널은 〈할로윈〉이다.

〈할로윈〉은, 슬래셔 영화의 아이폰과 같은 영화다. 아이폰이 그랬던 것처럼 그 전까지 전혀 존재하지 않았던 완전히 새로운 기술을 등장시킨 것이 아니라, 여기저기에 존재하던 것을 통합해서 두고두고 사용될 원형을 만들어낸 것이다. 실제로 우리가 대충 알고 있는 슬래셔 영화의 규칙은 대부분 〈할로윈〉에서 이미 완성된 것이다.

그렇다면 슬래셔 영화의 규칙은 뭐가 있을까? 웨스 크레이븐 감독은 영화 〈스크림〉에서 떠벌이 영화광의 입을 통해 슬래셔 영화의 규칙을 이렇게 설명했다.

**첫 번째** 섹스하지 마라. 살인마에게 잔인하게 죽는다.

**두 번째** 술 마시지 말고 마약 빨지 마라. 살인마에게 잔인하게 죽는다.

**세 번째** 어떤 상황에서도 "곧 돌아올게"라고 말하지 마라. 그 말을 하고 진짜 돌아온 사람은 터미네이터뿐이다. 그런데 터미네이터는 사람이 아니라 기계다. 사람이 저 말을 했다는 건 "나가서 살인마한테 산 채로 닭꼬치가 된 다음 요단강 크루즈 탈게"라는 말과 동일한 뜻을 가진다.

**네 번째** 살인마를 이길 수 있는 사람은 '순결한' 처녀뿐이다. 정신적·육체적 순결을 모두 포함한, 협의의 순결이다(주의! 혼후 순결은 아무 의미가 없음).

신기하게도 몇 개 되지도 않는 이 규칙은 〈할로윈〉이

후의 슬래셔 영화가 칼같이 지켜왔다.

〈13일의 금요일〉이라든지, 〈나이트메어〉 시리즈라든지… 살인마가 등장해서 사람을 찢어발기는 정신 나간 영화 (보통 사람들은 이렇게 생각할 것이다) 장르에서 어이없게도 육체적 순결함 같은 고리타분한 가치를 제일로 치는 꼰대스러운 자세를 계속 유지하고 지켜온 것이다. 왜 그랬을까? 궁금하지 않나?

미리 답변부터 하자면, 이 질문 역시 명확한 해답이 존재하지 않는다. 팩트 좋아하시는 분들은 당시 미국에 호러영화심의위원회 같은 게 있어서 거기서 사람은 마구 죽여도 되지만 이 규칙만은 지켜달라고 권고한 권고문 같은 문서를 증거로 딱 들이미는 것을 좋아하실 테지만, 아쉽게도 그런 증거물은 없다. 물론 팩트도 없다.

음모론 좋아하시는 분들은 영화를 보는 청소년들에게 무의식적으로 술, 담배, 섹스, 약물 등등은 위험한 거라고 주입하기 위한 일루미나티의 음모다, 혹은 프리메이슨의 음모다 등등의 이야기를 기대하시겠지만 그건 팩트도 설득력도 없는 상상에 불과하다.

라이브에서도 몇 번 이야기한 적이 있는데, 미국은 우

리가 생각하는 것 이상으로 보수적이고, 백인 남성 중심 적이며, 기독교적 사고방식을 갖고 있는 나라다.

미국의 여성들은 투표권을 언제 획득하게 되었을까? 1920년이다. 이제 갓 100년이다. 지금도 성인 100명당 실제로 천사가 존재한다고 믿는 비율은 미국이 부동의 1위를 차지하고 있다.

저번 장에서도 이야기했지만, 결국 대중영화는 대중 이 원하는 가치를 구현하게 되어 있다. 모든 기독교가 그 렇지는 않으며 모든 기독교인이 그렇지는 절대로 않지만 …. 인간의 원죄를 인정하고, 성적 쾌락을 죄악이라고 바 라보는 기독교적 가치관을 갖고 있는 사람에게 (그게 미국 사람이 됐든, 한국 사람이 됐든 간에) 지켜줄 만한 가치, 살인마 에게 살해되지 않을 정도의 가치를 가진 여성은 누구일 까. 당연히 순결한 처녀겠지.

성경험을 갖고 있지 않은 상태를 '순결'이라고 부르는 것부터가 벌써 그런 기독교적 시각을 무의식적으로 발현 한 결과임은 당연하지 않겠나(나는 거기에 전혀 동의하지 않는 다. 일단 나는 기독교인도 아니고, 섹스를 죄악이라고 전혀 생각하지 않으며, 성적으로 무경험인 여성을 순결하다고 떠받들 생각도 전혀 없다. 난 개인적인 호불호로, 혼전순결 싫어한다).

　1960년대 후반에서 70년대까지 미국에서는 두 번째 여성운동이 활발하게 일어났었다. 첫 번째 여성운동은 여성들이 참정권을 얻어낸 1920년대 즈음이었고 당연히 이들은 그 대가로 투표권을 얻어냈다. 그리고 1970년대 미국의 여성해방운동 캐치프레이즈는 가사노동 분담과 여성의 사회 진출, 그러니까 노동에 따른 동등한 권리를 인정받는 것이었다.

　물론 페미니즘은 내가 내 머릿속의 얕은 지식을 마음대로 떠벌릴 수 있을 정도로 단순한 것이 아니다. 제대로 알아보고 싶은 사람은 관련 서적을 찾아보도록 하자. 언제나 그렇듯 나는 상식선에서만 이야기할 거다. 잘 알지도 못하고 떠벌리는 것만큼 위험한 것이 없으니.

　어쨌든 지금으로서는 꽤나 당연한 이야기지만, 세상에 공짜로 얻어지는 것이 없듯 수많은 여성들이 투쟁한 결과로써 여성들은 사회에 진출해 직장을 갖고, 남성과 동등한 입장에서 노동할 수 있는 권리를 갖게 되었고, 가사노동을 '노동'이라는 가치로 인정받게 되었으며, 이를 남자들과 분담하게 되었다.

다시 한 번 말하지만 너무나 당연한 일이다. 이걸 당연하다고 말하는 것조차 촌스러운 거다. 만약 당신이 그럴 리는 없겠지만…. 일X베XX 같은 곳에서 그곳 분위기에 휩쓸려 여자는 조신하게 집에서 밥이나 해야 한다는 둥, 여자와 북어는 사흘에 한 번씩 패야 한다는 둥, 그딴 개소리를 지껄이고 추천받으며 자기만족이나 받는 인생을 살고 있다면 본인의 인생을 진지하게 재고해보기 바란다. 뭐, 싫어? 싫으면 그냥 거기서 평생 살면 된다. 남자만, 그것도 철저하게 도태된 수컷들만 우글우글한 곳에 본인 일생을 바치겠다는데 내가 뭐라고 하겠나. 뭐? 거기에 변호사도 있고 대기업 임원도 있다고? 품, 그래서 뭐?

리들리 스콧 감독은 1979년에 영화 〈에이리언〉(〈에이리언〉 시리즈에서 '에이리언'이라는 제목을 달고 있는 영화는 1편, 바로 이 작품뿐이다)을 만들면서, 이렇게 달라진 사회 분위기와 새로운 여성 캐릭터를 담아냈다. 이 영화의 주인공은 아직까지도 '여전사'라는 단어와 거의 동급으로 사용되는 엘렌 리플리다.

이 작품은 스페이스호러라는 장르를 거대한 스케일로

담아낸 첫 번째 영화라고 해도 크게 과언이 아니다. 안 본 사람이 있다면, 보자. 장담컨대 지금 봐도 전혀 촌스럽지 않다.

유튜브에서 요약본 찾아보지 말고, 제발 영화 볼 때는 영화만 봐라. 딴짓하지 말고. 게임하면서, 채팅하면서, 인스타나 페북질 하면서 다른 모니터에 영화를 틀어놓은 다음에 재생 끝나면 다 봤다고 하지 마라. 그건 다 본 거 아니고 심지어 본 것도 아니다. 제발 그렇게 곁눈질로 구경해놓고 영화 봤다고 하지 마라. 앞에서도 이야기했잖아. 그냥 줄거리만 이해하는 게 전부는 아니라고.

나와 비슷한 연령대인 분들은 어린 시절에 이 영화를 접했을 것이고, 〈에이리언〉을 보고 난 첫 번째 느낌은 아마도 '뭔가 대단히 생경하지만 한편으로는 익숙한 느낌'이었을 것이다. 나는 어린 시절에 〈주말의 명화〉 시간에 텔레비전에서 더빙판으로 처음 봤고, 대학에 가서야 원본 영화를 제대로 봤는데, 처음 영화를 본 느낌은 전혀 할리우드스럽지 않다는 것이었다.

생각해보자. 〈스타워즈〉의 첫 번째 영화인 〈스타워즈 에피소드 4 - 새로운 희망〉을 개봉한 것은 1977년이었다. 물론 만들 당시에는 이 영화가 어마어마한 떼돈을 벌어다 줄 거라고는 만드는 사람조차 생각하지 못했지만(조지 루카스는 만들어놓고 쪽팔려서 유료 시사회에도 참여하지 않았다), 〈스타워즈〉는 공전의 초대박이 났다. 그러고 나서 조지 루카스는 스티븐 스필버그와 손을 잡고 또 하나의 시리즈를 만드는데 그게 바로 〈레이더스〉였다(우리에겐 〈인디아나 존스 1〉로 더 익숙한).

할리우드 대박 영화에는 한결같은 공통점이 있었다. 근육질의 남성 영웅, 아름다운 여성 주인공, 분위기 환기 및 개그 담당 조연, 거대한 스케일의 대서사시 등등. 이 상업영화의 공식은 대단히 견고해서 지금까지도 거의 그대로 계승되고 있다.

그리고 우리가 어린 시절에 〈주말의 명화〉 같은 텔레비전 더빙판으로 접한 영화는 당연하게도 할리우드 상업영화이므로, 대단히 높은 확률로 이 공식을 따른다. 당장 추억의 영화 아무거나 하나만 떠올려봐라. … 봐, 맞지? 심지어 〈대부〉도 이 공식에 잘 맞아들어 간다니까.

그런데 〈에이리언〉은 대단히 이질적이었다. 이 영화는 임무를 마치고 지구로 향하던 우주선이 조난신호를 받고 미개척 행성에 들렀다가 듣도 보도 못 한 괴물을 만나서 모조리 도륙된다는 간단명료하고 끔찍한 이야기를 담고 있다. 주인공들은 추레하고 늙수그레한 중늙은이 노동자들이고(주연배우들이 모두 40~50대였음), 영웅질은커녕 괴물이 들이닥치자 바지를 적실 정도로 혼비백산해서 우물쭈물 전전긍긍하다가 모조리 몰살된다.

어엇? 이거 흥행영화의 공식이 아니라 호러 영화의 공식 아닌가? 그렇다. 아까도 이야기했지만 〈에이리언〉은 스페이스'호러' 영화다.

그런데 결정적인 차이점은 괴물의 정체와 주인공에서 갈린다. 먼저 괴물의 정체를 보자. 에이리언은 지금에 와서는 뭐, 여러 영화에서 흔하게 보이는 괴물이지만 처음 등장했을 때는 진정 공포와 충격이었다.

'뭐, 이런⋯ X같이 생긴 놈이 다 있어?'라는 말이, 진짜 사전적 의미 그대로였거든. 에이리언의 대가리는 진짜로 남성의 성기, 그러니까 ㅈ같이 생겼다. 그건 에이리언의 이미지를 처음 만든 원작자 H. R. 기거(화가다)가 진짜 남성 성기를 모티브로 그려서 만들어낸 이미지를 그대로 만들어낸 괴물이 에이리언이었기 때문이다. ㅈ같이 생긴

게 당연한 거다. ㅈ이 모티브니까. 원래 H. R. 기거의 기괴한 이미지는 남성과 여성의 성기를 모티브로 한 것이 많다. 다른 것도 많으니 궁금하면 찾아보자.

에이리언의 대가리가 ㅈ대가리같이 생긴 것과 결을 같이해서, 이 괴물(원래 이름은 '에이리언'이 아니라 '제노모프'인데 지금은 그냥 에이리언으로 통일되다시피 했다)의 탄생 과정은 대단히 노골적으로 인간의 출산을 은유하고 있다.

먼저 알에서 튀어나온 페이스허거가 사람의 얼굴을 덮은 후, 촉수를 입속으로 삽입하여 숙주의 몸속으로 유충을 주사한다. 유충은 사람의 몸속에서 영양분을 모조리 빨아먹으며 급속 성장한 다음 체스트버스터가 되어 제 이름 그대로 사람의 가슴을 부수면서 튀어나온다. 튀어나온 체스트버스터는 하루 만에 성체로 성장하게 되고.

H. R. 기거의 작품이 인간의 성기를 모티브로 만든 것이 많다고 했었는데, 페이스허거가 날아 들어오는 장면에서 그 안쪽을 카메라가 비출 때, 자세히 보면 여기는 또 여성의 성기처럼 생겼다. 즉 페이스허거는 여성의 성기에서 남성의 성기가 튀어나와 사람의 목 속으로 유충을 삽입하는 그림처럼 보이는 거다. 생경하고 무시무시

한 장면인 거지.

예전에 라이브에서 이 비슷한 이야기를 했더니 이런 댓글이 달렸다.

_____ 가슴을 뚫고 튀어나오는데, 출산이랑은 다른 거 아닌가요?

후… 이보세요. 은유라고요, 은유. 메타포, 상징!

어쨌든 에이리언은 인간의 동의 따윈 상관없이 인간을 봤다 하면 "오, 숙주로 쓸 만한 몸뚱이를 갖고 있군?"이라고 하면서(실제로 말을 하진 않지만), 몸에 자신의 유충을 삽입해서 태어나게 만드는 존재인 셈이다. 그렇다면 이것은 무엇을 상징하는 걸까? 양자가 동의하는 성관계가 아닌, 한쪽이 일방적이고 강제로 진행하는 성관계는? 그렇다, 강간이다.

리들리 스콧 감독(〈에이리언〉의 감독이다)은 시나리오를 검토한 후, 이 방식의 스페이스호러 분위기가 마음에 들어 영화를 제작하면서 이렇게 말했다고 한다.

남성들에게도 강간과 출산의 공포를 맛보게 하고 싶었다.

영화를 다시 보면, 자기보다 육체적으로 터무니없이 강한 상대에게 잡아먹히고 찢기는 남성들이 유난히 공포에 떨고 있는 모습을 볼 수 있을 것이다. 그리고 그 모습은 영화를 보고 난 후에도 꽤 오래 기억 속에 남는다.

나는 지금도 '에이리언' 하면 두 가지 이미지가 떠오르는데, 하나는 공포에 질려 아이처럼 울부짖는 흑인 남자(극 중에서는 파커라는 이름으로 등장한다)이고, 다른 하나는 리플리의 하얀색 팬티다. 리플리의 하얀색 팬티야 내가 워낙 어린 시절(열 살 내외였지 싶다)에 이 영화를 본 데다가, 그 전까진 그렇게 늘씬한 여성이 그렇게 최소한의 면적만 가진 속옷을 입고 있는 장면을 본 적이 없었기 때문이겠지만(내가 눈을 까뒤집으면서 "이런 거 좋아, 너무 좋아, 헉헉헉" 한다는 게 아니고, 어린 시절의 내 뇌리에 인상적으로 기억된 장면이라는 거다. 뭐, 문제 있나?).

공포에 울부짖는 흑인 남자의 모습은 왜 기억에 남았을까?

왜긴 왜야. 감독이 노린 장면이니까 그렇지. 그 장면이 바로 영화 전편을 통해 가장 격렬한 공포의 감정이 휘몰아치는 장면이고, 보통의 호러 영화라면 금발 여성이 가슴이 반쯤 보이는 옷을 입고 비명을 질러야 하는 장면이다. 그런데 리들리 스콧은 그 장면에서 흑인 남성이 겁에 질려 울부짖는 장면을 의도적으로 넣었다. 별로 좋지 못한, 인종차별적인 고정관념이긴 하지만, 보통 흑인 남성이 상징하는 것이 무엇이던가. 강력한 육체적 능력과 … Big Dick 아니겠나. 검고 큰 남성의 성기 말이다.

그러고 나서 나타난 에이리언, 즉 더 강한 존재는 바로 그 흑인 남성을 일방적으로 처참하게 찢어발겨 버린다.

그리고 주인공인 엘렌 리플리는 어떤가? 이 여성 주인공은 바로 그 'ㅈ같이 생긴 괴물로 은유되는' 강간과 출산의 공포와 맞서서 싸우는 유일한 인물이다. 그것도 자신이 사랑하는 반려 고양이를 괴물로부터 지켜내기 위해서. 그 우주적인 공포가 뒤끓는 난리 법석, 공포와 비명이 오가는 가운데 유일하게 정신을 차리고 유연하게 대응하는 인물이기도 하다.

엘렌 리플리는 결국 ㅈ같이 생긴 괴물의 추격을 따돌리고, 자신들을 이 행성으로 향하게 만들어 결과적으로 우주괴물에게 희생당하게 만든 우주선(우주선 선원들이 우주선을 "마더"라고 부르는 것 또한 대단히 상징적이다. 마더는 회사의 명령을 따라서 행동했을 뿐이지만 결과적으로는 악행을 저지르게 되는 것이다. 마치 가부장제의 전통적인 가치에 매몰된 기존의 여성들, 그러니까 70년대 여성운동가들의 '어머니들'처럼)을 괴물과 함께 날려버리고 탈출에 성공한다. 당시 유럽과 미국의 여성 운동가들이 주장하던 것이 낙태의 자유와 자기결정권이었으니 정확하게 일맥상통하는 것이다.

이렇게 말하면 "낙태는 법으로 금지해야 한다" 혹은 "낙태는 죄악이다. 살인이다"라고 울부짖는 사람들이 또 등장할 거다. 그런데 지금 본인들이 생각하고 있는 낙태와 당시 여성들이 이야기하던 낙태는 다른 것임을 명심해야 한다.

여성인권이 지금과는 비교하기도 민망할 정도로 낮았던 그 시절에는, 강간 사건은 셀 수도 없이 일어나는 가장 흔한 범죄 중 하나였고 범죄 취급도 제대로 못 받았다. 한국에서도 그런 사건 있었지. 어떤 여성이 자신을 강간한 남자를 고소하자, 판사가 "이것도 인연이니 둘이 같이 자알 살아보라"라고 판결했던 일 말이다(실제로 있었다!).

남자가 남자를 강간하는 일도 꽤 있으니 남성 여러분도 한번 생각해보시라. 당신이 마동석이나 드웨인 웨이드처럼 거대하고 강한 남자에게 무지막지한 강간을 당했다고 말이다. 그런데 뭐, 강간범이 콘돔을 준비하고 강간하진 않았겠지? 어이구 시발, 임신까지 돼버렸다(남자도 임신 가능하다고 퉁쳐서 생각하자). 그렇다면 나는, 나를 강간한 남자와 평생을 살아야 하는 팔자가 되어버리는 것이다!

병원에 가도 낙태는 불가능하고 낳을 수밖에 없다면, 고발을 해도 판사가 저따위 말을 지껄인다면? 당신은 그런 상황에서 "음, 그래. 낙태는 고귀한 생명을 죽이는 파렴치한 짓이지. 기왕 이렇게 된 거 나는 나를 강간한 새끼랑 평생을 알콩달콩 살면서 애나 쑥쑥 낳아야겠어"라 생각하고 본인 인생 깔끔하게 포기할 건가?

누가 옆에서 "네가 평소에 그렇게 흘리고 다니니까 강간을 당하지. 어차피 이렇게 된 거 그냥 그 새끼랑 잘 살아라"라고 한다면 뭐라고 할 것인가? 그렇게 말한 인간의 얼굴을 피떡으로 만들고 싶지 않을까?

남의 인생 쉽게 말하지 마라. 그리고 절대적인 가치 하나만 그렇게 무식하게 가져다 대지 좀 마라. 그거 엄청나게 멍청하고 앞뒤 꽉 막힌 거다. 21세기에 그런 사고방식 갖고 어떻게 살아갈 셈인가.

리들리 스콧이 왜 〈에이리언〉을 만들고 저런 인터뷰를 했을까? "남성들에게도 강간과 출산의 공포를 맛보게 하고 싶었다"라고 말이다. 리들리 스콧 정도 되는 남자가 소위 보X남이라서 그랬을까? 여자들에게 인기 좀 얻겠다고? 그럴 리가 있겠냐….

역지사지로 남자들도 좀 느껴보라는 의미겠지, 당연히. 저 말에 그 의미가 다 들어 있잖아? 제발 그렇게 멍청하게 살지 말고 다른 사람 입장도 좀 생각해보라고 말이야.

자, 이야기가 길어졌는데, 영국 출신 리들리 스콧 감독이 만든 스페이스호러 영화 〈에이리언〉은 당시 사회적인 이슈를 진지하게 다루며 새로운 여성상을 가진 캐릭터를 만들어냈다. 불행인 건, 〈에이리언즈〉(우리나라에서는 〈에이리언 2〉라는 타이틀로 개봉했다)로 넘어가면서, 감독이 강한 어머니 성애자인 제임스 카메론으로 바뀌면서, 리플리가 갑자기 어머니가 되고 에이리언까지 어머니가 되어버린다는 점인데…. 이건 다음에 기회가 된다면 더 심층적으로 다뤄보도록 하겠다. 지금은 호러 영화 이야기를 하는 중이니.

그런데 모든 작용에는 반작용이 있는 법이다. 지렁이도 밟으면 꿈틀하는 법인데, 지금까지 일방적으로 권력을 잡고 그 수혜를 맘껏 누리고 있던 남자들이 달라지는 사회 분위기와 여성들의 투쟁을 곱게 바라볼 리가 있었을까. 그것도 마누라 패는 걸 자랑스럽게 지껄이고 다니던 미국 남부의 쌩마초 꼴통 남자들이라면 말이다(미국 남부는 그냥 보수적인 동네라고 생각하면 얼추 맞는다. 인종차별도 그렇고 변화에 둔감하고 느린 곳이다).

그런 남자들에게 장사를 해먹으려면 어떻게 해야 하겠는가? 당연히 그들이 원하는 가치를 구현해줘야 한다. 여기저기 주고 다니는 헤픈 여자는 잔인하게 죽여도 되지만 순결한 처녀는 절대 죽이면 안 되는 거지. 남자? 근육만 덜렁덜렁 달고 다니는 멍청한 남자, 약 빨고 다니는 허약한 범생이류, 흑인, 동양인, 기타 등등은 아무리 죽여도 상관없다. 어차피 나 아닌걸, 뭐. 할리우드 영화의 순결 집착은 지금까지도 그대로 이어져온다. 이걸 보면 미국이 유럽에 비해 얼마나 보수적인 동네인지 혀를 내두르게 된다.

당장 〈테이큰〉을 보자. 아버지 말 잘 듣고 순결한 아이는 끝까지 살아남고(마초 아버지가 목숨을 걸고 구해주며), 부모 말 안 듣고 일탈 여행이나 계획하는 잘 노는 여자아이는 험한 꼴을 당하고 죽는다. 할리우드 영화에서 처녀가 살아남는 건 슬래셔 영화뿐 아니라 전 장르에 걸친 패시브다.

유명한 영화평론가 진 시스켈은 슬래셔 영화 장르의 출발점을 이와 같이 규정했다.

1970년대 미국의 여권신장에 따른 우려를 반영한 보수적인 영화로, 결국 가장 얌전하고 도발적이지 않은 여성(처녀!)이 살아남는다.

나는 진 시스켈의 말에 동의하는 편이다. 슬래셔 영화 엄청 봤는데, 정말 노골적이거든. 그렇게 생각을 안 하기가 힘들 정도로.

그렇다고 해서 슬래셔 영화를 무슨 꼰대적인 사고방식을 퍼트리고 다니는 사회악적인 존재로 규정하지는 않길 바란다. 시작이 그랬다는 말이고, 이것조차 정론이 아니라 하나의 주장일 뿐이다. 어쨌거나 대중영화는 대중이 원하는 가치를 보여주기 마련이므로. 그걸 보고 잘못된 가치를 주입받고 멍청해질 것이냐, 그렇지 않을 것이냐는 영화를 보는 사람들의 몫이다.

아이러니하게도 슬래셔 영화는 그렇게 시작했(다고 생각되)지만, 그 이후로 오히려 10대 청소년들이 집에서 파티 할 때 틀어놓고 다 같이 보고 즐기는 파티 무비쯤으로 여겨지게 된다. 웃기는 일이잖은가? 젊은이들에게 경각심을 심어주고 싶어서 만든 영화 장르가 젊은이들의 장난감 비스무리하게 변해버리다니.

호러 영화 이야기를 시작했더니 할 말이 많아진다. 다음 장에선 슬래셔 영화를 통해 장르 영화의 공식을 어떻게 사용하는지 알아보자.

5장

도대체 이걸
왜 보는 거야?

빅쇼트 The Big Short
2015

스크림 Scream
1996

캐빈 인 더 우즈 The Cabin in the Woods
2012

슬래셔 영화 이야기를 계속해보자. 앞에서 말했다시피, 슬래셔 영화는 호러 영화라는 거대한 장르 화수분에서 몇 개의 클리셰(연쇄살인마, 금발 미녀, 피, 비명)만 가져다가 만들어낸 서브 장르다. 이 장르는 생각보다 오랜 시간 동안 나를 포함한 많은 사람들의 사랑을 받았는데, 이는 처음 등장했을 때의 분위기(살인마가 등장해서 무고한 사람들을 칼질하는 게 내용이야? 뭐 이런 정신 나간 영화가 있어?)를 생각해본다면 대단히 장수한 셈이다. 그리고 이 책을 읽는 사람이라면 지금쯤 나에 대한 반감도 먹다 버린 빵에서 곰

팡이 일어나듯 스물스물 생겨나고 있을 거다.

"다른 장르 이야기하면 안 되나? 왜 이따위 끔찍한 영화 이야기만 줄창 하고 있는 거야? 난 그런 영화 별로 본 적도 없고 그따위 장르에 별로 관심도 없는데!"

뭐, 당신이 내 눈앞에 있다면 "아, 선생님. 제 책이라서 뭘 쓰든 제 마음입니다. 입 좀 닫아주시겠습니까?"라고 정중하게 요청하겠지만…. 당신도 내 앞에 없고 나도 당신 앞에 없으니 그럴 수는 없고. 그럼 이제 진짜 이유를 말해주겠다.

어떤 장르의 영화든 간에, 편견 없는 시선으로 보기 위해선 그 뿌리를 알아야 한다. 만약 당신이 2007년에 있었던 서브프라임 모기지 사태와 미국의 금융위기에 대한 아무런 지식이 없이 완벽한 백지상태로 〈마진 콜: 24시간, 조작된 진실〉이나 〈빅쇼트〉 같은 영화를 본다면, 아마 역대급 어처구니를 상실하는 2시간을 보내게 될 것이다. 2시간을 온전히 보낼 수나 있을까? 한 30분쯤 지나고 나서 꿀잠으로 직행하지 않을까? 도대체 쟤들이 뭣 땜에

저렇게 난리 법석 호들갑을 떨어대는지 1도 이해가 안 갈 테니까.

보고 나서 공사장에 시멘트 공구리 쏟아붓듯이 욕을 퍼붓겠지. "이게 뭐야? 여기저기서 상도 많이 받고 재미있다고 해서 봤는데… X벌 뭔 소린지 전혀 모르겠는데? 뭐 이런 더럽게 재미없고 불친절한 영화가 다 있어? 에이, 돈 버렸네"라고.

하지만 2008년에 시작해서 전 세계를 휩쓴 금융위기가 어떤 이유로 일어나게 된 건지, 그 시발점이 된 서브프라임 모기지론 사태가 어쩌다가 일어나게 된 건지, 아주 희미하게라도 머릿속에 입력되어 있다면, 그러니까 미국의 부동산 시장이 어쩌다가 그렇게 개박살 나가리판이 되었는지 약간의 배경지식만 있다면 이야기가 많이 달라질 것이다.

사실 〈마진 콜: 24시간, 조작된 진실〉은 불친절한 영화가 맞지만, 〈빅쇼트〉는 아주 친절하게 예시도 보여주고 사족도 붙여가면서 열심히 설명해준다. 눈 뜨고 귀만 열고 있다면 영화가 다 떠먹여 주는 셈이고, 비스듬히 누워서 2시간 동안 영화만 봐도 단어로만 알고 있는 '서브프라임 모기지 사태'가 어쩌다가 벌어진 일인지 대충은 알 수 있게 된다. 인간적으로 이런 영화는 좀 보는 게 옳다.

뭐? 나랑 상관없는 일이니 몰라도 된다고? 글쎄⋯ 그게 아닐 텐데? 서브프라임 모기지가 박살이 나면서 미국 경제는 어마어마한 타격을 먹었다. 그런데 미국 경제가 휘청거리는 게 우리랑 아무 상관도 없는 일일까? 펀드매니저나 애널리스트가 아침에 일어나면 제일 먼저 뭘 하지? 미국 증시를 확인하지.

2008년에 전 세계를 덮친 금융위기의 시발점이 바로 여기였다. 지금 당신의 삶이 금융위기랑 전혀 상관이 없나? 시골에서 소를 키워도 그렇지는 않을걸? 당신이 화폐를 사용하지 않고 물물교환으로 경제활동을 영위하는 게 아니라면 말이지.

미국의 부동산 시장은 절대로 망하지 않을 거라고 대다수의 소위 금융전문가들은 예측해왔었다. 그런데 월스트리트 꼭대기에 앉아 있는 인간들의 숫자 장난 몇 개가 조금씩 분열을 만들어내더니, 그걸 방기한 몇몇 또 다른 인간의 무능과 부패가 합쳐지고, 거기에 '그건 내 알 바 아니고 나는 대출 받아 내 집이나 사야겠다'라고 생각한 대다수 미국인의 무관심한 삽질이 더해지더니만, 마치 타란티노 영화에 등장하는 뜬금없는 폭력 신처럼 어느 순간 펙 하고 터져버린 거다.

이게 터지는 바람에 미국 경제는 아직까지 제대로 회복이 안 되고 있고, 시장에 맡겨두면 알아서 잘 굴러간다는 신자유주의 경제정책에 대한 회의와 불신이 터져 나왔으며, 우리나라를 비롯한 전 세계 경제는 심각한 타격을 입고 저성장 위주로 돌아서게 된다.

사실 우리나라 경제의 문제는 금융위기 여파나 신자유주의 경제정책의 불안 요소로만 원인을 둘 순 없다(개인적으로는 구조적인 문제가 더 크다고 생각한다). 우리의 위대하신 MB 가카께서는 경제가 어렵다는 국민의 한탄에 대해 오로지 "금융위기로 전 세계가 어렵다"는 답변 하나로 통치셨지만(생각할수록 대단한 분이다. 지금 와서 드는 생각인데 자칭 경제전문가라던 이분은 아마 그 답변을 줄줄 외우고만 다녔을 뿐, 진짜 경제가 어려운 이유 따위에는 아예 관심조차 없었던 게 아닌가 싶다), 경제라는 게 그렇게 몇 가지 요인으로 간단하게 결정되는 것은 아니다. 나 같은 경제무식자가 여기에 대해서 더 떠드는 건 위험한 일이기도 하고. 그러나 나 같은 경제무식자도 〈빅쇼트〉 같은 영화를 보고 나면 몇 가지 깨닫는 건 있다.

철옹성도 그런 철옹성이 없던 미국의 부동산 시장도 무너진다는 사실. 그것도 상상도 못 할 사이즈로 존나 거하게 무너지는 바람에 어마어마한 후폭풍을 남겼다. 그 숫자 몇 개 삑사리 나는 바람에 수천억 달러가 먼지가 되어 날아갔고, 수십만 명의 사람이 집을 잃고 홈리스가 되었고, 직장을 잃고 가난뱅이로 전락하고 말았으며, 수만명의 사람들이 실제로 목숨을 잃었다. 우리가 IMF의 구제금융을 받았던 그 시절처럼.

그런데 정작 그 피해를 본 사람들 중 대다수는 자기가 왜 그런 꼴을 당했는지 모른다. 맥락을 모르기 때문이다. 맥락을 모르니까 애먼 사람을 잡고 욕한다. 진짜 원인은 따로 있는데.

맥락이 이렇게나 중요한 거고, 앞뒤 사정 모르고 욕질만 해대면 이렇게 순식간에 멍청이가 되는 거다. 그런 멍청이들을 계몽하려고 〈빅쇼트〉 같은 영화가 나온 것이고. 재미까지 있으니 금상첨화인 것이고.

왠지 이야기가 옆으로 새버리는 바람에 뭔가 이상하게

되어버린 것 같은데, 그냥 모른 척하고 넘어가겠다. 대충 알아서 새겨들으시길 바란다. 요는, 맥락이라는 놈이 참으로 중요하다는 것이다. 그리고 이 중요한 걸 자꾸 무시하는데… 본인 스스로 무식해지는 짓이다.

영화를 보는 시선도 마찬가지다. 특히나 장르 영화는 더 그렇다. 어떤 장르가 어떻게 생겨나고 어떻게 발전했는지에 대한 이해 없이 단순히 몇 가지 조건을 나열하면서 '불쾌한 영화' 혹은 '혐오 영화'라는 식으로 몰아붙이면 거기 안 걸리는 영화가 몇 개 없거든. 그리고 SNS에서 그런 어긋난 방향으로 분노를 배설하는 멍청이(미안하지만 다른 단어가 생각이 안 나서)들을 볼 때마다 답답한 마음을 금할 길이 없다. 편견 없는 시선을 갖기란 대단히 어려운 일이지만, 적어도 그렇게 되려고 노력 정도는 해야하지 않겠는가. 무지한 게 자랑도 아니고.

자, 슬래셔 영화 이야기로 다시 넘어가 보자. 앞 장에서 슬래셔 영화의 탄생 배경으로 "1970년대 미국의 여권 신장에 따른 우려를 반영한 보수적인 영화로, 결국 가장 얌전하고 도발적이지 않은 여성(처녀!)이 살아남는다"라고 말한 진 시스켈의 의견을 이야기했다. 그런데 정말 그게 다일까? 그건 물론 아니다.

장르 영화의 규칙과 수많은 클리셰는 그냥 생겨난 것이 아니다. 그게 효과적이기 때문에 반복되는 것이고, 반복되다 보니까 클리셰가 되는 것이지.

예를 들어보자. 살인마가 식칼을 들고 누군가를 쫓아간다. 우리는 극장에서 그걸 보고 있고. 그렇다면 쫓겨 달아나는 사람이 누구일 때 그 공포가 우리에게 잘 전달될까?

1. 〈범죄도시〉의 마동석(야! 숨 쉬어, 숨!)

2. 〈공공의 적〉의 설경구(니 머리뼈 한 230개로 만들어줄까?)

3. 〈군도: 민란의 시대〉의 하정우(이놈들을 내가 전부 산 채로 회를…)

4. 〈밀정〉의 한지민

답 나오지? 슬래셔 영화에서 금발 미녀가 주인공으로 줄창 등장하고 마지막까지 살아남는 이유는 뭘까? 그게 공포를 전달하는 데 가장 효과적이기 때문에. 한마디로 지켜보는 사람에게 그게 가장 안타까우면서도 공포스러운, 오금이 저리는 상황이기 때문이지 뭐겠어.

앞 장을 쓰고 나니까, 꼭 슬래셔 영화를 시대착오적인 사고방식과 악의적인 의도가 낳은 끔찍한 유물 정도로 생각하는 사람이 있을까 봐 걱정스러워서 하는 말이다.

호러 영화는 보는 사람에게 공포를 느끼게 만들기 위해서 존재하는 장르고, 슬래셔 영화는 그 공포 중에서도 끔찍한 살해 장면을 통해 공포와 자극을 최대치까지 끌어올리는 장르다. 그렇다면 최대한 잘 먹히는 방법을 사용하는 것 또한 너무나 자연스러운 일이겠지. 사람이든 영화든, 판단하려면 여러 각도에서 먼저 편견 없이 바라보는 시선부터 좀 길러보려는 노력 먼저 하는 게 무엇보다 중요하다. 연습이라도 좀 해보도록 하자.

어쨌든 슬래셔 영화는 처음에 센세이셔널한 인기를 끌었다. 이 장르 영화는 제작비도 제작기간도 별로 안 들고, 터지기만 하면 엄청난 수익을 가져다주며, 머리를 많이 굴려서 만들 필요도 없이 살인마 캐릭터를 하나 만들어놓으면 주야장천 써먹을 수 있다.

그뿐인가? 장르의 클리셰가 워낙 촘촘하게 쌓여 있기

때문에 시나리오 쓸 때 머리를 굴릴 필요도 별로 없다. 간단하게 등장인물만 살짝 바꿔도 속편을 만들기가 정말 쉬운 장르인 것이다. 그래서 할리우드 영화쟁이들은 속편을 '존나' 만들었다. 비슷한 영화도 엄청나게 쏟아졌다.

〈13일의 금요일〉 시리즈, 〈나이트메어〉 시리즈가 다 합쳐서 몇 편이나 될 것 같은가? 다 세기도 어렵다. 존나 많거든. 각 시리즈가 대충 7~8편까지는 계속됐고, '최종편' '정말 최종편' '레알 최종편' '구라 아니고 진짜 최종편' '리부트'도 있고, 나중에는 살인마 제이슨이 우주까지 날아가서 사람들을 썰고 다니는 골 때리는 외전 격 영화도 나왔고, 한 영화에서 제이슨과 프레디가 만나서 서로 썰어대는 피칠갑 유니버스 영화도 등장했다. 그걸 언제 다 세고 있어. 걍 존나 많은 거지.

그러나 '파격'을 주로 내세우는 것은 보통 빨리 식상해지기 마련이다. 아무리 약을 빨고 더 세게 나가려고 해도 영화에서 실현 가능한 수위는 한계가 있기 마련이고, 관객은 반복되는 자극에는 쉽게 무감각해지기 마련이니까. 두세 편까지는 어찌어찌 그냥저냥 본다고 해도, 이게 예 닐곱 번이 넘어가게 되면 피곤한 걸 넘어서 짜증이 나기 시작하는 단계다. 똑같은 개그 패턴이 반복되면 사람들은 세 번째까지는 그냥저냥 웃고 즐기지만, 여섯 번째부터는 싫증을 낸다고 했다(누가 말했는지는 까먹었다. 그게 중요한 게 아니니 넘어가자).

칼로 사람을 슥슥 썰어대는 파격적인 고어 신도 마찬가지다. 첫 번째 봤을 때와 똑같이 반복되는 두 번째, 세 번째를 봤을 때의 자극의 크기는 절대 같지 않다. 그런데 슬래셔 영화가 내세우는 자극이라는 게 태생적으로 그것밖에 없을 수밖에 없는 일이라.

슬래셔 영화의 3대 살인마라고 불리는 제이슨 부히스와 프레디 크루거와 마이클 마이어스는 각각 최소 여덟 편(다 합치면 거의 30편이 넘어간다)의 영화에 출연하면서 점점 더 많이, 점점 더 독창적으로, 온갖 골 때리는 방법을 동원해서 피해자들을 죽여댔지만, 사망자의 숫자가 많아지고 골 때리는 고어 장면이 늘어날수록 오히려 슬래셔 영화의 인기는 점점 식어갔다. 장르 영화의 패턴이 명확하게 도식화되어 있다는 것이 양날의 검으로 작용해, 오히려 장르의 수명을 갉아먹어 버린 셈이다. 당장 〈13일의 금요일〉의 리부트나 새로운 시리즈를 만든다고 해도,

나는 지금 여기 앉아서 내용의 80퍼센트 정도는 유추할 수 있다.

한 무리의 대학생들, 혹은 젊은이들이 모여서 캠핑을 가겠지. 대충 일고여덟 명 정도가 될 것이고 그중에는 몸매가 죽여주는 (이렇게밖에 말할 수 없다. 영화에서 너무 노골적으로 그렇게 보여주는지라) 금발 주인공이 있을 것이고…. 아마도 십중팔구는 처녀거나 처녀에 준하는 순결 상태를 유지하고 있을 거고. 주인공의 친구이자 미국 사회에서 흔히들 'Slut(몸가짐이 단정치 못한, 그러니까 소위 헤픈 여자를 일컫는 단어다)'라고 부르는 여자 캐릭터 한두 명이 더 등장할 거다. 이 친구들은 보통 주인공 금발에게 "너도 남자를 좀 만나봐야 해, 이 수녀 같은 년아" 등의 충고를 해댈 테고.

그리고 이 Slut 친구의 남자친구 중 하나가 캠핑카를 끌고 등장한다. 이 친구는 집이 잘사는 건지 어떤지는 모르겠으나 자기 친척 중 하나가 외딴 곳에 별장을 갖고 있는데, 거기 가서 주말은 보내는 게 어떻겠냐고 자기 여자친구를 꼬드기고, 결국 그의 친구 몇 명(이들 중엔 아주 높은 확률로 마리화나를 담배처럼 피워대는 약쟁이가 있다)과 그녀의 친구 몇 명이 그 캠핑카를 타고 외딴 곳을 향해 떠나겠지. 그곳은 분명히 휴대전화 전파가 잘 터지지 않는 곳일 테고, 도착하기 전 마지막으로 들른 주유소에서는 백인 노인이 하나 등장해서 (절대로 흑인 노인은 등장하지 않는다. 절대!) 침을 찍 뱉으며 이렇게 말하겠지.

이봐, 젊은이들…. 정말 거기 가려고? 다시 한 번 생각해보는 게 어떤가?

하지만 젊은이들은 이 꼰대의 말을 무시하고 그곳에 도착해서 술도 퍼마시고 마약도 하는데…. 호수 어딘가에서 제이슨이 하키 마스크를 쓰고 정글도를 들고 나타날 테지. 그리고 댕겅댕겅 슉슉 피 쭉쭉…. 뭐, 뻔하지 않은가? 시나리오 하나 완성이다.

자, 이런 상황이 반복되자 오히려 젊은이들에게 청교도적 사고방식을 심어주려고 만든 (물론 다시 한 번 말하지만, 이건 진 시스켈을 비롯한 몇몇 영화평론가들의 이론일 뿐이다) 슬래셔 영화는 앞뒤가 훤하게 예측되는 뻔하디뻔한 영화로 전락하고 말았다. 반복되는 개그가 안 웃기는 것처럼,

반복되는 공포 역시 무섭지 않다. 오히려 웃기지.

어느 시점을 지나면서 슬래셔 영화는 오로지 몇 가지 장면, 그러니까 이번에는 살인마가 어떤 창의력 넘치는 방법으로 피해자를 도륙할 것인가, 이번에는 얼마나 예쁘고 몸매 좋은 여자 주인공이 등장할 것인가 등등만 확인하면 그 외에는 전혀 볼 것이 없는 영화 장르가 되고 말았다. 줄거리는 단순하기 짝이 없지, 자극은 만빵이지, 어차피 하도 봐서 무섭지도 않지, 배경지식 이딴 거 1도 없어도 감상하는 데 아무런 지장 없지. 젊은이들이 즐기면서 보기에 딱인 셈이고.

그래서 미국 젊은이들이 집에서 파티를 열 때 틀어놓고 와하하 하고 웃는 용도, 극장에 여친을 데려가서 같이 보면서 자연스럽게 신체 접촉을 유도하는 용도 (무시할 수 없는 소비층이다. 이런 경험 있는 남자분들 꽤 있을걸?) 정도로 슬래셔 영화를 소비하기 시작했다. 처음 등장했을 때의 강렬한 임팩트를 생각해본다면 징말 굴욕적인 대접이 아닐 수 없다.

자, 장르의 규칙과 고정된 클리셰는 이미 마르고 닳도록 써먹었다. 그렇다면 장르는 어떤 식으로 발전해나가게 될까? 싹 다 갈아엎어 버릴까? 아니면 모르는 척 시치미 뚝 떼고 하던 대로 계속할까? 모든 장르 영화의 고민이 아닐 수 없다.

다른 장르물 하나만 생각해볼까? 〈007〉을 비롯한 첩보물 한번 생각해보시라. 다니엘 크레이그가 제임스 본드로 등장하기 전의 〈007〉도 슬래셔 영화 못지않게 그 밥에 그 나물 신공을 매 영화에 펼쳐냈다. 007이 매끈한 정장을 입고 등장할 테고, 총질을 하면서 악당들을 쓸어버리다가 정장보다 더 쌔끈한 본드걸을 만나겠지. 둘이 쿵짝쿵짝할 테고, 세계정복(클래식한 의미의 바로 그 세계정복이 맞다)을 노리는 악당과 싸우다가 (중간쯤에 한 번 제임스 본드가 악당에게 인질로 잡히는 장면이 꼭 있을 거다) 마지막에 승리하겠지.

〈007〉 시리즈 역시 이 뼈대를 가지고 사골 우려내듯 우려먹었다. 매번 등장하는 악당과 본드걸 그리고 제임스 본드가 들고 나오는 첨단무기만 바꿔가며 영화를 찍어내다가, 본드 역을 하던 배우가 무릎에 물이 차거나 나이를 너무 먹어서 달리다가 숨이 찰 때쯤 본드 역할을 하는 배우도 바꿔가며 끊임없이 영화를 찍어냈다. 마찬가지로 〈007〉 영화 역시 나중엔 지겹다는 소리를 듣고 슬슬 인기도 시들해지며 "이쯤에서 이 시리즈 접어야 하는 게 아닌가…" 하는 소리가 여기저기서 터져 나왔다. 그러나 자존심 상하게 정말 접어버릴 수는 없고. 그렇다면 어떻게 해야 하겠는가?

슬래서 영화는 새로운 돌파구를 찾았다. 바로 장르의 법칙을 본인들이 먼저 고백한 다음, 비틀어버리는 것이다. 주인공은 웨스 크레이븐(1939. 8. 2~2015. 8. 30)이었다.

웨스 크레이븐은 뛰어난 호러 영화감독이며 이 사람이 만든 영화 역시 거의 대부분 호러였지만(두 편 정도를 제외하고, 약 스물한 편 정도), 단순히 호러 영화의 틀 안에서뿐만 아니라 기본적으로 영화라는 대중예술을 뛰어나게 요리할 줄 아는 사람이었다. 그러니까 훌륭한 감독이자 작가라서 좋은 호러 영화감독이었던 셈이다. 사실 본인은 호러 영화를 그렇게 좋아하지 않았는데, 자기가 만든 호러 영화를 사람들이 좋아하는 걸 보고 그냥 호러 영화감독으로 눌러앉은 케이스라고.

나는 이 양반에게 제대로 된 자본이 투입돼서 대규모 블록버스터 영화를 만들었어도 꽤 흥미로운 영화가 나왔을 거라고 생각한다. 기본적으로 관객을 들었다 놨다 하는 데 재능이 출중한 사람이고. 호러 영화감독들 중 딱 하나만 찍어서 그의 영화를 모조리 봐야 한다면, 조금도 주저하지 않고 웨스 크레이븐을 뽑을 거다(히치콕 이야기는 하지 말자. 히치콕은 호러 영화감독이 아니다).

웨스 크레이븐이 1996년에 만든 〈스크림〉은, 거의 깔딱거리며 숨이 넘어가고 있던 슬래셔 영화에 찾아온 한 떨기 인공호흡이자 산소호흡기였다. 금발 미녀 드류 베리모어가 비명을 질러대다가 잔인하게 살해되는, 매우 클래식하게 슬래셔스러운 장면으로 시작하는 이 영화는, 매번 봐왔던 그 패턴으로 나갈 것 같은 분위기를 살짝 풍기다가 급격하게 방향을 선회한다. 바로 주인공의 친구인 랜디 믹스라는 캐릭터가 친구들을 앞에 모아놓고 슬래셔 영화의 규칙을 줄줄줄 읊어대면서부터(그 내용은 이전 장에 있다).

모두가 알고는 있지만 영화 속에서는 모두가 모르는 척하는 슬래셔 영화의 클리셰를 영화가 먼저 고백해버리는 것이다. "이렇게 행동하면 슬래셔 영화에서 절대 살아남을 수 없어!"라고 하면서. 고백해버린다는 것은 뭐다? 반복하지 않겠다는 선언이다.

자, 마블 영화 중에 〈토르: 라그나로크〉라는 영화를 생각해보자. 이 영화 초반부에 로키가 아버지 오딘을 지구로 유배 보내놓고 아스가르드의 왕 노릇을 하는 장면이 있다. 그때 로키가 시장 바닥 같은 곳에서 연극판을 벌려놓고 낄낄대며 구경하는데, 이 장면을 잘 떠올려보자. 장황한 비장함이 곳곳에 넘쳐나고 선문답같이 장황한 대사가 난무하는 연극이라… 뭐가 생각나는가?

〈어벤져스〉에서 토르가 아이언맨을 처음 만나서 이렇게 말을 한다.

물러나라, 강철 전사여! 나는 너에게는 용무가 없느니라!

그러자 토니가 이렇게 이죽거린다.

오, 셰익스피어 연극 시간이로군? 그렇다면 나도 비슷하게 해야지. 그대의 어머니는 그대가 치마를 입고 다닌다는 사실을 알고 있는가아?

약간 의역했다. 그래도 오역보단 나을걸? 이 장면도 역시 무언가를 생각나게 한다. 뭘까?

그렇다, 바로 〈토르: 천둥의 신〉이다. 〈토르〉 시리즈의 첫 편은 케네스 브래너라는 영국 출신 감독이 만들었는데, 이 사람은 소위 셰익스피어 덕후이자 자타공인 셰익스피어 빠돌이다. 어느 정도로 심각하냐면… 〈햄릿〉 영화를 만들면서 희곡의 길이를 전혀 줄이지 않고 대사도 그대로 다 넣어버리는 바람에 4시간짜리 영화를 만들어 버릴 정도로 심각하다("감히 셰익스피어가 쓴 대사를 어떻게 잘라낸단 말이냐! 그대로 다 읊어!"라고 소리치는 것 같지 않은가. 셰익스피어 입장에서야 고마운 일이지만 극장에서 4시간짜리 영화를 보는 관객의 방광은 도대체 어떡하라는 말인가).

그래서 케네스 브래너 감독이 만든 〈토르: 천둥의 신〉은 대단히 노골적인 셰익스피어스러움이 곳곳에서 묻어난다. 영화를 보신 분은 알 거다. 이건 숨길 수가 없다. 하지만 셰익스피어가 위대한 건 위대한 거고, 토르는 북유럽신화에 기반을 둔 코믹스를 원작으로 하고 있는 히어로물이다. 망치 휘둘러서 적들의 뚝배기를 박살 내는 히어로 영화를 보러 갔는데 영화 전반에 영국 희곡의 분위기가 흘러넘치고 있으니 관객은 당황할 수밖에.

그래서 〈토르: 천둥의 신〉은, 망했다. 마블을 사랑하는 마블빠들도 인정하고 심지어 직접 영화를 만든 마블도 인정하는 실패작이다. 말이 나왔으니 말인데, 북유럽신화의 신들은 그리스신화에 등장하는 신들보다 훨씬 인간적이고 소탈하며 세속적으로 구는 게 매력이다. 셰익스피어 연극 같은 분위기로 살릴 존재들이 아니란 말이다.

마블 입장에서는 〈토르: 천둥의 신〉의 실패를 인정하고, 2편부터는 다른 분위기로 가고 싶었다. 그래서 위의 장면이 〈어벤져스〉와 〈토르: 라그나로크〉에 각각 등장하는 것이다. '어, 우리 1편에서는 이런 삽질을 했었지. 근데 이번엔 다를 거야, 걱정 마'라는 의미로 말이다. 그래서 굳이 그 연극 장면과 토니가 이죽대는 장면이 들어갔던 것이고.

〈스크림〉에 등장한 랜디 믹스의 슬래셔 영화의 규칙썰도 비슷한 의미다. '맞아, 우린 매번 이런 규칙에 맞춰서 영화를 만들었지. 우리도 알아. 그런데 말이야, 이 영화는 다를 거야. 그렇게 진행되지 않을 거라고.' 이런 의미인 것이다. 설마 자기 입으로 장르의 규칙을 술술 풀어놓고 그대로 찍는 멍청이는 없을 테니까 말이다. 자기 영화를 대사로 다 스포해버리는 영화가 어디 있어?

〈스크림〉은 지금까지의 슬래셔 영화가 주무기로 내세웠던 잔인한 살해 장면의 원초적인 쾌감 같은 것은 취급하지 않았다. 대신 젊고 연기 잘하는 유망 배우를 잔뜩 내세웠고(그중엔 시트콤 〈프렌즈〉에서 모니카 역을 맡았던 커트니 콕스도 있었다), '과연 누가 살인마인가?' 하는 〈소년탐정 김전일〉 같은 추리 놀이를 더했다.

〈스크림〉의 주인공 시드니는 남자친구와 섹스를 하고도 살해되지 않았으며, 비명을 지르면서 도망 다니다가 무기력하게 살해되기는커녕 살인마의 정체를 밝힌 다음, 자기 손으로 살인마를 처단해버리고 불행했던 과거의 트라우마에서 벗어난다. 지금까지의 슬래셔 영화 여주인공들과는 완전히 다른 노선을 탄 것이다.

〈스크림〉은 만든 즉시 비디오 출시용으로 직행했던 슬래셔 영화를 다시 메이저로 끌어올렸다. 원래 가장 원초적이고 강력한 자극을 내세우는 장르이니만큼, 언제나 저력은 품고 있었던 셈이다. 다만 새로운 무언가가 필요했을 뿐.

그러나 인공호흡으로 살려냈더니 또 똑같은 문제가 닥

쳤다. 〈스크림〉의 아류 영화가 마구 쏟아져 나온 것이다. 즉 클리셰 비틀기가 새로운 클리셰가 되어 순식간에 단물이 다 빨린 것이었다. 슬래셔 영화의 또 다른 특징이자 장점이자 단점인 '제작이 손쉽다'라는 점에서 비롯된 결과였으니.

대충 〈나는 네가 지난 여름에 한 일을 알고 있다〉 〈캠퍼스 레전드〉와 같은 아류 영화가 〈스크림〉의 방식을 그대로 흉내 내서 만든 시리즈다. 그러나 역시 이들이 들이미는 장르적 재미 또한 〈스크림〉이 이미 먼저 다 해먹은 것이고 주인공만 바뀐 수준이어서 새로움이나 참신함은 전혀 없는 아류에 머물고 말았다.


그렇다면 '도대체 우리는 이런 슬래셔 영화를 왜 보는 것일까?'라는 궁금증이 생길 법도 하다. 다른 사람이 비명을 지르다가 비참하고 잔인하게 살해되는 걸 왜 보는 거지?

제발 "보는 사람이 폭력적이고 변태적이기 때문에"라는 무식한 대답은 하지 말자. 〈무한도전〉에서 노홍철이 유재석을 보고 "맨날 사람 잔인하게 죽이는 영화만 본다"

라며 취향이 괴상한 변태라고 놀렸는데, 〈무한도전: 정신 감정 특집〉을 본 사람이라면 오히려 누구에게 문제가 있는지 그 명확한 답을 알 것이다.

〈걸작선〉에서도 여러 번 이야기했지만 그 사람이 즐겨 보는 영화의 장르는 그 사람에 대해서 아무것도 말해주지 않는다. 물론 아동 포르노 같은 걸 보는 새끼라면 묻지도 따지지도 않고 뚝배기 후려갈기고 체포하는 것이 마땅하지만, 제작과 상영에 법적·도덕적으로 아무런 문제가 없는 슬래셔 영화 좀 본다고 그 사람을 안다는 듯이 지껄이는 건 정말 무식한 짓이다. 〈심슨 가족〉(애니메이션) 본다고 유치한 사람인가?

어쨌든, 우리는 왜 슬래셔 영화를 보는가. 이에 대한 흥미로운 해답(물론 이게 정답은 아니다)을 제시하는 영화가 있다. 〈캐빈 인 더 우즈〉다. 유튜브에 넘쳐나는 낚시꾼 어그로 유튜버들이 만든 '괴물이 총출동하는 영화' '갇혀 있던 괴물이 풀려나 모조리 죽여버리는 영화' 등 자극적인 제목의 영상에 낚여 아시는 분도 계실 게다.

아무 맥락 없이 이 영화를 본다면 단순히 괴물이 몽땅 등장해서 다 쓸어버리는 영화라고 단순하게 생각할 수 있다. 그런데 이 영화를 그런 식으로밖에 소개하지 못 한다면, 내 생각에는 (내 생각일 뿐이다. 절대적인 것이 아니다) 남에게 영화 소개를 하면 안 되는 사람이다. 장르에 대한 이해와 맥락을 전혀 못 짚는 거거든.

〈캐빈 인 더 우즈〉는 보통의 전통적인 슬래셔 영화처럼 시작한다. 대학 친구들 몇 명이 모여 숲속의 오두막으로 놀러 가는 것이다. 이 중에 근육 덩어리 금발 남자가 한 명 등장하는데 그 사람이 다름 아닌 토르, 크리스 헴스워스다. 그리고 이 영화의 각본과 제작에는 역시 〈어벤져스〉와 〈어벤져스: 에이지 오브 울트론〉(이건 영 별로다만)의 감독인 조스 웨던이 참여했다. 두 사람은 〈어벤져스〉에서 함께 작업한 인연으로 여기서도 만난 것일까? 그건 모르겠다. 어쨌든 상관없는 일이기도 하고.

이들은 슬래셔 영화의 등장인물의 특징과 행동 패턴을 그대로 따라간다. 그런데 등장인물은 소위 그 '전통'에서 조금씩 어긋나 있다. 거슬릴 정도는 아니고, 아주 조금씩.

일단 주인공은 금발이 아니며, 대학교수와 불륜을 저질렀을 만큼 성적으로 순결한 인물도 아니다. 장르의 규칙상 무식한 근육 덩어리 운동선수로 등장해야 하는 토르

(크리스 헴스워스)는 장학금까지 받는 수재에 운동마저 잘하는 엄친아로 설명된다. 심지어 금발 Sult로 등장하는 여자는 원래 금발이 아니라, 염색을 한 금발이다. 메릴린 먼로처럼(메릴린 먼로는 원래 금발이 아니라 갈색 머리다).

(염색한) 금발 미녀와, (전혀 순결하지 않은) 주인공 흑발 미녀와, (전혀 멍청하지 않은) 근육 덩어리 금발 미남과, 모범생 한 명과 마리화나를 피우며 등장한 약쟁이까지 모인 이들 무리는 캠핑카를 타고 오두막을 찾아가는데, 마지막 주유소에서 백인 꼰대까지 빠짐없이 만나가며, 슬래서 영화의 클리셰란 클리셰는 영등포 나이트에서 활동하는 백구두 신은 댄서의 칼박 스텝처럼 촘촘하게 모조리 밟아가며 목적지에 도착한다.

그런데 영화는 갑자기 무슨 연구소 같은 시설 안에서 수십 대의 카메라로 이들을 지켜보고 있는 사람들을 비춘다. 마치 〈트루먼 쇼〉에 등장했던 크리스토프가 트루먼을 바라보며 트루먼의 거짓 현실을 조작했던 것처럼, 이 수백 명의 연구원들은 다섯 젊은이들의 행동거지 하나하나를 지켜보고 조작하고 있는 것이다.

즉 이 젊은이들이 숲속 오두막으로 캠핑을 가게 된 것

은 사실 이 엄청난 규모를 자랑하는 비밀기관에서 기획하고 실행한 일이었으며, 젊은이들은 거기에 휘말린 것. 그러니까 요 비밀기관은 매년 희생자를 찾아서, 그들을 외딴 곳으로 유인해서, 각종 괴물을 풀어서 그들을 살해하는 의식을 집행한 것이다.

그렇다면 왜 이런 짓을 한 것인가? 왜 쓸데없이 사람을 죽여가며 의식을 치르는 거지? (여기서부터 스포일러다. 재미있는 영화니까 가능하면 보고 오시라.)

이 영화에 따르면, 까마득한 고대부터 지구에 살고 있는 파괴신들이 땅속에 잠들어 있는데, 매년 젊은이들을 희생양으로 바치지 않으면 그 파괴신들이 깨어난다는 것이다. 그래서 마치 북유럽신화에 등장하는 서리 거인들처럼 지상에서 개판을 치며 다 때려 부수고 다닐 것이 분명하기 때문에, 미리 희생양을 바쳐 이들을 진정시켜야하는 것이다. 이 막중한 임무를 위해서 이런 거대한 조직이 존재하는 것이고 말이다.

이는 아주 명백한 은유인데, 이 파괴신들은 인간의 무의식에 잠들어 있는 폭력적인 본능을 의미한다. 이게 깨어나서 마음대로 육신을 조종하면 곤란하니까, 우리의 이성(그러니까 여기서 말하는 이성은 바로 이 비밀조직이겠지?)은 잔인한 살해 장면이 넘쳐나는 슬래셔 장르 영화를 주기적으로 찾아 감상하며 이 본능을 달래는 것이다.

즉 이 영화는 슬래셔 장르를 통해 죄책감과 쾌감을 함께 느끼면서 즐거움을 찾는 장르 팬 자체를 거대하게 은유하고 있는 것이다. '그것이야말로 슬래셔 영화를 보는 이유 아니겠어? 잔인하고 폭력적인 본능을 일시적으로 해소하는 용도 말이야. 너네가 그렇게 슬래셔를 소비하는 덕분에 영화 속에서는 아무 죄도 없는 젊은이들이 떼거지로 죽어나가는 거고 말이지'라고.

그게 정답인지 아닌지는 일단 둘째치고(개인적으로 이게 옳다고는 생각하지 않는다), 이 영화는 단순히 장르 비틀기를 통해 새로운 재미를 찾는 데에서 그치지 않고 '도대체 슬래셔 영화는 왜 보는 걸까?'라는 명제에 대한 답도 나름대로 내고 있는 셈이다.

그리고 마지막엔 더 유쾌하게 비틀어내는데, 순결하지 않은 처녀 주인공과 약쟁이(하필이면 약쟁이라니!), 이렇게 두 명만 살아남아 비밀조직에 숨어 들어가서, 거기 창고에 들어 있던 괴물을 모조리 풀어놓아서, 그 조직(그러니까 이성)을 싸그리 쓸어버리거든. 즉 자기들이 이유랍시고 내세운 이론을 자기들 손으로 박살 내버리는 것이다. 조까. 무슨 의식이야? 이런 걸로 폭력 성향이 다스려진다고? 이런 식으로 제물을 바쳐가면서, 창작물 속에서 남의 죽음을 즐겁게 구경하지 않으면 뭐, 본능이 가늠이 안 돼? 그럴 거면 걍 다 뒈지는 거지, 뭐! 하면서 말이다.

유쾌한 영화다. 그리고 이 영화가 등장하기까지의 맥락과 의미하는 바를 생각한다면, 단순한 눈요깃거리에 그치지 않고 슬래셔 영화라는 장르 자체를 거대하게 함의하고 있음을 알게 된다.

좋은 장르 영화를 만드는 일은 그래서 어렵다. 법칙을 너무 잘 따르면 지루한 영화가 되고, 그렇다고 완전 개무시하면 장르 영화로서 자격을 잃어버린다. 지키면서 깨야 하고, 깨면서 존중해야 한다. 이는 다른 장르 영화도 마찬가지다. 다만, 그 법칙의 보존과 혼용을 가장 극단적으로 관찰할 수 있는 장르가 바로 슬래셔인 것뿐이다.

6장

비껴 맞아도
세월은 세월이다.
사람도, 사랑도

**죽은 시인의 사회** Dead Poets Society
1989

**비포 선라이즈** Before Sunrise
1995

**비포 선셋** Before Sunset
2004

**비포 미드나잇** Before Midnight
2013

사랑 이야기를 해보자. 사랑, 정말 예쁜 단어 아닌가. 하지만 경우에 따라서는 정말 위험한 것이기도 하지. 〈미저리〉에서 자기가 사랑하는 소설가 폴의 발모가지를 부러뜨린 채 감금한 다음 내가 원하는 대로 소설을 쓰라고 윽박지르는 여주인공 애니 윌크스는 진짜 레알 진심으로 소설가 폴을 사랑했다. 사랑이란 감정의 절대적인 부피와 질량만을 놓고 생각해본다면 아마 로미오에게 사랑을 속삭이는 줄리엣보다 양적으로 질적으로 결코 적지 않았을 거다. 문제라면 그녀가 소설가 폴이 창조해낸 캐릭터인 미저리를 더더더욱 사랑했다는 거고, 그녀가 생각하는 사랑이란 우리가 흔하게 느끼고 생각하는 사랑이랑은 텍사스와 민주당만큼이나 멀리 떨어진 액션(오함마를 휘둘러 발목을 작살내 버린다든가…)이라는 거지.

왜 난 사랑이라는 단어를 꺼내놓고 제일 먼저 애니 윌크스부터 떠올리는 거지. 아, 정말 나도 뭔가 잘못되긴 한 모양이야….

암튼, 사랑이란 주제는 너무나 광범위해서 어디에서 어디까지가 사랑인지 정하는 것부터가 심각하게 어려운 일이다. 아니지. '진짜 사랑'의 모습을 찾는 것이 정말 어려운 일이라고 봐야겠지.

모텔 앞에서 여자친구에게 "오빠는 너를 진심으로 사랑하기 때문에 손만 잡고 잠들어도 충만한 영혼의 기쁨을 느낄 수 있어"라고 쌩구라를 치는 남자의 심정도 물론 사랑이라고 봐줄 수도 있겠지만(무시할 수 없다. 이랬다가 평생 동안 진짜 제대로 사랑하는 커플도 얼마나 많은데), 제삼자가 옆에서 보기엔 성욕에 가득 차서 어쩔 줄 모르는 꼴값에 더 가깝겠지. 물론 옆에서 쳐다보고 있는 제삼자의 눈에는 경멸보다는 부러움이 더 클 수도 있겠지만.

〈불한당: 나쁜 놈들의 세상〉의 재호와 현수는 서로 사랑했지만 그 사랑으로 인해서 수많은 사람들이 피해를 봤다. 특히 병갑이가 보기엔 "정신 차려 인마, 너 지금 뭐가 씌운 거야!"였을 테고. 불쌍한 병갑이. 사랑하는 사람이 휘두른 둔기에 맞아 뚝배기가 터지는 건 어떤 기분일까? 아마 병갑이는 죽어가는 순간에도 재호를 걱정하지 않았을까?

2시간 동안 그 사랑이 얼마나 절절한지를 전달하고, 관객의 뇌리에 깊이 각인되는 깊은 사랑을 만들어내기 위해서 보통 영화는 그 사랑으로 인해 파멸하는 사람들을 등장시킨다. 〈번지점프를 하다〉와 같은 영화도 그렇고, 〈레옹〉도 그렇고, 〈러브 스토리〉도 그렇고, 더 찾아 올라가면 〈로미오와 줄리엣〉도 그렇다. 주변 사람들이 파멸하거나 주인공 본인이 파멸한다. 그럼에도 그 지독했던 사랑은 남고, 관객의 머릿속에도 안타까움이란 감정과 섞여서 오래오래 남는다.

그런데 나는 누군가 나에게 사랑이 뭐냐고 묻는다면 위 영화에 등장하는 감정이라고 대답하지는 않을 테다. 왜. 이건 앞에 '격정적인'이나 '주체할 수 없는' '정열적인' 등등의 수식어를 붙여야 하거든. '사랑'이라는 단어 전체를 포괄하기엔 뭔가… 아, 그렇지. 검증이 부족한 느낌이다.

사랑에 검증이 뭔 말이냐고? 이 영화를 떠올려보자. 안 보신 분들은 보고 오시고. 〈비포 선라이즈〉〈비포 선셋〉〈비포 미드나잇〉세 편의 영화 이야기를 할 거다.

에단 호크라는 배우를 아실 거다. 모른다고? 검색 때려라. 이 배우는 알아둘 만한 가치가 있다. 단 〈발레리안: 천 개 행성의 도시〉에 등장했던 건 빼고.

〈죽은 시인의 사회〉마지막 장면에서 책상을 밟고 일어나 떠나가는 키팅 선생에게 "오, 캡틴! 마이 캡틴!"을 외치는 뽀송한 젊은이가 바로 에단 호크다. 호크아이와는 아무런 관련이 없으니 "에단 호크가 한쪽 눈을 다쳐서 애꾸눈이 되면 호크아이(원래 눈은 복수로 쓰니까)"라는 개드립은 넣어두고. 기분 안 좋은 사람 앞에서 구사하다가 귀싸대기 맞기 딱 좋은 개그다.

원래 극히 내성적이고 소심한 성격이었던 토드 앤더슨(〈죽은 시인의 사회〉에서 에단 호크가 연기한 캐릭터다)은 웰튼고등학교에서 인생의 멘토인 키팅 선생을 만나면서 인생의 큰 변화를 맞게 된다.

남 앞에서 말이라도 꺼내려고 하면 먼저 얼굴부터 붉어지고 식은땀을 줄줄 흘리던 겁 많은 젊은이는 키팅 선생의 영혼 치료에 가까운 충격적인 일대일 강습을 받고 조금씩 달라진다. 친구들 앞에서 능숙하게 자작시를 읽기도 하고, 자기의 의견을 뚜렷하게 표현할 수 있는 자신감 넘치는 성격으로 변모하게 된 것이다.

그는 억울한 누명을 쓰고 마침내 학교를 떠나게 된 키팅 선생에게 자신이 할 수 있는 최고의 예우를 담은 작별 인사를, 키팅이 가르쳐준 방식대로 키팅에게 돌려준다. 그것도 키팅에게 누명을 씌워 쫓아내는 교장 선생님이 두 눈 시퍼렇게 뜨고 있는 교실에서 책상 위로 올라가 키팅에게 "오, 선장님! 나의 선장님!"이라고 말한 것이다.

선장은 배가 나아갈 항로를 결정하는 사람이다. 키팅이 학생들에게 자기를 부를 땐 "캡틴"이라고 불러달라며 장난스럽게 주문하기도 했지만, 이때 토드가 키팅 선생에게 바치는 캡틴이라는 명칭에는, 그가 자기 인생의 항로를 결정한 사람이 바로 당신이라는 것을 알려주는 것이기도 하다.

교장 선생에게 조까라는 듯이 항명해버린 그 일로 인해 토드는 앞으로 엄청난 고초를 겪게 될 것이 불 보듯 뻔한 상황이었다. 그러나 그는 무서워하면서도 용기를 내서 행동했다. 자신의 판단을 믿고, 용감하게 행동하는 인간이 된 것이다. 토드의 인생을 통틀어 일대 사건이었고, 키팅 선생의 가르침이 최고의 성과를 내는 순간이었다.

아마 토드는 그 순간 이후로 지금까지와는 전혀 다른 삶을 살게 될 거다. 그게 그 전보다 나은 삶이 될지 아닐지는 전혀 알 수 없는 문제일 테지만, 적어도 그는 지금까지처럼 눈물을 줄줄 흘리며 와사비를 퍼먹는, 그러니까 울며 겨자 먹기로 부모님의 뜻대로만 살아온 삶에서 벗어나 자기의 의지로 자기 인생을 결정하게 되겠지. 거기에 대한 책임을 기꺼이 지는 어른이 될 것이고.

1989년에 〈죽은 시인의 사회〉에서 토드를 연기한 젊은 배우 에단 호크는 시간이 흘러 1995년에 〈비포 선라이즈〉라는 영화에 출연한다. 물론 〈비포 선라이즈〉에서 에단 호크가 연기한 제시는 〈죽은 시인의 사회〉에서 연기한 토드와는 아무런 상관도 없는 전혀 다른 인물이지만, 나에게는 그 에단 호크가 그 에단 호크로 보였다.

그 (에단 호크의 얼굴을 하고 있던) 토드가 고등학교를 졸업하고, 대학생이 되어서 그 (에단 호크의 얼굴에서 수염만 기른) 제시가 된 것처럼 느껴졌다는 말이다. 그래서 아직까지 내 머릿속의 에단 호크는 〈죽은 시인의 사회〉에서 웰튼고등학교를 졸업(하기 전에 키팅 선생님을 만나며)하고, 대학에 입학한 후 유럽으로 놀러 갔다가 빈으로 가는 열차를 탄 젊은이로 남아 있다. 〈죽은 시인의 사회〉와 〈비포 선라이즈〉 역시 에단 호크를 중심으로 한 편의 영화처럼 묶여서 기억되고 있고. 〈비포 선라이즈〉와 이어지는 〈비포 선셋〉과 〈비포 미드나잇〉 역시 한 편처럼 묶여 있다. 거기에 〈보이후드〉까지 합치면 에단 호크는 나에게 '함께 늙어간다'라고 말하기에 정말 적합한 배우다. 물론 에단 호크는 돈을 어마어마하게 많이 벌어서 자기 소유의 섬도 있고, 우마 서먼이랑 결혼도 했지만. 부러운 놈.

어쨌든. 빈으로 가는 기차에서 제시(에단 호크)는 수수한 차림의, 그러나 몹시 아름다운 (게다가 영어까지 엄청 잘하는!) 프랑스 여인을 발견한다. 그녀의 이름은 셀린느. 사실 이 남자는 기차를 타기 전에 여친한테 시원하게 걷어 차인 상태(미국 살던 사람이 여친 보겠다고 유럽까지 갔다가 냅다 걷어 차였다. 데미지가 어마어마했을 거다)였고, 연애 쿨타임이 진행 중이었을 법도 하지만, 키팅 선생님의 "현재를 즐겨라"라는 가르침을 기꺼이 받들어 셀린느에게 아주 자연스러운 솜씨로 말을 건다.

그러나 이 '자연스러운 솜씨'라는 것에는 에단 호크의 잘생긴 얼굴도 포함되어 있음을 기억하자. 그는 셀린느에게 사실 별말 안 했다. 그저 이렇게 묻는다.

저기 저 커플, 왜 싸우고 있는 건 줄 알아요? 혹시 영어 하십니까?

셀린느가 대답한다.

전 독일어는 할 줄 몰라서요. 그런 말 알아요? 나이를 먹을수록 남녀가 들을 수 있는 주파수가 달라진대요. 남자는 고음역대를 잘 못 듣게 되고 여자는 저음역대를 잘 못 듣게 되죠. 서로에게 효력이 떨어지게 되는 것 같아요.

세상에. 낯선 남자가 대뜸 말을 걸었는데 성심성의껏 대답해주고, 흥미로운 연구 결과에, 대화를 이어갈 주제까지 되돌려 주는 기차 안의 낯선 미녀라니. 사실 이런 게 진짜 판타지다. 현실에서 기차 안에 있는 미녀는 대단히 높은 확률로 근육이 울퉁불퉁한 거한과 함께 타고 있거나, 이어폰으로 (에어팟인 경우가 많다) 귀를 꽉 막고 있다. 뭐, 그래도 될놈될이지만.

"그렇군요. 서로 죽이지 말고 함께 늙어가라는 자연의 섭리인가 봐요"라고 말하며 다른 곳을 바라본 (그러니까 자신의 잘생긴 옆얼굴을 보여준) 에단 호크, 즉 제시는 셀린느에게 이렇게 제안한다. 이미 각은 나온 상태니 망설일 이유가 없지.

나 지금 라운지 칸에 갈 건데, 혹시 같이 갈래요?

두 사람은 라운지 칸에서 꽤 즐거운 대화를 나눈다. 그러나 두 사람은 목적지가 같지 않았고, 빈에 도착하자 제시는 기차에서 내려야 한다며 자리에서 일어난다. 서로 즐거운 여행이 되기를 바란다며 작별한 두 사람. 그러나 잠시 후, 라운지에 홀로 앉아 있는 셀린느에게 가방을 매고 있는 제시가 다시 다가온다. 그리고 역사에 길이길이 남을 작업멘트를 친다.

제시  완전 미친 소리 같겠지만 들어봐요. 지금 이 말을 하지 않으면 남은 평생 동안 후회할 것 같아요.

셀린느  뭔데요?

제시  당신이랑 계속 이야기를 하고 싶어요. 당신이 무슨 상황인지는 모르지만… 아마 내 생각에 우리는 뭔가… 통하는 게 있는 것 같거든요. 당신도 그렇지 않아요?

셀린느  맞는 것 같아요.

제시  좋아요. 그럼 여기서 내려서 나랑 같이 빈을 구경하지 않을래요?

셀린느  (당황) … 네? 그럼 여기서 뭘 하는데요?

제시  나도 모르겠어요. 내가 알고 있는 건 난 내일 아침 9시 30분 비행기를 타야 한다는 거고, 호텔 잡을 돈은 없으니까 밤새도록 빈 거리를 쏘다닐 건데 당신이랑 같이 있으면 아주 즐거울 것 같거든요. 만약 기차에서 내렸는데 내가 사이코 또라이 같으면 당신은 나를 버리고 바로 다음 기차를 타면 되는 거죠.

누구에게든 뭘 제안하든 간에 가장 기본이 되는 프로세스다. 먼저 가볍게 동의를 구하고 (우리 대화 꽤 즐거웠잖아, 그렇지?) 내가 원하는 대로 해도 (여기서 같이 내려도) 당신에게는 여전히 선택권이 있으며 (내가 미친놈 같으면 바로 다음 기차를 타면 됨) 별로 손해 볼 것도 없다는 걸 (이 기차 타나 다음 기차 타나 어차피 목적지에 가는 건 똑같잖아? 길어봐야 한두 시간 늦는 것뿐이지. 손해 볼 게 뭐가 있어?) 확실하게 알려주는 것. 이성적으로 따져봐도 그다지 손해 볼 게 없는 일이라는 사실을 먼저 알려주는 거다. 대단하다. 잘생긴 얼굴에 좋은 목소리와 합리적인 작업 솜씨까지. 한층 더한 개새끼가 아닐 수 없다.

그러나 셀린느는 망설인다. 호감 가는 미남이고 대화도 즐겁지만, 사람이 어디 이성적인 판단만으로 움직이는 존재인가. 당연하지.

그때 제시가 두 번째 멘트를 날린다. 이성은 통과했으니 다음은 감성 영역을 겨냥한.

이렇게 생각해봐요. 10년 20년 후에, 당신은 이미 결혼했고 아까 본 나이 든 커플처럼 남편과의 사이에서 설렘이나 에너지를 잃었어요. 아마 그때 한 번 돌아보게 되겠죠? 내가 지금까지 스쳐온 남자들 중에 하나를 선택했다면 어떻게 되었을까? 하는 질문을 하게 될 거예요. 그 남자들 중에 하나가 바로 나죠. 만약 당신이 그때로부터 지금까지 시간 여행을 해서 나랑 같이 시간을 보내는 걸 선택한다고 생각해봐요. 당신은 그 결과로 내가 그다지 흥미롭지도 않고, 매력적이지도 않은 남자였다는 걸 깨닫게 되는 거죠. 그럼 과거에 대한 미련이 없어질 거고, 당신과 당신 남편은 다시 행복해질 거예요.

기가 막힌 멘트 아닌가.

지금 밖으로 나가서 나와 시간을 보내자. 이게 아니라고 생각된다면 별다른 손해 없이 즉시 취소해버릴 수도 있다. 히지만 지금 나랑 같이 하루를 보내는 경험을 함으로써 당신은 당신 인생을 더 풍요롭게 해줄 기억 하나를 갖게 될 수도 있고, 나중에 생길지도 모르는 후회들 중에 하나를 없애버릴 수도 있다. 지금 여기가 어땠을지 궁금

해서 타임머신 타고 돌아왔다고 생각해봐. 하지만 타임
머신 따위가 앞으로도 발명될 리는 없으니 지금 하지 않
으면 평생 궁금해하겠지. 그럼 해봐야 하지 않을까?

여기까지 들은 셀린느는 이렇게 대답한다.

내 가방을 가져올게요.

많은 사람들이 〈비포 선라이즈〉를 원나잇의 교과서라
고 부른다. 뭐, 사실 그날 기차에서 내린 두 사람은 얼마
지나지도 않아 관람차 안에서 서로의 입속을 탐험하며
면역력을 높이고 (그러니까 키스를 하고) 결국은 그날 밤 같
이 자게 되기는 하니까 피지컬적으로 원나잇이 맞기는
분명히 맞다. 그런데 나는 이들의 만남을 원나잇이라는
어쩐지 싼티 흐르는 단어의 프레임 속으로 끌고 가고 싶
지 않다.

제시와 셀린느는 그날 기차에서 자신들에 인생에 불확
정성을 부여했다, 라고 표현하고 싶다.

제시가 잘생긴 얼굴과 센스 넘치는 언변으로 셀린느

에게 그럴싸한 제안을 한 건 맞다. 그러나 결국 기차에서 내린 건 셀린느의 선택이었거든. 제시가 먼저 기차에서 내리고, 뒤따라 내리기 전 살짝 짓는 셀린느의 미묘한 표정을 보자. 이 남자를 따라 기차에서 내려서, 오늘 하루 동안 빈에서 무슨 일이 생길지 전혀 알 수 없다. 사실 말은 맞는 말이지. 기차에서 내려보니 제시가 아름다운 여자만 골라서 살해하는 테드 번디 같은 연쇄살인범이면 어떡한단 말인가? (그리고 보니 에단 호크는 〈테이킹 라이브즈〉라는 영화에서 연쇄살인범 역을 연기한 적도 있다!)

남자 입장에서는 별것 아닌 일도 여성의 입장에선 엄청난 모험일 수 있다. 특히나 처음 본 남자와 가본 적도 없는 도시에서 하룻밤을 보내는 건 더욱 그렇다(써놓고 나니 처음 본 남자와 낯선 도시에서 하룻밤을 보내는 건 남자 입장에서도 위험한 일 맞는데? 등짝을 보자고 하면 어떡해?).

그냥 기차를 타고 가면 가기로 했던 시간에 가기로 했던 목적지에 그대로 도착할 수 있다. 그럼 인생은 그녀의 계획대로 진행되겠지. 그러나 셀린느는 그 계획에서 벗어나 낯선 도시에서 방금 만난 남자와 함께 하루를 보내기를 선택했다. 기차에서 내리기 전 그녀의 얼굴에 떠오른 미묘한 표정은 아마도 그런, 인생에 어떤 영향을 주게 될지 알 수 없는 모험 속으로 떠나는 두려움이 포함된 결정의 표정이 아니었을까.

내가 위에서 제시의 말을 '작업 멘트'라고 표현하기는 했다만, 혹시나 이 책을 읽는 남자분들, 이 대사 그대로 외워서 그대로 써먹을 생각 같은 건 고이 접기를 바란다. 주입식 교육의 폐해인지 뭔지 몰라도 대사만 그대로 갖다 쓰면 같은 결과가 나올 것이라고 생각하는 친구들이 종종 있는데(어린 시절의 나를 포함한 거다), 그거 로또 1등 나온 집에서 로또를 사면 나도 1등이 될 거라는 것과 비슷한 착각이다. 제시의 대사를 리플레이할 게 아니라, 그의 태도를 배워라. 잘생긴 얼굴은 배우고 싶어도 배울 수 없으니.

뭐, 가끔 "응, 얼굴만 잘생기면 무슨 말을 해도 다 됩니다~" 이런 말을 소니 보이스레코더 pcm-d100처럼 외우고 다니는 친구들이 있는데, 그거 아니다. 절대 아니다. 그건 그냥 본인이 이성에게 인기 없는 이유를 내가 어쩔 수 없는 영역(얼굴, 키, 돈, 기타 등등)으로 돌려버리는 것에 불과하다. 그러니까, 무책임한 핑계 하나 놓고 무슨 세상을 다 아는 양 정신승리 하는 유치한 짓거리에 지나지 않는다는 거다. 제시 같은 얼굴이 없으면 제시 같은 말솜씨나 유연한 태도, 재치 있는 유머 감각이라도 있어야 할 것 아닌가? 게임할 때 본인이 원하는 아이템 없으면 바로 게임 포기하나? 이제는 민속놀이에 가까운 스타크래프트를 할 때, 랜덤으로 게임 시작했는데 내가 원하는 종족 아니면 바로 마우스 내려놓냐는 말이다. 무슨 사랑을 게임만큼도 취급 안 해주나?

〈비포 선라이즈〉는 이 두 사람이 빈에서 하루를 함께 보내는 내용의 영화다. 물론 그날 밤 그들은 섹스하긴 하지만, 거기까지 가는 과정에서 이 둘은 소위 '와꾸' 즉 외모를 보고 홀딱 반해서 바로 방 잡은 건 아니다(사실 방 잡고 섹스한 것도 아니지. 그냥 잔디밭에서 한다). 이 둘은 낯선 곳을 함께 여행하면서 인생과 사랑 그리고 삶의 순간에 대해서 많은 대화를 나눈다.

그러니까 그날 밤 둘의 섹스는 술기운이나 약 기운이나 홧김에 이뤄진 일이 아니라는 말이다. 이 둘은 진짜로 사랑에 빠진 거다.

"글쎄요? 사랑에 빠진 건지 조금 길게 흥분한 건지 어떻게 알죠? 기차에서 만난 이성과 낯선 도시를 여행하면서 뭔가 플러스알파가 잔뜩 있었을 것 같은데? 술기운이나 약빨은 없었어도 빈빨은 있지 않았을까요?"

흥미로운 질문이다. 영화 내내 두 사람의 화두도 그거였거든.

두 사람은 그날의 일이 두고두고 되씹을 추억이 될 것이라는 것을 직감하고, 그에 대해서도 이야기를 나눈다. 완벽한 상대를 만나서 보낸 완벽한 곳에서의 완벽한 하룻밤. 이걸 현실로 끌어들인다면, 미국 남부에 사는 남자와 프랑스 파리에 사는 여자의 구질구질한 롱디스턴스 연애 이야기로 변질되어버릴 거고, 결국 먼 거리를 사이에 두고 연애를 끌어가는 다른 흔한 연인들처럼 그리워하고 그리워하다 시간과 거리를 견디지 못하고 시들시들 헤어지는 순서를 밟게 되지는 않을까. 특히나 제시는 지금 막 마드리드에서 그런 연인 관계를 아주 험악하게 (본인이 상처를 많이 받은 상태에서) 끝내고 온 참이다.

그래서 두 사람은 합의한다. 그래. 우리 만남은 내일

아침, 셀린느가 다시 기차를 타기 전까지만으로 하는 거야. 구질구질하게 서로 연락처 묻고 편지 써가며 이 완벽한 밤의 추억을 망치지 말자. 이성적으로 말이야.

'음… 좀 유치한데?'라는 생각이 들 것이다. 맞다, 유치한 거. 원래 사랑에 빠지는 순간은 다 유치한 거다. 이성적인 척하지만 사실 사랑은 완전한 감성의 영역이거든. 이성적으로 사랑한다는 게 애시당초 말이 될 리가 없지. 그건 마치 식욕의 힘으로 다이어트한다는 거나 마찬가지.

그러나 같이 하룻밤을 보낸 다음 날, 헤어지는 순간이 오자 두 사람은 일말의 망설임도 없이 그 합의를 깨부순다. 우리 그러지 말고 5년 후에 여기서 다시 만나는 거 어때? 5년이라고? 그건 너무 길어. 1년은 어때. 아냐. 6개월이 좋겠어. 6개월? 언제부터 6개월이야? 어젯밤부터야, 아니면 오늘 아침부터야? 오… 오늘 아침부터! 그래, 오늘 아침부터 정확하게 6개월 후야. 12월! 연락처는 주고받지 말자. 그건 구질구질해. 하지만 꼭 다시 만나는 거야, 약속해! … 거봐. 사랑에 빠진 거 맞다니까.

〈비포 선라이즈〉는 그렇게 약속을 나누고 헤어진 두 사람이 각자의 길로 떠나면서 끝이 난다. 6개월 후에 이 두 사람이 다시 만나게 될지 어떨지는 알 수 없는, 관객이 알아서 취향껏 상상하도록 내버려 둔 채. 수많은 청춘들의 마음속에 불같은 하룻밤과 유럽 기차 여행에 대한 로망만을 잔뜩 남겨둔 채 말이다(내 마음속엔 줄리 델피의 청순한 아름다움이 남았다. 말이 나왔으니 말인데, 〈비포 선라이즈〉에서 보이는 에단 호크와 줄리 델피의 모습은 눈부시게 아름답다는 말로도 잘 표현이 안 된다. 거기에 추억보정이 합쳐지면 언터처블의 영역으로 넘어가는 거지).

이번 장의 제목은 '비껴 맞아도 세월은 세월이다. 사람도, 사랑도'인데, 만약 영화를 통해 설레는 감정만을 맛보고 싶은 사람이라면 딱 〈비포 선라이즈〉까지만 보면 된다. 여기까지는 판타지이자 로맨틱 드림의 영역이다. 그러나 후속편이 없었다면 앞에서 이야기했던 다른 영화처럼 이 영화가 다루고 있는 '사랑'이라는 단어 앞에 '격정적인' '불타는' 등등의 수식어를 붙여야겠지. 꼭 주변에서 누가 죽고 상처받아야만 격정적인 사랑인 건 아니잖아. 기차 안에서 만난 낯선 이와 빈에서 엽서 그림 같은 하룻밤을 보낸 후 그냥 헤어진 두 사람의 이야기라면 좀 잔잔하긴 하지만 격정적인 거 맞지. 사랑의 행위만 있었고 그 뒤는 없었던 셈이니까.

〈비포 선셋〉은 바로 그 뒤를 다루고 있는 영화다. 그러나 6개월 후는 아니다. 9년 후에 다시 만난 두 사람의 이야기다.

두 사람은 6개월 후에 빈에서 재회하지 못했다. 제시는 그 약속을 잊지 않고 빈에 왔지만 (아버지에게 비행기값을 거의 구걸하다시피 해서 말이다. 그의 아버지는 그에게 비행기값을 주며 "프랑스 여자를 믿지 마라"라는 주옥같은 대사를 날렸다) 셀린느는 오지 못했다. 약속 하루 전에 셀린느의 할머니가 돌아가셨거든. 장례식에 참석해야 했던 그녀는 약속을 기억하고 있었지만 빈으로 갈 수가 없었다. 제시는 구질구질하다며 연락처를 주고받지 않은 과거의 자신에게 욕을 퍼부으며 2~3일간 빈에서 머무르다 (기차역을 몇 번이나 들락거렸을지 안 봐도 훤하다) 하릴없이 미국으로 돌아가고 말았다.

9년의 시간이 흘러, 셀린느와의 하룻밤을 소설로 써낸 제시는 제법 잘나가는 베스트셀러 작가가 되어 책 홍보를 위해 파리에 방문하게 된다. 그리고 파리의 서점에서 기자들과 인터뷰를 하던 제시는 서점 한쪽에서 자기를 바라보고 있는 여인을 발견한다. 9년 전 빈에서 그렇게 애타게 기다렸으나 만나지 못했던, 그래서 그로 하여금 잊지 못하고 장편소설까지 쓰게 만든 그녀. 셀린느다.

〈비포〉 시리즈의 첫 편인 〈비포 선라이즈〉가 사랑에 대한 판타지였다면 〈비포 선셋〉은 이제 30대에 접어든 주인공들을 다시 한 번 등장시켜 그날 밤이 지난 9년간 두 사람에게 끼친 영향에 대해서 탐구한다. '탐구'라는 단어를 써도 되는 건지 모르겠는데, 〈비포 선셋〉 역시 전작과 마찬가지로 영화 내용이라고 해봐야 두 사람이 끊임없이 대화를 나누는 게 전부거든. 그러니까 두 사람 중에 한 명이, 혹은 두 사람이 모두 작정하고 거짓말로만 일관했다고 해도 우리는 그게 사실인지 뭔지 전혀 몰랐을 거다. 우리는 카이저 소제에게 모두 한 번씩 된통 당했지 않은가? 의자에 앉아서 썰 푸는 인간 함부로 믿는 거 아니라고.

물론 두 사람이 서로에게 거짓말을 하지는 않는다. 무슨 〈쏘우〉도 아니고, 제시가 "너는 약속을 중요하게 여기지 않았지"라고 드립을 칠 리도 없지. 멜로 영화인데.

그러나 9년의 시간과 30대로 접어든 나이는 두 사람을 조금씩 바꿔놓았다. 제시는 아이가 있는 가정의 가장이자 제법 잘 팔리는 소설가가 되었고, 셀린느는 대학에서 정치학을 전공하고 환경운동가가 되는 동안 몇 번의 연애를 거쳤으나 매번 상처만 받아 지쳐 있는 상태였다. 그들은 만나자마자 자신을 적극적으로 드러내며 생각나고 눈에 띄는 모든 것을 재료로 대화를 나누던 젊은이들에서 세 겹, 네 겹 정도의 방어막(거짓말하고는 좀 다른 종류다, 이건)을 치고, 알파고와 이세돌의 대국처럼 몇 수 앞을 내다보고, 상대방이 기분 나빠하지 않을 만한 질문을 골라 던져가며 탐색전을 벌이는 어른으로 변해 있었다.

대화의 주제도 확연히 다르다. 〈비포 선라이즈〉의 젊었던 그들은 인생, 사랑, 세상, 영혼, 우주(?) 등등 무질서하지만 아주 스케일이 큰 대화를 나눴다. 하지만 〈비포 선셋〉에서 그들의 대화는 훨씬 더 주제의 범위가 좁아졌으며 개인적인 것이었다. 그리고 정말 서로에게 하고 싶은 말은 맨 마지막에 가서야 나오게 된다.

나라는 가능성이 사라진 삶에서, 넌 지금 행복하니?

실제 대사는 아니고, 심하게 요약한 거지만.

9년 전 빈에서 두 사람의 만남은 우연에 의한 것이었고 짧았으며 강렬했고 뒤가 없었다. 그 하룻밤 동안 서로를 사랑했든 아니면 낭만에 취한 것이었든, 그건 중요하지 않다. 젊은 남녀가 만나서 하룻밤을 함께 보내는 일이야 모래사장의 모래알보다 많은 일일 테니(나한테는 흔한 일이 아니라고? 사실 한국 젊은이들에게는 여러 가지 복합적인 사정으로 인해서 흔한 일이 아니긴 해. 당신만 그런 거 아니니까 진정하라고). 중요한 건, 그 일이 두 사람의 인생에 어떤 영향을 미쳤느냐는 것이지.

제시는 셀린느를 다시 만나진 못했지만 그녀를 그리워하며 그날의 만남을 이야기하는 책을 써냈다. '혹시라도 만약에 이 책이 제법 팔리거나 유명해진다면, 그녀가 내 이름을 듣게 되거나 다시 만나게 될 수도 있지 않을까?'라는 실낱같은 희망을 걸고(제시 본인의 입으로 그렇게 말하는 것이라 100퍼센트 믿을 수는 없지만, 그리고 정작 셀린느는 책을 별로 마음에 들어하진 않지만…).

결과적으로 그는 그 책을 써냄으로서 다시 셀린느를 만났다. 전화와 편지를 주고받다가 서로 시들해지는 게 싫다며 다시는 만나지 말고 오늘 밤을 완벽하게 만들자고 쿨한 척하던 남자가 말이지. 그러나 그는 정작 본인의 삶에선 사랑 없는 결혼 생활을 하고 있었고(아이가 생기는 바람에 어쩔 수 없이 결혼했다니, 세상에 이렇게나 구질구질하고 재미없는 사연이라니!).

셀린느는 어떤가? 그녀의 사정은 조금 더 복잡하다. 그녀는 제시를 다시 만나지 못하게 되자, 그 쿨한 척하던 놈이 다시 자기를 찾을 리는 없으니 나는 나대로 살겠다며 본인의 인생을 적극적으로 개척하려 했다(어떤 면에서, 쿨한 척하다가 대규모 추억팔이로 성공한 제시보다 훨씬 나은 인간으로 보이기도 한다. 제시가 이미 지나버린 사랑과 낭만 타령하는 글을 쓰고 있을 때, 그녀는 환경운동에 투신해서 제3세계의 값싼 노동력의 꿀을 빨며 자연환경을 망치고 있는 거대자본과 기업들에 맞서 싸우며 세상을 바꾸려 노력하고 있었다).

그러나 원래 대의를 위해 싸우는 삶을 사는 사람들의 삶은 불행하게 돌아가기 마련이다. 그녀는 거듭된 싸움(환경단체가 대기업을 상대로 뜻을 좌절시켰다거나, 국제재판에서 크게 승소했다는 뉴스 본 적 있는 사람? 그녀가 택한 길은 그만큼 어려운 싸움이다)에 크게 지쳐 있었고, 그 와중에 너 같은 여자는 부담스럽다며 자신들을 떠나가 버린 남자들에게도 지쳐 있었다(그녀는 "왜 나랑 헤어진 남자들은 전부 결혼하는 거냐"라며 불평하는데, 남자들이 자기보다 뜻이 큰 그리고 똑똑한 여자와 사귀다가 감당 못 하고 헤어진 다음, 현모양처 같은 여자를 만나면 곧바로 결혼하는 일은 꽤 흔한 케이스다).

그 와중에 그녀는 그녀에게 남아 있는 마지막 낭만을 가지고 소설을 써서 베스트셀러 작가가 된 제시의 책을 발견하게 된 거다. 그런데 이 새끼, 어느새 결혼도 했고 애도 있네? 그렇게 쿨한 척을 하더니, 그날 일을 팔아먹고 있잖아? 결혼까지 한 채로?

책 저자 사진에서 씨익 웃고 있는 제시의 얼굴을 보고 셀린느가 얼마나 짜증 났을까. 사실 셀린느의 사정을 전부 듣고 나서 〈비포 선셋〉을 다시 보면 서점 한쪽 구석에서 셀린느가 나타날 때, 왠지 그녀의 손에 장전된 권총이 들려 있을 것만 같은 착각이 든다.

그렇다. 셀린느는 사실 제시가 그리워서, 보고 싶어서 그가 파리에 오는 일정을 확인하고, 작가와의 대화에 나타난 게 아니다. 한 대 쥐어박으러, 혹은 따져 물으러 온 것이다.

왜 이렇게 셀린느가 9년 만에 만난 제시에게 교묘하게 짜증을 내는 건지, 분위기를 거지같이 만들었다가 갑자기 울음을 터트리는 건지 이해가 안 갔던 분들은 셀린느의 입장에서 한번 생각해보자. 사실 진짜 인격자는 셀린느의 교묘한 짜증을 능청스럽게 받아주는 제시가 아니라, 거기서 장전한 샷건으로 벅샷을 갈기지 않고 제시와 이성적인 대화를 시도한 셀린느다.

그러나 두 사람은 그날 다시 만나서 대화를 하며 다시 한 번 서로에 대해 깨닫게 된다. 사실은 지난 9년간 서로를 미친 듯이 그리워했으며, 서로가 서로에게 영혼의 짝이라는 거 말이다.

그 수많은 티키타카를 다 글로 옮겼다가는 출판사가 지면을 날로 먹는다고 나에게 샷건을 쏠 테니 이건 그냥 영화를 봐라. 그리고 사랑이 잘생긴 얼굴이나 빵빵한 통장으로 한 방에 결정된다고 믿는 중2병 환자들도 이 영화 좀 봐라. 사랑에 빠지고 확인하는 과정에서 가장 중요한 건 대화다. 강동원의 얼굴을 하고 "어젯밤에 제가 정말 큰 똥을 쌌습니다" 이 문장만 죽어라 되풀이하면 좋아할 여자가 있을 거 같은가?

… 이건 너무 극단적이고. 암튼 중요한 건 말빨도 아니고 대화다. 말빨은 혼자 떠드는 거고, 정치인이나 아프리카TV에서 활동하는 BJ나 라이브 방송 진행하는 유튜버한테나 필요한 재능이다. 대화는 다르다. 대화는 나 혼자 하는 게 아니라 나누는 거거든. 상대방의 말을 진심으로 들어주고 제대로 반응하는 게 말을 재미있게 하는 것보다 훨씬 더 중요하다. 재치, 유머 감각, 이딴 건 좋은 애피타이저나 디저트에 불과하지 진짜 식사가 아니란 말이다. 핵심은 진심이라고. 여성을 유혹하는 대화의 기술? 그런 거 없다. 만약 누가 너에게 그런 걸 가르쳐준다고 한다면 그 새끼는 100퍼센트 확률로 사기꾼이다. 가르쳐드릴 테니 돈을 내세요, 라고 한다면 바로 그 주둥이에 죽빵을 꽂아 넣으면 된다.

그럼 "진심만 있다면 어떤 여자든 꼬실 수 있나요? 제가 아이돌한테 달려들어도 진심만 있다면?"이라는 멍청한 질문 나올 타이밍이 됐군. 벌써 당신이 여자를 '꼬시는 대상'이라고 생각하고 있는데 퍽도 진심이 나오겠다. 무슨 여자가 갯벌에 숨어 있는 꼬막이냐? 그리고 상대방 입장을 생각해야지. 잘나가는 아이돌이 당신하고 진심으로 대화할 이유가 하나 정도는 있어야 할 것 아닌가? 그런 거 있나, 당신은?

각설하고. 존 윅이 연필 한 자루로 조직 하나를 쓸어버렸다는 이야기가 전설처럼 소문으로 떠돌 때, 그건 그냥 전설일 뿐이다. 그러나 2편에서 정말로 존 윅이 연필 한 자루로 킬러 세 명을 그 자리에서 깔끔하게 죽여버리면, 그건 전설이 아니라 증명이다.

〈비포 선셋〉은, 할리우드에서 수없이 많이 만들어낸 멜로 영화 중 어떤 영화도 시도하지 않은 일을 했다. 뽀송뽀송하고 예쁜 주인공 두 명으로 러브판타지를 만들어내는 거야 80~90년대 영화 그리고 지금 영화를 찾아봐도 족히 수천 편은 나오지만, 나이를 먹고 주름이 자글자글해진(실제 에단 호크와 줄리 델피는 극 중 인물들보다 나이가 많고, 〈비포 선셋〉에서 이들의 모습은 젊은 시절만큼 빛나거나 예쁘지 않다), 세상의 풍파를 겪고 시들시들해진 이들을 다시 재회시켜서 그때의 일을 회상하게 만들고 현재의 삶을 이야기하게 만드는, 그러면서도 사랑을 증명하게 만드는 영화는 없었다.

이건 〈비포〉 시리즈의 감독인 리처드 링클레이터 감독

의 성향과 주연배우 두 명의 뜻이 맞았기 때문에 가능한 일이었는데, 이런 건 리처드 링클레이터의 연출작과 배우 인터뷰 등등 직접 찾아보기 바란다. 위키백과 뒤져도 나오는 이야기를 책에 쓸 필요는 없지.

〈비포 선라이즈〉에서 낭만적인 하룻밤 사랑의 판타지를 만들었던 리처드 링클레이터 감독은 〈비포 선셋〉을 통해 그 낭만의 후폭풍을 다룬다. 그리고 〈비포〉 시리즈의 마지막 영화 〈비포 미드나잇〉에서는 드디어 그 낭만적이었던 사랑을 완전한 현실로 가져온다…라고는 하지만, 그리스에서 휴가를 보내는 인기작가(제시는 그 후로도 발표하는 책마다 호평을 받고 베스트셀러 작가의 삶을 산다. 개꿀도 이런 개꿀이 없다. 사실 빈에서의 하룻밤으로 인해 가장 많은 수혜를 받은 사람은 다름 아닌 제시다)의 삶이 완전한 현실이라고 불릴 수는 없지…만, 안 될 건 또 뭐란 말인가. 그럴 수도 있는 거지.

〈비포 선셋〉에서 재회한 제시와 셀린느는 그날 바로 셀린느의 방에 커튼을 쳐놓고 못 만난 9년치 섹스를 한 큐에 몰아서 했다(진짜다!). 〈비포 선라이즈〉에서 마치 마법이 풀린 신데렐라처럼 현실로 돌아가야 했던 두 사람은, 〈비포 선셋〉에서 자신들이 돌아가야 했던 현실과 장벽을 치고 낭만 안으로 숨어버린 것이다.

그리고 〈비포 미드나잇〉은 이들이 그날 낭만적인 사랑에 미쳐 저지른 일의 또 다른 후폭풍(사이즈가 다른 일이다. 인생 전반을 모조리 수정하게 만들었으니)을 보여준다. 역시 〈비포 선셋〉으로부터 9년이 지난 어느 하루를 통해서 말이다.

결론부터 말하자면, 〈비포 미드나잇〉은 완전한 호러 영화다. 진짜다. 누가 이 영화 보고 멜로 영화래? 무서워 죽는 줄 알았구먼.

제시와 셀린느는 〈비포 선셋〉의 마지막 장면 이후 치른 거사를 통해 얻은 두 명의 쌍둥이 딸을 키우며 파리에서 살고 있다. 제시는 전처와 이혼했고, 전처와의 사이에서 가졌었던 아들이 한 명 있지만, 아들은 미국에서 자기는 파리에서 살고 있어 방학 때 말고는 술꾼 망나니가 되어버린 전처와 미국에서 함께 살고 있는 아들을 볼 수가 없다.

아들은 인생에서 아버지의 영향이 가장 중요한 나이

(안 그런 나이가 어디 있겠느냐만)에 접어들고 있는데, 성장기의 아들의 모습을 볼 수 없다는 것이 계속 그를 괴롭히고 있다. 하루가 다르게 자라는데 자라는 모습을 지켜볼 수 없으니 당연한 것이겠지.

그래서 그는 마치 능숙한 농부가 손목 스냅을 이용해서 씨뿌리기를 하듯 셀린느에게 살짝살짝 밑밥을 던지고 있다.

그러지 말고, 우리 딸들까지 싹 데리고 미국 가서 살면 어때? 그럼 나는 아들을 가까이서 볼 수 있으니 좋고, 당신은 나 따라가니 좋고… 콜?

(에단 호크가 잘생긴 얼굴로 능글능글하게 말해서 그렇지 제시는 진짜 나쁜 놈이다. 하나부터 열까지 지 하고 싶은 대로만 하려고 든단 말이지.) 셀린느는 두 딸을 키우며, 방학이 되면 놀러 오는 제시의 아들에게까지 따뜻한 모성애를 발휘하는 좋은 엄마가 되었다. 〈비포 선라이즈〉에서 입이 떡 벌어지게 아름다웠던 프랑스 미녀 셀린느를 떠올리기 힘들 만큼 아줌마로 변해버린 모습이 좀 당혹스럽긴 하지만, 그건 뭐,

떡진 머리마저 워너비 스타일로 승화시키던 샤프한 미남에서 배 나오고 며칠 안 씻은 듯한 아저씨로 변해버린 제시도 마찬가지(웃긴 건, 주연배우 두 사람은 세월에 변한 모습을 표현하려고 일부러 살도 찌우고 더 못나 보이게 분장까지 했다. 일부러 괴상한 표정을 짓는 줄리 델피와 별로 나오지도 않은 배를 돋보이게 하려고 후줄근한 티셔츠를 입고 뒤뚱거리며 걷는 에단 호크를 보는 것도 꽤나 재미있는 일이다).

그러나 〈비포 선셋〉에서부터 하고 있던 환경운동이 매번 난관에 부딪히고 실패하고 있는 데다, 몇 개월 동안 공을 들인 풍력발전소 일이 정부 관료의 변덕으로 하루아침에 공염불로 돌아가 버린 것 때문에 셀린느는 대단히 핀트가 나가 있는 상태였다. 즉 빡 돌기에 딱 좋은 상태라는 말이다.

그런데 남편이라는 놈은 슬슬 "딸들까지 싹 데리고 미국 가서 살면 어때?"라면서 밑밥을 던져오고 있다. 내 직장과, 내가 평생을 해온 일이 파리에 있는데 말이다.

그런데 더 열받는 건 제시의 말대로 해주지 않으면 내가 두고두고 미안해하게 될 거라는 말이지. 왜, 연인 관계에서 그런 경우 있잖아. 상대방이 내 기준에선 이해되지 않는 요청을 해서 '상식적으로 거절'했는데, 그게 계속 기억에 남아서 찝찝하고 뭔가 내가 나쁜 사람이 된 것 같은 그런 느낌. 그렇다고 그냥 그렇게 해주자니 그건 또 도저히 아닌 것 같고.

마침내 셀린느는 펑 터져버린다. 오랫만에 부부가 오붓한 시간을 보내려던 중이고 나발이고 간에 그동안의 설움이 몰아서 터져버린 것이다. 그녀가 혼자 아이를 낳고 키우는 시간 동안 책 출판이다 홍보다 해서 계속 자리를 비운 남편에 대한 울분, 계속 제자리걸음만 할 뿐 전진하지 못하는 자신의 일(얄밉게도 제시는 존나 잘나가고 있다. 어쩐지 더 열받는다!), 쌍둥이 두 명을 키우면서 차곡차곡 쌓인 스트레스 기타 등등이 연쇄폭발을 일으키고 그녀는 그 분노를 매우 명쾌한 단어들(뻐킹 잡! 뻐킹 유어 북스! 뻐킹 … 뻑큐!)로 표현하며 제시를 몰아붙인다.

그러나 제시 또한 만만한 상대가 아니다. 그 역시 셀린느와의 두 번째 하룻밤 이후로 자신의 생활 기반이었던 조국을 버리고 파리로 날아왔으며, 눈에 넣어도 안 아플 아들과 생이별도 감수했다. 술주정뱅이 전부인의 짜증을 받아내는 것도 그다. 그럼에도 불구하고 그는 방금 전까지 셀린느와 달콤한 밤을 보내며 오랜만에 낭만에 취해 보려고 자세를 잡고 있던 중이란 말이다! 그리고 그는 작가다. 돌려 치기, 후려치기, 냉소적으로 비웃기, 교묘하게 팩트와 거짓을 섞어 가짜 팩트폭탄 만들어 때리기 등등 언어를 이용한 온갖 기교에 통달한 (통달 못 했다면 좋은 작가가 아니라는 증거다. 그런데 그는 베스트셀러 작가다) 직업이다.

마침 슬슬 여성호르몬도 나오기 시작할 나이겠다, 본인도 나름대로 참고 있던 중이라(즉 본인이 피해자라고 착각하던 중이라), 이 남자 또한 작정하고 칼을 빼든다. 6·25 때 난리는 난리도 아닐 대혈투가 벌어진다. 초반이 슬슬 눈치 보고 툭툭 건드리는 탐색전이었다면, 후반의 두 사람은 이럴 거면 초반 탐색전은 도대체 왜 한 건지 알 수 없을 기세로 너 죽고 나 죽자 총력전을 펼친다.

이 싸움이 엄청난 호러가 되는 까닭은 무엇일까. 이 영화를 보는 관객은 거의 100퍼센트 확률로 〈비포 선라이즈〉에서 두 사람이 얼마나 사랑스럽게 내 러브판타지를 만들어준 인물들인지 알고 있기 때문이다. 이성애자 남녀라면 누구나 〈비포 선라이즈〉를 보면서 두 사람 중에 한 명에게 감정이입을 한 다음 그 달콤한 하룻밤을 함께 즐겼단 말이다. 빈에서의 하룻밤은 그들에게도 관객에게도 정말 소중한 추억이다. 그럴 수밖에!

그런데 그랬던 두 사람이 지금 중년의 아줌마 아저씨가 돼서 내 판타지를 박박 찢은 다음에 라이터 가져와서 기름을 붓고 불을 지르고 있는 것이다. 사랑? 사랑 같은 소리 하고 있네. 이게 사랑에 미쳤던 우리 꼬라지다! 이리 와서 이걸 봐! 어? 눈 감냐? 제대로 안 봐? … 으으으으으. 코미디언 이경규 옹이 말했다. 〈무한도전〉에서.

"여자와 같이 노는 건 쉬워도 여자와 같이 사는 건 어렵다."

물론 이경규 옹이 남자니까 남자 입장에서 말한 거다. 여자 입장에서도 마찬가지로 남자랑 노는 건 쉬워도 남자랑 같이 사는 건 당연히 어렵겠지.

〈비포 미드나잇〉은, 기차에서 옆자리 늙은 커플이 왜 싸우는지로 이야기를 시작했던 젊은 커플이 시간이 흘러 바로 그 늙은 커플, 셀린느의 말에 따르면 각자 서로 잘 듣는 주파수가 달라서 상대방을 이해하는 지능이 갈수록 떨어지는 바로 그 늙은 커플이 되어버렸을 때의 이야기다. 참 아이러니한 일이지. 그 커플이 이 커플이 되다니. 그 에단 호크였던 에단 호크는 이 에단 호크가 되고, 그 줄리 델피가 이 줄리 델피가 되다니.

그러나 그렇다고 해서 늙는다는 것은, 혹은 늙은 커플은 모조리 불행한 것인가? 사랑이란 결국 뒤를 보지 않고 달리다가 죽음이나 급작스럽고 기약 없는 이별 등등으로 갑자기 딱 끝나버려야 예쁘게 남는 것인가? 무울론 그렇지는 않다.

〈비포 미드나잇〉에서 마지막으로 셀린느에게 화해를 요청하는 제시의 말을 들어보자.

이봐. 내가 그 남자였어. 기차에서 말을 걸던 그 남자. 이게 마음에 안 들더라도 어쩔 수 없어. 지금 우리가 만든 현실이거든.

그러자 셀린느는 마지못하는 척, 그의 화해를 받아들인다. 그리고 영화는 바로 끝난다.

왜. 뒷이야기를 굳이 볼 필요도 없다. 시간이 흘러 주름이 생기고 배가 나왔어도, 셀린느의 기억 속에는 여전히 그 낭만적인 남자 제시가 남아 있거든. 아이들을 돌보느라 생계형 몸매로 변하고 본인 말에 따르면 머리숱도 점점 빠지고 있지만, 제시의 기억 속에는 아직도 빈으로 향하는 기차 창가에 앉아 쏟아지는 햇살만큼이나 아름답게 웃던 그때의 셀린느가 남아 있으니까.

그들 서로를 그렇게 아름답게 기억하고 있는 사람들은 이 세상에 그들 본인들밖에 없기 때문에. 그들은 그들의 아름다웠던 하룻밤을 현실로 끌어들이기 위해 자신들의 일부를 기꺼이 포기했고, 불평을 할지언정 거기에 대해 후회하거나 되돌리고 싶은 생각은 털끝만큼도 없기에. 결국 그들은 다시 화해하고, 사랑하겠지. 그리고 또 싸우고 또 화해할 테고.

항상 그렇듯이 말이 길어졌지만, 내 생각에 진짜 사랑은 세월의 무게와 책임을 견뎌내고 스스로를 증명하는 것이다. 하룻밤 불타는 사랑, 혹은 반짝 며칠 몇 주 몇 개월 홀라당 타버리는 사랑이야 누가 못 해? 그건 눈꺼풀에 콩깍지 씌면 아무나 다 하지. 그걸 두고두고 책임지는 게 진짜로 사랑하는 거지.

사랑에 세월이 묻는 게 아니라 세월로 증명하는 게 진짜 사랑이라고 생각해, 난. 그게 조금 구질구질하다고 해도 말이지.

7장

가끔 마세요,
영화에게 양보하세요

이번 장은 '영화로 여행하기'라는 주제로 이야기를 할 거다.

나는 지금 서태평양에 떠 있는 미국령 섬인 괌의 한 호텔 수영장에 와 있다. 미리 예약을 해야 사용할 수 있는 선배드에 앉아 나와 함께 한국에서부터 날아온 아이패드 프로와, 아이패드프로에 붙어 있는 스마트 키보드를 두들겨 글을 쓰고 있다. 2017년 1월, 〈걸작선〉 1편 〈사다코 대 카야코〉의 업로드를 시작한 이후 정확히 2년 7개월 만에 처음으로 맞는 일주일간의 휴가다.

오, 그렇다면 여행을 가서 '영화로 여행하기'란 주제로 글을 쓰는 것인가? 역시 때와 장소에 맞는 집필…은 개뿔. 휴가를 와서까지 일을 하고 있는 것이다. 프리랜서의 삶이란 이런 것이구나. 직장 다닐 때는 매일 아침 교도소에 입소하는 심정으로 회사 정문을 통과했는데, 프리랜서가 되고 나니 창살 없는 감옥이다. 언제 어디서나 글을 쓸 수 있는 각종 휴대기기가 넘쳐나는 세상이고, 처음 보는 순간 첫사랑에 빠진 것처럼 정신줄 놓고 질러버린 아이패드 프로는 13인치짜리 입을 쩍 벌리고 이렇게 말하는 듯하다(사실 심심할 때 영화 보려고 들고 왔다. 그동안 못 본 영화를 가득 채워서).

"야, 이 새끼야. 책 쓰기 시작한 지 두 계절이 지났다. 무슨 《태백산맥》이라도 쓰는 거냐, 너? 얼른 일하지 못해? 해바라기처럼 너만 바라보고 있는 출판사 담당자한테 미안하지도 않냐?"

… 이번 아이패드프로의 미친 가격이 아니었다면 충동적으로 이 녀석을 내가 묵고 있는 8층 호텔 방의 창문 너

머 푸르른 괌 바다로 던져버렸을 거다. 이 녀석의 몸값이 조금만 더 저렴했다면 말이다. 그리고 아마 지금쯤 이 책을 읽고 있는 당신의 입에서 이런 말이 튀어나올 차례가 됐을 텐데….

"저는 아무 때나 휴가 갈 수 있는 프리랜서의 삶이 부러워요."

혹은 이렇게 말하겠지.

"이 새끼 이거, 좀 잘나간다고 호강에 겨운 소리 하고 자빠졌네. 유튜브로 떼돈 벌면서 무슨…."

휴… 유튜버의 삶은 다음 장에서 자세히 이야기해주겠다. 여기서는 간단하게 한마디만 할게. 진짜 까는 소리 하지 마라.

보통 직장인은 적어도 1년에 한 번은 휴가를 간다. 여름휴가든 겨울휴가든 간에 말이지. 꼭 휴가를 떠나지 않더라도 일주일에 이틀, 적어도 하루 정도는 일을 생각하지 않고 쉬며, 월차 잘 모으거나 휴가를 이용해서 1년에 2~3주 정도는 쉴 수 있다(사실 그것도 존나 적은 거다. 유럽을 봐라. 직장인들 여름휴가가 한 달이다. 우리나라는 아직도 멀었다. 노동자들이여, 일어나라!).

그러나.

다시 한 번 말하지만 난 지금 2년 7개월이란 시간 동안 어두컴컴한 방에서 컴퓨터 화면을 노려보며 낮을 밤처럼 밤은 원래 밤이니까 밤처럼, 어쨌든 뱀파이어처럼 빛을 멀리하며 죽어라 편집만 했다.

〈걸작선〉은 처음 대본 작성부터 녹음, 편집, 검수까지 제작의 모든 과정을 오롯이 나 혼자서 만드는 콘텐츠다. 일주일을 내내 꼬라박아야 겨우 한 편 만들어내는 콘텐츠인데 2년 7개월 동안 약 140개의 〈걸작선〉과 〈특별편〉 등등을 주마다 마감하느라 피를 말렸고, 거기에 부가적으로 따라붙는 행사나 GV는 굴에서 기어 나온 두더지 꼴을 하고 참가했다. 최근 들어 각종 강연과 오프라인 행사도 엄청나게 많아졌고, 그렇다고 행사 많아졌다는 핑계로 주 마감을 쉰 적도 별로 없다(… 몇 번은 있었다만).

내가 행사 많은 건 많은 거고, 그렇다고 〈걸작선〉을 기다리는 분들께 실망을 드릴 수는 없잖아? 즉 나는 2년 반이 넘게 단 하루도 마감을 생각하지 않은 날이 없었고, 마음 편하게 쉰 날이 없었다는 이야기다.

권투를 6년이나 하면서 기초체력도 튼튼하게 쌓아놓은 편이었고, 국토대장정, 수영으로 한강 도하, 자전거 국토일주 등등 별의별 짓을 하면서도 몸에 힘이 바닥났다고 느낀 적은 없을 만큼 나름대로는 체력이 좋다고 자부하고 있었는데, 그 2년 7개월간 나는 내가 생전 보지도 못한 병(신장결석)도 앓았고 의식 잃고 쓰러져서 링거도 두 번이나 맞았다. 프리랜서의 삶은 이런 거다.

… ㅇㄹ호ㅏㅐㅣ;;

기계식 키보드에 머리 박고 쓰러져서 화면에 이렇게 마빡으로 타이핑하고, 입에서 흘러내린 침 때문에 기계식 키보드가 고장 나보지 않았다면, 호강에 겨운 소리니 뭐니 하는 그 입 닥쳐라. 아무리 군대는 자기가 갔던 부대가 젤 빡세고 자기가 하는 일이 세상 젤 더럽고 힘든 일인 법이지만, 너만 힘든 건 아니다. 남들도 다 너만큼 힘들게 산다.

… 흥분해서 〈걸작선〉마냥 서론이 길어졌는데 본론으로 들어가자. 어쨌든 나는 지금 여행을 와서, 영화로 여행하기라는 주제로 글을 쓰고 있는데, 사실 영화의 가장 본질적인 즐거움 중 하나는 '구경'이다.

우리는 극장에 앉아서 라이언 박사가 허블 망원경을 수리하다가 인공위성 파편 폭격을 당해 원심력으로 튕겨 날아간 우주에도 가봤고, 티라노사우르스가 좌 랩터 우 스피터를 대동하고 튀어나오는 쥐라기 공원에도 가봤으며, 하늘에서 떨어지는 유성에 맞아 개박살 나는 뉴욕과 살인청부업자나 갱단이 활보하는 LA는 뭐, 셀 수도 없이 가본다. 아마 고향보다 자주 갈걸?

그뿐인가? 핵폭탄이 터져서 인류가 몰살된 세상에도 가봤고, 좀비가 드글대는 포스트아포칼립스의 세상에도 밥 먹듯 가본다. 영화처럼 훌륭한 간접 체험의 도구가 또 있겠는가. 시각·청각을 동시에 자극하면서 재미난 이야기도 들려주고, 거기에 아름다운 여인이나 잘생긴 꽃미남까지 끼워서 보여주는데 말이야.

개인적인 이야기지만, 유년 시절의 나는, 나 포함 여섯 명의 가족과 15평짜리 군인아파트에 살았다. 다카기 마사오… 아니 박정희가 원래 그 자리에 있었던 공동묘지를 불도저로 싹 밀어버리고 닭장 같은 아파트를 지어서 군인들에게 하사했다는 그 아파트는 박정희 시대에 지은 건물답게 좁아터진 주제에 공간 활용까지 개떡같이 해서 만들었는데, 지금 그때를 더듬어보면 어지간한 원룸만 한 집(그런데 신기하게도 그 좁아터진 집에는 방이 세 개나 있었다. 상식적으로 도저히 이해가 가질 않는다)에서 아버지, 어머니, 형, 큰누나, 작은누나와 함께 부대끼면서 어떻게 살았는지 도통 기억이 나질 않는다(그런데 생각보다 좁아서 불편했다는 기억은 별로 없는 걸 보니 역시 추억보정은 무서운가 보다. 아니면 더 넓은 공간을 경험해보지 못해서 집은 다 그런 줄 알았거나…).

따로 방이 없었던 나는 형이 쓰던 방 한구석에 찐따 붙어서 지냈는데, 내가 좋아하는 공간은 바로 형의 책상 밑 공간이었다. 좁은 곳에 기어 들어가야 안락함을 느끼는 고양이 같은 체질이어서가 아니라, 거기 꾸겨 들어가 있으면 방문을 열어도 내가 보이지 않았거든. 나는 거기에 혼자 틀어박혀서 정체불명의 출판사에서 펴낸 세계문학전집을 읽는 시간을 제일 좋아했다.

책을 읽는 동안은 마치 닥터 스트레인지가 유체이탈을 해서 날아다니듯 내 상상력은 좁다란 아파트를 벗어나 몬테크리스토 백작이 얼음장 같은 복수극을 펼치던 프랑스에도 가보고, 셜록 홈스가 코카인(그 마약 코카인이 맞다)을 맞고 헤롱거리며 추리를 펼치던 영국의 베이커가에도 가볼 수 있었거든. 그런데 세계문학전집에 왜 셜록 홈스나 몬테크리스토 백작이 나오냐고? 그래서 말했잖은가, 정체불명의 출판사에서 펴낸 잡종 세계문학전집이었다고. 《노인과 바다》《대지》 같은 작품과 셜록 홈스가 함께 있는 괴랄한 세계문학전집이었다. 거지 같은 번역이었고 형편없는 제본 상태였지만, 그래도 어쨌든 내용 이해가 안 될 정도는 아니었다. 나중에 머리가 굵어지고 난 다음, 제대로 번역된 책을 보고 놀라는 일(전혀 없었던 에피소드가 통째로 등장한 적도 있었고, 같은 에피소드 안에서 전혀 다른 이야기를 발견한 적도 있었다)은 많았지만. 그러고 보면 스마트폰이 없던 세상도 꽤나 살 만했었어. 흠.

어느 날 아버지가 비디오플레이어, 그러니까 VHS를 하나 사 오신 후부터, 집집마다 VHS가 조금씩 보급되고 동네에 비디오 대여점이 생긴 후부터, 나는 비디오 대여점 죽돌이가 되었다. 비디오테이프 하나 빌려다가 플레이어에 넣고 틀면, 서울특별시의 변두리 강서구 공항동을 좀처럼 벗어나 보지 못한 나에겐 신세계가 펼쳐졌다. 영화가 재미있건 없건 별로 상관도 없었지.

〈파워 오브 원〉 같은 영화를 보면 태양이 지평선으로 내려앉는 아프리카 대륙에도 가볼 수 있었고, 〈어비스〉 같은 영화를 보면 전 세계에서 가장 깊다는 해구(물론 가상의 공간이다마는)의 끝없는 바닷속으로 잠수해서 수중 외계인을 만나볼 수도 있었으니까.

객관적으로 가난한 집안에서 객관적으로 가난한 상태로 유년 시절을 보낸 나에게 (그렇기는 했지만, 적어도 나는 경제적 어려움을 크게 느낀 적은 없다. 부모님께 감사할 일이다. 내가 가난하지 않았다는 이야기는 그분들이 가난한 가운데 나는 가난함을 잘 못 느끼게 하셨다는 이야기니까. 그래서 당신들께선 더 가난하게 지내야 했다는 이야기고) 그 화면은 바깥세상으로 통하는 좁디좁은 창이었다. 영화는 동네 대여점에서 2,000원을 내면 빌려 쓸 수 있는 비행기 티켓 같은 거였고.

지금은 좀 다르다. 세계는 좁아졌고, 저가항공도 많아

졌다. 저가항공이 많아진 건 기존의 메이저 항공회사나 국적기들이 유럽 직항을 한다거나, 미국 전역에 직항으로 항공편을 만들었다든지 하는 일보다 우리 삶에 훨씬 더 많은 영향을 줬다. 이제 유럽 여행은 평생의 목표 같은 게 아니라, 빡세게 몇 달 저축하고 좀 무리하면 갈 만한 일이 되었다(물론 저가항공 비행기의 좁아터진 좌석에 앉아 척추에 전해지는 충격을 지그시 무시해야 하긴 하지만). 일본? 홍콩? 중국? 동남아? 이제는 주말에도 갈 수 있는 곳이다. 제주도 가는 비행기나 일본 가는 비행기나 뭐, 별로 가격이 다르지도 않은데. 물론 이 책을 쓰고 있는 지금은 일본 불매운동이 한창이라 관광객이 기하급수적으로 줄기는 했지만.

비행기표 살 돈이 없다고? 그럼 인터넷이 있다. 유튜브도 있고 구글어스도 있다. 즉 방구석에서도 지구촌 곳곳을 볼 수 있게 됐다는 거다. 현장감은 좀 떨어지겠지만. 적어도 열심히 머리 굴리면서 베이커가의 안개를 상상해야 하는 시대는 지났다는 말이다. 사진으로 보면 되고, 유튜브로 초고화질 공짜 영상도 볼 수 있다. "나는 가난해서… 미국이 어떤 나라인지 몰라…" 같은 변명을 했다간 "미친놈아! 손에 스마트폰 들고 할 소리냐, 그게"라는 핀잔을 듣게 될 거라는 말이지.

그럼에도 영화는 여전히 훌륭한, 여행으로는 느낄 수 없는 부분까지 전해주는 간접 체험의 수단이다. 감독의 시선과 표현해야 하는 영화의 주제가 더해져서 완전히 그대로 믿을 수 없는 부분도 있지만, 그거 감안하고 볼 수 있다면 영화는 여전히 당신에게 훌륭한 간접경험을 제공한다. 심지어 이 방법은 전혀 위험하지 않다!

미국에 여행을 가면서는 길바닥에서 어떤 미친놈이 난사하는 기관총탄에 맞아 갑작스레 요단강 익스프레스를 타게 될지도 모른다는 위험을 생각해야 하지만, 영화는 그런 걱정 따위 할 필요가 없다. 그래서 이번에는 여행을 주제로 당신에게 세 편의 영화를 추천할 생각이다. 〈시카리오: 암살자의 도시〉와 〈로스트 인 더스트〉 그리고 〈윈드 리버〉다. 모두 훌륭한 영화이면서, 평생에 당신이 한 번 가볼까 말까 한 곳들을 배경으로 한 영화다. 여권은 필요 없으니 넣어두고, 이미그레이션할 일도 없으니 콩글리시 연습하지 말고, 자막이나 제대로 된 것 찾아서 영화를 틀도록 하자.

좋은 곳이냐고? 물론 그렇지는 않아…. 내가 누군지 까먹었나? 나는 기본적으로 남들이 행복해하는 모습을 보면 심사가 뒤틀리고 어제 아침에 먹은 요구르트가 식도를 역류해서 올라오는 사람이라.

첫 번째 영화 〈시카리오: 암살자의 도시〉.

뭐, 이제는 두 번 말하면 입술이 헐 것 같은, 누구에게나 인정받는 좋은 영화다. 이 영화는 두 명의 장인, 아니 세 명의 장인이 의기투합해서 만들었는데, 한 명은 발음하기 더럽게 어려운 이름을 갖고 있는 드니 빌뇌브 감독이다. 이 양반 이름은 희한하게 기억은 나는데 입 밖으로 꺼내기 어렵다.

어쨌든 이 사람의 연출 스타일은 대단히 독특한데, 대단히 스케일 크고 많은 사건들이 벌어지는 복잡한 이야기를 대단히 느릿느릿하게 연출해낸다. 마치 블랙홀 속에 들어 있는 것처럼 영화 속의 사건들과 영화가 진행되는 속도가 서로 다른 것이다. 영화 속 주인공들은 대단히 긴박하고 위태위태한데, 숨 막히는 위기를 맞고 싸우고 터지고 죽이는데, 영화는 속 터지게 느리다.

그래서 이 양반이 만드는 영화는 대부분… 솔직히 매우 졸리다. 그 절정은 〈블레이드 러너 2049〉인데 주인공이 멀리서 화면 중앙까지 걸어오는 데 1분이 넘게 걸린다! 그동안 카메라는 아무런 움직임도 없다! 물론 그 화면은 거의 완벽에 가까운 미장센(내가 앞에서 언급했으니 이미 미장센이 화면구성이라는 뜻이라는 건 다 알 테다. 좀 있어 보이고 싶으니 이 단어는 좀 쓰도록 하자)으로 짜여 있긴 한데… 아무리 그래도 그렇지… 좀…. 그건….

물론 〈블레이드 러너 2049〉는 좋은 영화다. 시간 들여서 볼 가치가 충분한 영화고, 사이버펑크의 영원한 고전인 원작 〈블레이드 러너: 파이널 컷〉의 위명에 전혀 해를 끼치지 않은 엄청난 작품이다(이게 정말 힘든 일이다). 그럼에도 불구하고 졸린 건 명백한 사실이다. 솔까말 난 이 영화 보면서 두 번이나 잠들었다. 〈2001 스페이스 오디세이〉를 보면서도 한 번밖에 잠들지 않은 내가 말이다(물론 한 번 잠들면 영화가 끝날 때까지 깨어나질 않지만).

만약 영화감독들을 마구 섞어서 내가 원하는 감독을 만들어낼 수 있다면 나는 드니 빌뇌브 감독을 아홉 큰술 넣고, 마이클 베이를 한 큰술 정도 넣고 섞을 거다. 주인공이 별다른 행동을 하지도 않는데 카메라 혼자 온갖 오두방정을 떨어대며 공중제비를 넘고 아크로바틱 체조를 해대는 마이클 베이와 드니 빌뇌브는 완벽하게 대척점에서 있는데, 5 대 5로 섞기엔 마이클 베이의 구림이 너무 심하고 한 9 대 1 정도로 섞으면 딱 좋을 것 같아.

어쨌든 이 양반의 심오한 영화 세계는 언젠가 나중으로 미뤄두도록 하자. 이 이야기를 너무 길게 하면 내 책까지 졸려질 것 같으니까. 궁금한 사람은 내 채널 콘텐츠 〈영화관 옆 책방〉에 〈블레이드 러너 2049〉를 다룬 에피소드가 있으니 찾아보시기 바란다.

두 번째 인물은 작가 테일러 셰리든이다. 간단하게 말하자면 글빨과 대사빨이 끝내주는 작가이자, 감독이다. 이 사람은 〈시카리오: 암살자의 도시〉와 〈로스트 인 더스트〉의 시나리오를 집필했고, 〈윈드 리버〉로 감독 데뷔까지 했다. 지금 할리우드에서 에런 소킨과 함께 가장 잘나가는 시나리오작가다. 왜 잘나가는지는 영화를 다 보고 나면 자연스럽게 깨닫게 될 거다.

세 번째 인물은 로저 디킨스다. 역시 초간단하게 말하자면 끝내주는 화면을 만들어내는 촬영감독이다. 백문이

불여일견이라고 이 사람이 촬영한 영화 중 당신이 알 만한 영화를 꺼내보면 바로 느낌이 올 거다. 〈쇼생크 탈출〉〈파고〉〈노인을 위한 나라는 없다〉〈007 스카이폴〉〈시카리오: 암살자의 도시〉… 감 왔지?

이 양반의 특징은 화면이 정적이면서 롱테이크에 대단히 강하다는 것이다. 당장 전 국민이 본 영화 〈쇼생크 탈출〉의 한 장면을 생각해보자. 감옥 안에 앉아 있는 앤디 듀프레인이 레드가 선물한 포스터를 물끄러미 바라보는 가운데 전등이 소등되고 어둠이 내려앉는 장면. 레드가 앤디에게 선물 받은 하모니카를 소중하게 쓰다듬으며 내려다보는 가운데, 전등이 꺼지면서 어둠 속에 잠기는 장면이 기억날 거다(앤디는 올려다보고 있고, 레드는 내려다보고 있다. 이 교차 화면은 두 사람이 정서적으로 마치 쌍둥이처럼 굳게 연결되어 있지만 앞으로의 삶을 바라보는 방식이 다르다는 것까지 표현해내는 멋진 장면이다). 감옥 안에서 소소한 행복거리를 찾은 두 명의 죄수가 하루를 평화롭게 마무리하는 장면인데, 불이 꺼지면서 여전히 두 사람은 감옥 안에 있으며 자유롭지 못하다는 것도 함께 이야기하고 있다.

채널을 돌리다가 OCN에서 〈쇼생크 탈출〉의 한 장면

을 발견하면 그대로 눌러앉게 되는 이유가 무엇일까? 이미 다 아는 이야기인데? 그건 바로 영화의 모든 장면이 마치 잘 그린 그림을 보는 것처럼 대단히 아름답게 찍혀 있기 때문이다.

균형이 잘 잡혀 있는 미장센은 그래서 밖으로 티가 나진 않지만 엄청나게 중요한 요소다. 인간은 아름다운 걸 보면 그대로 앉아서 감상하고 싶어지거든. 거기에 몇 번을 봐도 재미있는 이야기까지 얹어놨으니 매번 봐도 또 보게 되는 거지.

이 정도만 하고 넘어가자. 사실 내 취향은 흑백으로 찍은 〈그 남자는 거기 없었다〉인데… 미장센 이야기로 삼천포 넘어가면 압록강까지 가야 한다. 또 언제 돌아오게 될지 모른다.

그렇다고 이 양반이 정적인 화면에만 강하느냐… 아니다. 저 위에 〈007 스카이폴〉이 보이지 않는가? 그 영화 화면이 느려 터졌나? 아닐걸. 심지어 〈007 스카이폴〉은 〈007〉 시리즈 중에서도 가장 압도적인 화면빨을 자랑하는 영화다(제임스 본드가 저수지에 빠져서 적을 제압하고 수면 위로 솟아오르는 장면에서 수면에 비치는 화염의 모습을 떠올려보라!).

미장센 같은 거 개뿔 모르는 사람이 봐도 화면이 아름다운 영화는 어딘지 모르게 자꾸 보고 싶어진다. 할리우드에서 난다 긴다 하는 감독들이 함께 일하고 싶어 하는 건 다 이유가 있는 법인 거다.

드니 빌뇌브, 테일러 셰리든, 로저 디킨스. 이 세 명의 예술가들이 의기투합해서 만든 영화, 〈시카리오: 암살자의 도시〉는 멕시코 후아레스를 중심으로, 그 국경 지대가 배경이다.

후아레스가 어디인가? 아마 당신이 평생 동안 여행 갈 일이라고는 절대로 없을 곳일 거다. 여긴 그냥 생지옥이라고 봐도 크게 무리 없다. 역시 간단하게 이야기하자면, 전 세계로 마약을 팔아먹는 범죄 조직인 카르텔이 마구 설치는 곳이다.

여기는 미국과 국경도시인데, 이 도시를 점령한 카르텔은 미국에 마약을 팔아치우는 것으로 어마어마한 액수의 떼돈을 벌 수 있다. 9·11 테러 이후 미국이 해안 경비를 엄청나게 강화하면서 해상으로 마약을 운반하는 길이 거의 완전히 막혀버렸다. 유일하다시피 한 루트는 바로 이 도시에서 국경을 넘어 미국으로 마약을 수출하는 방법뿐이다. 그러니까 이 도시는 미국으로 마약을 팔아 넘길 수 있는 마지막 루트인 거다. 대규모 마약 운반을 단 한 번만 성공해도 로또 당첨금 따위는 코웃음을 칠 수 있는 거액을 벌어들일 수 있다. 당신이 카르텔 두목이라면 어떨까? 이 도시를 접수하려고 갖은 방법을 동원하지 않을까? 사람 몇, 혹은 몇십 죽이는 일이 생기더라도 말이지.

그래서 이 도시에서는 총소리가 끊임없이 울려 퍼진다. 살인, 납치, 방화 등등은 하루에도 몇 번씩 일어난다. 도시의 다리 난간에는 마치 부서진 인형처럼 사지가 잘린 시체들이 빨래처럼 걸려 있다(카르텔이 상대방 조직의 조직원을 살해한 다음 본보기로 이렇게 걸어놓는다고 한다). 무시무시한 동네가 아닐 수 없다. 이런 곳엔 절대로 여행 가지 않기를 바란다.

〈시카리오: 암살자의 도시〉의 주인공 케이트는 FBI 요원이다. 조직 내에서도 손에 꼽힐 정도로 능력 있는 인물이며 여성임에도 불구하고 두둑한 배짱과 실력까지 갖춘 베테랑 현장 요원이다. 에밀리 블런트가 연기했는데, 이

배우가 바로 전작인 〈엣지 오브 투모로우〉에서 Full Metal Bitch, 그러니까 전장의 암캐라 불리는 전투병 역을 했다는 걸 감안하고 본다면 이 영화가 더 재미있을 거다.

어쨌든 케이트는 애리조나주에서 카르텔에 납치된 인질들을 구하기 위해 출동했다가 어마어마한 장면을 목격하는데, 이 무시무시한 카르텔 놈들이 건물 벽을 뜯고 거기에 시체 수십 구를 은닉해놓은 것이었다. 심지어 FBI가 구출하려는 인질들의 시체도 아니었다! 정체불명 신원 미상의 시체 수십 구가 건물 벽에 숨겨져 있던 거다. 게다가 이 시체들을 조사하기 위해 경찰과 FBI가 대규모로 출동하자, 다른 건물에선 폭탄이 터져버린다. 부비트랩까지 설치를 해놓은 것이다. 이 사건으로 두 명의 경찰관이 사망하는 일까지 벌어진다.

멕시코도 아니고, 미국 국경 안에서 이런 초대형 사건이 터지자(일본 야쿠자가 한국에 집을 사고, 거기에 수십 구의 시체를 숨겨놓고, 부비트랩까지 설치해서 한국 경찰이 죽는 일이 벌어졌다고 생각해보자. 단순히 안전상의 문제에서 끝나는 것이 아니라 국내 치안을 담당하는 수많은 기관의 장급들 모가지가 우수수 떨어질 일이고, 여차하면 정권도 날아갈 일이다), 미국 정부는 이를 박박 갈며 미국 내에서 활동하는 카르텔 놈들을 싹 쓸어버리겠다는 특수작전에 나선다. 그리고 케이트는 이 작전에 FBI의 대표 격으로 착출된다.

자, 그렇다면 착출된 케이트를 비롯한 미국의 특수 요원들이 카르텔 마약팔이 놈들을 싹 쓸어버리는 통쾌한 액션 영화가 될 것 같지만… 이 영화는 전혀 다른 방향으로 진행된다. 거의 완전히 반대라고 봐도 좋다.

케이트는 FBI에서 착출된 요원이고 이 작전의 총 책임자는 CIA 요원 맷 그레이버라는 사람인데, 미국 영화를 좀 보신 분이라면 여기서부터 기묘한 위화감이 들 거다 (맷 그레이버가 타노스를 연기한 조슈 브롤린이라서가 아니라).

원래 CIA는 국내 활동을 하는 조직이 아니거든. 무리수 약간 첨가해서 간단하게 설명하자면 CIA는 스파이질, 그러니까 국외 정보 수집이나 첩보 등등을 담당하는 기관이다. 국내 활동을 하면 안 되는 집단이라는 이야기지. 그리고 FBI는 국내에서 활동이 가능한 법무부 소속 기관이다. 즉 국내 수사를 담당하는 사법기관의 성격을 띠고 있기 때문에 엄격한 적법성이 요구되는 곳이라는 것.

그런데 이 작전은 국외(국경 바깥쪽 멕시코 후아레스 지역)

와 국내(국경 안쪽)를 넘나드는 스케일의 작전이기 때문에 CIA와 FBI 그리고 미군까지 동원된다는 것인데? 그림은 그럴듯하지만 뭔가 이상하다. 그렇다면 두 개의 기관이 동등한 입장에서 함께 작전을 수행해야 할 터인데… 총 책임자 맷은 케이트를 거의 허수아비 취급을 하며 끌고 다니기만 하거든. 심지어 작전 내용을 알려주지도 않는다. 기관이 다르니 직장 내 갑질로 신고도 못 하고, 케이트가 따져도 맷은 묵묵부답, 아니 그냥 대놓고 개무시해 버린다.

그리고 이 맷이 데리고 다니는 작전고문이 하나 있는데, 심지어 이 사람은 미국인도 아니고 멕시코인이다. 그렇게 되면 바로 이 총책임자 직속 작전고문이 내리는 명령을 타 기관 소속(그것도 사법기관!)인 케이트가 따르게 되는 꼴이 되잖아? 이게 별것 아닌 것 같아도 말도 안 되는 일이다. 지휘 체계를 근본부터 개무시하는 사태가 벌어지는 것이다.

당연히 케이트는 이게 지금 무슨 개 같은 상황이냐고 따지고 들지만, 언제나 그렇듯이 맷은 딱 이 정도로만 반응한다.

그래, 그래서 뭐 어쩌라고? 싫으면 하지 마~ 근데 님, 카르
텔 안 잡을 거임? 나한테 대들 시간에 협동해서 소탕해야 하
지 않겠음?

… 허, 이 시발롬이?

더 기막힌 사실은 FBI 내의 상사들에게 이를 하소연
해도 묵묵부답이라는 것이다. 그들은 케이트에게 이렇게
이야기한다.

이거 대통령 직속 명령으로 시작된 작전임. 님이 따져봐야
소용없음. 걍 시키는 대로 하셈.

… 어어? 이 시발놈들마저?

그렇게 따져들어도 소용없는 가운데, 이들의 작전은
점점 더 점입가경으로 접어든다. 이들은 멕시코에 쳐들
어가 멕시코 정부로부터 마약 조직의 중간관리자를 인
계받아 데리고 오더니 미국 영토 안에서 대놓고 물고문
을 하고, 이를 데려오는 과정에서 총격전이 벌어지자 무
려 국경에서 선제공격(대응사격이 아니라 선제공격이다. 당연히

교전 수칙에 어긋난다)을 때리더니 적을 싹 죽여버린다. 하는 짓이 하나부터 열까지 모조리 불법인 것이다. 작전 차량에 실려 다니면서 (아무것도 모르는 상태니까) 이걸 모조리 지켜봐야 하는 사법기관 소속 케이트는 점점 혼란에 빠지게 되고, 극한의 스트레스를 받아서 끊었던 담배까지 다시 피우기 시작한다. 도대체 이놈들은 눈에 뵈는 게 없나? 법이고 나발이고 다 쌩까고 이 지랄을 할 거면 나는 왜 불러다가 이걸 굳이 보게 하는 거지? 왜 나에게 이런 고통을 주는 거야?

영화를 안 봤다면 여기까지만 읽고 영화를 보길 바란다. 중요한 점은, 〈시카리오: 암살자의 도시〉가 〈람보〉나 〈코만도〉처럼 정의의 아메리칸이 멕시칸 마약 장사들을 싹 쓸어버리는 영화가 결코 아니라는 점이다. 그 정도의 액션 영화라면 널리고 널렸다. 굳이 내가 추천할 이유도 없지.

그렇다. 사실 미국 정부는 카르텔을 소탕하겠다는 의도로 작전을 세운 것이 아니었다(사실상 가능한 일도 아니다. 남의 나라 범죄 조직을 무슨 수로 싹 쓸어버린다는 말인가?). 그들은 조금 더 현실적이고 당장 상황을 진정시킬 수 있는, 그러니까 미국에 마약을 계속 팔아먹더라도 미국 내에서 그런 사건을 일으키지는 않을, 적정선에서 컨트롤 가능한 카르텔이 마약을 팔아먹기를 바랐던 것이다. 즉 최악을 차악으로 바꾸는 방안을 선택한 것.

그래서 초법적인 활동이 가능한 CIA 중에서도 막나가는 작전을 전문으로 하는 맷 그레이버 같은 뒤끝 없는 요원을 불러다가 이 작전을 맡긴 것이었고, 그래도 미국 정부가 진행하는 작전이 대놓고 막나갈 수는 없으니까 명목상 FBI와 공조하는 '척'을 하기 위해서 FBI 요원 하나를 불러다가 허수아비마냥 끌고 다녔던 것이다. 마치 모든 작전이 미국 법무부 소속 기관의 허가를 받고 진행된 것처럼 굴기 위해서 말이다.

케이트의 역할은 처음부터 이 작전이 형식적으로라도 적법성을 띠기 위해 불러다가 세워놓은 간판에 지나지 않았던 거다. 이는 영화 처음에 맷이 등장해서 케이트를 리쿠르팅하는 장면에서부터 이미 운을 떼우는데, 맷은 현장에 데리고 다니기 더 좋은 남자 요원(케이트의 파트너 요원이다)을 군이 거절하고 케이트를 달라고 요청한다. 케이트의 파트너인 레지(〈겟 아웃〉의 주연배우이기도 한 다니엘 칼루야가 연기했다)는 법학 학위까지 보유한 엘리트였기 때문에. 사사건건 따지고 들 것이 자명했기 때문이다. 심각하게 따지고 드는 경우엔 육체적으로 제압해야 하는 일이 생길 수도 있는데, 아무래도 남자보다야 여자가 제압하기 쉬울 테니까. 한마디로 최대한 만만한 상대를 고른 게 케이트였던 것이다.

마침내 이 사실을 깨달은 케이트가 작전 책임자 맷의 귀싸대기를 후려갈기며 따져보지만, 맷은 코웃음을 치며 단숨에 케이트를 제압해버린 후 이렇게 말한다.

전 세계 인구 중에 20퍼센트의 마약중독자들을 모조리 설득해서 마약을 끊게 할 수 없다면 이게 가장 현실적인 방법이야. 어쩔 수 없다고.

그런데 그건 그렇고, 카르텔 조직을 어떻게 바꿔치기하지? 두목을 암살해버리기라도 하나?

맞다. 바로 그 방법을 쓴다. 그 정도로 막나가는 짓을 진짜로 해버린다! 저기, 이… 이건 너무 심각하게 불법이잖아…? 정부가 암살이라니?

하지만 CIA가 대통령 빠와를 등에 업고 존나 막나가긴 해도 직접 암살을 해버릴 만큼의 바보는 아니다. 이런 말도 있지 않나. 똥 닦을 때는 남의 손을 빌리는 법이라고(이런 속담 실제로는 없다. 찾아보지 말자).

여기서 맷의 공식 작전고문이었던 의문의 멕시코인, 알레한드로의 정체가 밝혀지게 된다. 직접 CIA의 앞잡이가 되어 고문부터 총질까지 온갖 더럽고 불법적인 짓의 선두에 섰던 이 남자는 원래 사우스후아레스에서 검사로 활동하던 인물이었다(당연히 카르텔과 손을 잡거나 뇌물을 받아먹는 검사는 아니었고). 카르텔과 적대하던 검사인 그는 카르텔 조직에 의해 가족이 납치당하는데, 카르텔은 그의 아내는 참수해버리고 딸은 염산 통에 던져버리는 끔찍한 방식으로 그의 가족을 몰살해버린다(염산 통이라니 대체 이놈들은 왜 이렇게까지 잔인하게 구는 것일까).

두 눈을 뜨고 세상에서 가장 끔찍한 꼴을 당한 그는 그때부터 완전히 눈이 돌아버렸고, 군사훈련을 받은 다음 용병의 신분으로 이 작전에 참가하게 된 것이다.

사실 원래 소속은 자기의 가족을 사살한 카르텔 조직과

적대하고 있는 또 다른 조직이었는데, 그 말인즉슨 그는 자신의 가족을 죽인 조직의 수장을 죽여버릴 수만 있다면 누구에게 고용되든 상관이 없었단 말이다. 검사였던 사람이 자청해서 범죄 조직의 히트맨으로 활동했을 정도니까. 수단 방법 따위는 아무 상관도 없다는 것이겠지.

서로 목적이 맞게 된 CIA는 그를 작전고문이라는 명목으로 스카우트했고, 그 조건은 현재 후아레스를 지배하고 있는 소노라 카르텔(알레한드로의 가족을 죽인 그 조직이 맞다)의 보스를 직접 죽이게 해주고 뒤처리를 해주겠다는 것이었다. 알레한드로는 며칠 굶은 사람이 자알 구운 스테이크를 봤을 때처럼 냅다 오케이를 하고 달려든 것이었고.

이 영화의 마지막에서 마침내 알레한드로는 자신의 복수를 완성한다. 작전의 모든 실체가 드러나고, 맷은 케이트에게 이게 가장 현실적인 해결책이니 받아들이라는 이야기를 하는 동안, 고삐 풀린 늑대 같은 암살자 알레한드로는 푸른 불꽃이 타오르는 듯한 눈을 하고 소노라 카르텔 보스의 집 안으로 조용히 침투해 들어간다. 눈에 띄는 방해 요소는 모조리 죽여버리면서.

그는 소노라 카르텔의 보스인 파우스토 알라르콘이 그의 가족과 단란하게 저녁 식사를 하고 있던 자리에 들이닥쳐 자신의 신분을 밝힌 후에, 그가 보는 앞에서 그의 두 아들과 아내를 살해해서 알라르콘이 그 꼴을 똑똑히 보게 만든 다음, 마지막엔 그마저 정확하게 목에 한 발, 헤드샷 한 방으로 살해해버린다(알라르콘이 총에 맞는 장면은 없는데, 첫 번째 한 발을 맞고 끓는 듯한 비명을 내지르는 것으로 미루어 첫 발이 목을 관통했을 것으로 보인다).

〈시카리오: 암살자의 도시〉는 엄연히 액션스릴러의 장르에 속한 영화지만, 통쾌하거나 후련한 감정을 느끼기는 어렵다. 알레한드로의 복수는 완성되었고, 미군의 작전은 성공했으며, 어쨌든 약을 팔아대며 사람을 마구 죽여대는 카르텔 조직 하나는 완전히 괴멸되었다. 그렇다면 정의는 이루어진 것인가? 정말?

알레한드로는 보스인 알라르콘의 집에 잠입하는 과정에서, 조직의 뇌물을 받고 마약을 운반해주던 멕시코 경찰 실비오를 이용해 소노라 카르텔의 중간 보스인 마누엘 디아즈에게 접근한 뒤, 필요가 없어진 경찰 실비오를 살해한다. 그 후엔 마누엘 디아즈를 협박해 보스의 집까지 가게 한 뒤, 필요가 없어진 마누엘 디아즈의 목을 그어서 살해한다.

그리고 이 영화는 마지막 장면에 다다르기 전, 알레한드로에게 살해된 두 사람이 가족과 단란하게 지내는 모습을 '굳이' 보여준다. 실비오의 아들은 경찰인 아버지를 자랑스러워하고, 휴일이면 아버지에게 공원에서 축구를 하자고 조르는 평범한 아이였다. 마누엘의 아이들 역시 아버지의 일에 대해 도덕적인 판단을 내릴 수 없는 유년기의 아이들이었고.

알레한드로는 자신의 복수를 완성하기 위해 두 가정의 가장을 각각 살해했고, 그들의 자녀들은 아버지의 죽음을 통보받게 되겠지.

알레한드로는 자기 가족의 복수를 위해 아무 잘못도 없는 이들(범죄를 저지른 건 가장이지 가족이 아니다)에게서 아버지 혹은 남편을 빼앗는, 자신이 당한 짓과 똑같은 짓을 반복했다. 그들의 자녀들이 알레한드로에게 복수를 다짐하며 또 다른 복수귀로 변신할 가능성도 얼마든지 있는 것이다. 그뿐인가? 똑같은 방식으로 복수하기 위해서 알라르콘의 가족을 그가 보는 앞에서 죽였다. 알라르콘 자신은 죽어 마땅한 놈이라고 해도, 그의 가족이 직접적인 복수의 대상이 될 수 있을까? 아버지를 잘못 만났다는 이유로?

미국 정부는 어떨까? 그들은 현실적으로 적법한 한계 안에서는 이들을 제대로 응징할 수 없다는 사실을 인정하고, 상대적 약소국인 멕시코를 상대로 일방적인 농락에 가까운, 국제법을 대놓고 개무시하는 무식하기 짝이 없는 작전을 펼쳤다. 그러나 맷의 말대로 전 세계 약쟁이들을 모조리 설득하거나 목에 총을 들이대고 약을 끊으라고 할 수는 없는 노릇인 이상, 미국의 작전은 언 발에 오줌 누기 정도의 효과만 있을 뿐이다.

또 다른, 더 무시무시한 신흥 카르텔이 등장해서 사우스후아레스를 접수해버리면 어쩌지? 아니면, 미국이 네가 다 해먹으라고 정해준 메데인 카르텔이 기고만장해져서 소노라 카르텔처럼 변해버린다면? 그래서 또 기어오른답시고 죄 없는 미국인을 잡아 죽이면?

그나저나 아무리 미국이 세계 최강대국이라도 해도 말이지. 이렇게 지 꼴리는 대로 남의 국가에서 활개를 쳐도 된단 말인가? 자국의 이익과 자국민의 목숨을 보호하기 위한 목적이라고 해도 법은 지켜야 하지 않을까? 그게 안 지켜진다면 미국 정부와 멕시코 범죄 조직 카르텔의 다른 점은 도대체 뭐란 말인가. 남의 나라에 가서 멋대로 총질하고 사람 죽이는 건 똑같은데(심지어 그 목적마저 빼다 박았다!).

결국 케이트는 권총을 턱 밑에 가져다 대고 협박하는 알레한드로에게 굴복한다. 그녀는 부들부들 떨면서 지금까지의 모든 작전이 합법적이었다는 문서에 서명하고 만다. 알레한드로가 자신의 복수를 위해서는 1초의 망설임도 없이 남을 벌레 죽이듯 죽여버리는 인물임을 너무나 잘 알고 있었기 때문에. 그녀는 굴복과 생존을 선택한다.

알레한드로는 그녀가 울면서 서명하자 뒤돌아서며 말한다.

이곳은 당신에게 어울리지 않습니다. 당신은 늑대가 아니에요. 법의 울타리 안에 있는 도시로 옮겨 가도록 해요. 이곳은 짐승들의 땅입니다.

이 영화는 몹시 어려운 질문을 던진다.

과연 목적이 수단을 정당화해주는 것일까?

나의 가족과 나의 안전을 지키기 위해 개인은 짐승이 될 수도 있다.

그러나 국가는, 적어도 개인보다는 나아야 하는 것이 아닐까. 그 짐승을 이용해서 국익을 취하는, 그것도 올바른 방식에서 몇억 광년은 떨어진 듯한 방식으로 국익을 취하는 행동은 과연 어디까지 정당화될 수 있을까?

애초에 정당화가 되기는 하는 걸까?

그렇다고, 현실의 한계를 인정하고 무기력하게 가만히 있어야 한다는 말인가?

완벽하게 적법인 방법만을 찾다가 그사이에 죽어나가는 사람들은 또 어떻게 한단 말인가. 상대는 똥창에서 설치는데, 나는 호숫가에 고고히 앉아서 싸울 수는 없는 법이지 않나?

몹시 어려운 문제나. 그러나 한번은 심각하게 고민해볼 만한 문제이기도 하지.

나는 주제넘게 이 어려운 질문에 대한 답을 내릴 생각 따위 없다. 그러나 단순히 〈시카리오: 암살자의 도시〉가 엄청나게 실감 나는 야간전투 신과 현실적인 음향효과, 죽여주는 배경음악이나 베네치오 델 토로의 신들린 연기 정도로 기억되어야 할 영화는 아니라는 것을 이야기하고 싶다. 물론 이 영화가 보여주는 밀리터리한 액션의 값어 치를 평가절하할 생각 또한 없지만. 이 모든 질문에 대한 답변은 스스로 내려보길 바란다.

아, 한 편 이야기했는데 이번 장이 끝나버렸다. 나머지 두 영화 〈로스트 인 더스트〉와 〈윈드 리버〉는 다음 장에 서 다뤄보자. 어째 책이 점점 더 길어지고 있는 기분인데?

8장

텍사스?
거긴 소랑 총밖에
없는 곳이잖아?

꿈에서는 모든 사람들이 마치 땅바닥에서 약 50센티미터는 둥실둥실 떠서 돌아다니는 것 같았다. 자기부상열차처럼. 그뿐만 아니라 모든 게 분위기가 달랐다. 해가 뜨면 아침이고, 눈만 돌리면 온 사방이 수평선이며, 시선을 위로 올리면 바다와 별로 구분이 되지 않을 정도로 시퍼런 하늘에 뭉게구름이 마치 잭슨 폴록의 그림처럼 묻어 있었다(사실 나는 잭슨 폴록의 그림을 몇 점 본 적이 없다. 그냥 대충 인용한 거니까 "어, 분위기가 다른데?" 같은 소리는 하지 말자. 원래 남의 무식은 파고드는 거 아니다).

공장도 농장도 없고, 그저 있는 거라고는 끔찍스럽게, 그러니까 시야의 양쪽 끝을 전부 수평선만으로 채울 수 있을 만큼 넓어서 바라보는 것만으로도 뭔가 바쁘게 해야겠다는 의지를 싸그리 소멸시켜버리는 위력적인 바다(그래서 내가 괌에서는 원고를 얼마 못 썼다)와 그 바다 못지않게 위력적인 하늘 그리고 관광시설과 관광객뿐이었던 괌은 사실 한국과는 당연히 다를 수밖에 없다. 관광객이야 어차피 놀러 온 거니 뭔가를 서두를 이유가 없고, 호텔이나 음식점, 관광객이 주로 들르는 면세점이나 쇼핑센터 등등 관광시설에서 일하는 사람들이야 뭐, 괌은 섬인데 관광객이 어디 다른 데로 갈 리도 없고, 어차피 올 사람은 오고 말 사람은 안 올 테니 서두르거나 뭘 열심히 할 필요가 별로 없어 보였다.

거기서 내가 만난 미군들은 괌 해군기지에서 근무하는 사람들이었는데, 한직에서 띵가띵가 하고 있는 사람들의 전형적인 모습이었다. 물론 미군 지역은 관광객이 들어갈 수 없으니까 자세히는 못 봤다만.

그런데, 그렇게 섬 전체가 시간이 느리게 가는 마법이라도 걸려 있는 듯한, 모두가 풍족하고 여유로워 보이는 관광지에서 유일하게 별로 풍족해 보이지도 느긋해 보이지도 여유로워 보이지도 않는 사람들이 있었으니, 바로 괌 원주민이었다(차모로족이라고 하더라).

그들은 여백 없이 시커멓게 탄 얼굴로 관광객을 대상으로 하는 관광산업에 종사하고 있었다. 주로 액티비티 서클을 운영하거나 (관광객에게 제트스키를 태워주거나, 사륜 바이크를 태워주거나 혹은 배에 태워서 돌고래 서식지를 방문하거나 등등) 음식점, 마트, 면세점에서 캐셔나 서버같이 단조로운 일을 하고 있었다. 그들에겐 몇 가지 공통점이 있었지만, 그중에서도 가장 강렬한 것은 하나같이 몸집이 거대하다는 점이었다.

… 원래 통뼈라서? 아니다. 어차피 순수 혈통의 차모르인은 아예 없다시피 하니까. 300년 동안 스페인의 영토였다가, 일본군에게 점령당했다가, 그걸 또 미국이 빼앗았고, 노동력 확보를 위해서 멕시코와 필리핀 사람들이 건너와 살면서 자연스럽게 섞였다. 고로 괌 원주민은 거의 100퍼센트 혼혈이다. 이들은 몇백 년간 자기 땅의 주인이 되어본 적도 없을뿐더러 족보는 어떻게 설명도 하기 어려울 정도로 꼬였다. 그리고 대부분은 관광산업의

끄트머리에서 몸으로 하는 일하며 살고 있었다.

괌은 오랫동안 천혜의 관광지였다. 미국 자본, 일본 자본, 뒤늦게 합류한 중국 자본 등이 물밀듯이 들이닥쳐 호텔을 짓고 아름다운 해변을 차지했다. 나는 괌의 호텔 중에서 괌 원주민이 지었을 법한 호텔 이름을 본 적이 없다.

호텔 장사가 사시사철 끝장나게 잘돼도 여기서 청소하고 있는 사람의 벌이가 당연히 좋을 리 없고, 이들이 먹는 음식은 주로 마트에서 파는 피자와 콜라처럼 당분과 탄수화물은 듬뿍, 필수영양소는 쥐똥만큼 들어가 있는 정크푸드다(괌은 물가가 비싼 편이다. 관광산업 말고는 다른 산업 분야가 거의 없다시피 하니까). 살이 안 찔 리가 없지. 그래서 괌 원주민은 한국 기준 초고도비만의 모습이 거의 일반적이었다. 호텔 식당에서 일하는 사람들을 제외하고.

나 놀기 바빠서 이들에 대해 감상에 젖거나 이들의 노동환경을 조사해볼 생각은 못 했지만(그런데 내가 뭐라고 감상에 젖는단 말인가. 그냥 보기에 이들은 즐겁게 일하며 즐겁게 살고 있는 것 같았는데. 사실 별생각 없이 평화롭게 살기에 괌만 한 곳이 얼마나 있단 말인가? 미국령이고 자연환경이 끝장나게 아름다운 곳 중에서 유일하게 총기가 없는 곳인데), 문득문득 이런 생각이

들곤 했다.

'이 사람들은 자기네들 땅에서 잽스, 그러니까 일본군과 양키 미군이 이 섬을 점령하겠다고 미친 듯이 전투를 벌일 때 무슨 생각을 하고 있었을까.'

어쩌면 '어, 시발, 우리 땅인데 저 새끼들은 도대체 뭘 하고 있는 거야?'라는 생각을 하지는 않았을까? 아니면 이미 그 전에 스페인한테 300년이나 지배당해서 피지배에 익숙해진 나머지 그냥 '우리 주인장이 바뀌는 건가?'라고 생각했을까?

어느샌가부터 나는 세상에서 가장 잔혹한 것의 순위를 떠올릴 때 1위에 '인간'을 올려두었다(어렸을 땐 1순위가 호랑이였다. 비디오 틀면 제일 먼저 화면에 나오는 "전쟁, 호환, 마마…" 하는 거 있지? 거기서 호랑이가 사람을 찢어 먹는 애니메이션이 나왔거든). 그런데 어느 순간 1위가 바뀌었다. '인간'에서 '자본'으로.

지금은 이 정도로 정리되어 있다. 잔인한 건 인간. 잔혹한 건 자본. 결국 자본은 인간이 만들어낸 것이지만,

어느샌가 인간을 지배하는 것이 되어버렸다. 그건 꼼이나 한국이나 마찬가지고 세계 어디를 가도 마찬가지지.

아니다. 원래 자본은 인간을 지배하고 있었는데 내가 그걸 모르고 살았다가 최근에 깨달은 것일 수도 있다. 세상을 보는 눈이 트이고 나서 말이다.

어쨌든 이 책을 읽는 어린 친구들은 알아두자. 세상에서 가장 잔혹한 건 바로 자본이다. 사람은 이 새끼 정 안 되겠다 싶으면 늦은 밤 길거리에 숨어 있다가 오함마 같은 걸 확 그냥 날려버리거나 먹던 컵라면에 약 좀 타가지고 구르는 꼴을 보며 신나하겠지만(물론 내가 그렇게 하겠다는 말은 아니다. 그렇게 해버리고 싶은 놈은 몇 있지만…), 자본이랑은 도저히 싸워볼 수도 없거든.

못 믿겠으면 〈빅쇼트〉를 봐라. 자본을 향한 공통의 욕망이 얼마나 개 같은 결과를 불러일으키는지. 결국, 자본이 문제다. 욕망이 문제고. 그런데 결국 욕망은 자본 때문에 생기는 거거든. 인간이기 때문에 생기는 것이기도 하고. 인간이 잔인해서 자본이 잔혹한 것인가, 잔혹한 자본이 인간을 잔인하게 만드는 것인가. 어려운 문제다.

놀랍게도 위의 이야기는 내가 지금부터 할 이야기와

아주 밀접한 관련이 있다. 솔직히 나도 써놓고 놀랐다. 지금까지 쓴 내용 중에 잡담과 영화 이야기가 이렇게 자연스럽게 연결된 적이 있었나?

미국에는 텍사스라는 땅이 있다. 아마 '텍사스' 하면 머릿속에 떠오르는 이미지가 몇 개 있을 거다. 아마 뭐, 카우보이나 엽총, 말을 타고 다니는 보안관, 아메리칸인디언과 히스패닉이 섞인 동네의 이미지 아닐까? 아니면 말고.

근데 그거 얼추 맞다. 간단하게 이야기하고 끝내자면, 텍사스는 보수적인 동네다. 백인과 히스패닉이 반반 무많이 섞여 있고, 흑인은 거의 찾아볼 수가 없다. 텍사스에서 꽤 오래 살다 오신 분이 말씀하시길, 텍사스 부자동네 사람들은 흑인이 자기 동네에 이사 오면 좀 오바한다 싶을 정도로 그렇게 친절하게 대해준단다. 그리고 어느 날 이사 가버린다고 한다. 흑인이 없는 동네로(흑인: 다 어디 가는 거지?). 어차피 흑인 부자가 텍사스까지 가서 살 일도 없겠지만, 아무튼 그렇다고 하더라. 지금은 또 어떻게 바뀌었을지 모른다. 그분은 약 30년 전쯤 텍사스에서 사셨던 분이니까.

그리고 텍사스 남자들은 자신들이 진정한 프런티어 정신을 계승하는 미국인이라는 뽕에, 또 개척시대의 향수에 깊이 취해 있다고 하더라. 남자들은 엄청나게 높은 확률로 카우보이모자와 셔츠 그리고 청바지에 부츠를 신고 다니며, 총을 가지고 있다(서부 개척시대의 모습 그대로다).

집집마다 엽총이 구비되어 있고, 권총의 오픈캐리(옷 밖으로 총을 차고 다니는 것)가 허가되어 있는 동네들 중 하나다. 평소에 총을 차고 다니니 서로에게 그렇게 친절하다고. 뒷담화 하다가 걸리거나, 운전하다가 수틀리면 총 뽑아서 갈겨버릴 수 있을 테니까 말이다.

사실 미국인, 그중에서도 남부 남자들의 총기 사랑은 대단히 유별난데, 미국 남부를 상징하는 게 교회, 총(그중에서도 더블배럴샷건에 환장한다), 그리고 공화당이다. 물론 상징이라는 게 다수의 특징일 뿐 모조리 다 먹혀드는 건 아니니, 미국 남부만 가면 클린트 이스트우드가 말 타고 나타나서 "너희 쓰레기들에게 하느님을 만날 수 있는 기회를 주지…"라면서 더블배럴샷건을 쏴 제낄 거라는 착각은 말자. 단, 보통 성인이 된 아들에게 샷건을 선물로

주는 전통이 있는 동네가 많다는 건 사실이다.

이 정도만 알면 되겠다. 우리가 무슨 지리 공부하는 것도 아니고. 역사, 정치, 문화 등등이 더 궁금하신 분들은 그냥 위키백과를 찾아보시면 되겠다. 아니면 텍사스 다큐멘터리 같은 걸 찾아보거나. 아니면 그냥 영화를 보면 된다. 〈로스트 인 더스트〉다.

이 영화의 원제는 〈Hell or High Water〉다. 직역은 '지옥이나 높은 파도가 오더라도'이며 관용구로 사용되는 말인데, '아무리 개 같은 상황이 벌어지고 거지같이 힘든 일이 있더라도, 모든 것을 걸고서라도' 정도로 사용된다. 의역하면 '무슨 일과 어떤 일이 동시에 일어나도 무조건' 정도로 해석하면 되겠다. 아, 그런 말은 없나?

〈어벤져스: 엔드게임〉의 메인 대사인 "Whatever it takes" 즉 '어떤 대가를 치르더라도' 정도로 생각하면 딱 맞겠다.


〈로스트 인 더스트〉의 주인공은 두 형제다. 형은 사람 죽이고 감옥에 갔다 온 개차반이고, 동생은 형보단 덜 개차반이지만 그렇다고 뭐, 크게 칭찬할 만한 삶을 살아온

인물도 아니다. 지금은 직장에서 잘린 날건달 상태의 이혼남이고, 전처가 키우고 있는 아이들에게 줘야 하는 양육비는 잔뜩 밀려 있어서 아이들 얼굴도 못 보고 있는 상태거든. 그리고 개차반과 반차반 형제는 권총을 들고 복면을 쓰고 은행을 턴다.

… 어? 아니, 21세기에 은행 강도 이야기라니? 시대착오적인 것 아닌가? 요즘 같은 시대에 딸랑 권총 두 자루 차고 은행을 터는 게 가능해? 거기다가 배경은 텍사스, 남자들은 기본적으로 권총 하나씩 차고 다니는 곳이라며? 엽총도 막 가지고 다니고. 그게 되나? 은행 입구 나오기도 전에 샷건에 맞아서 온몸에 구멍이 한 스무 개쯤 생기는 것 아냐?

물론 이 형제는 개차반이지만 바보는 아니다. 그래서 은행 개점 시간을 노린다. 그리고 텍사스 은행들은 우리가 보통 생각하는 우리나라 은행이랑은 다르다. 텍사스 땅덩어리는 우라지게 넓어서 아침부터 은행에 방문하는 사람은 거의 없다고 봐도 되거든. 은행 직원 한 명 혹은 두 명이 출근해서 개점하는 작은 규모의 은행. 그런 은행들이 문 여는 시간을 노리는 거다.

그리고 이들 형제는 영리하게도 추적이 극히 어려운 적은 액수의 지폐만 챙긴다. 1달러, 5달러, 10달러, 20달러 지폐만 챙기는데, 우리 돈으로 치면 1,000원, 5,000원, 1만 원권 지폐만 쓸어 가는 셈이다. 액수가 큰 지폐는 추적하기 쉽고 수표나 채권증서, 금괴 등등은 두꺼운 금고를 여느라 시간이 많이 소요될 테니 창구만 열면 바로 집어들 수 있는 적은 액수의 지폐만 챙겨서 최단 시간에 튀는 건 꽤나 영리한 선택이다. 말했듯이 텍사스 땅은 우라지게 넓어서 경찰이 출동하거나 경비업체가 달려오는 건 아무래도 대도시보다 늦을 수밖에 없거든.

증인은 한 명 많아야 두 명, 어차피 모조리 청바지에 카우보이 부츠, 체크무늬 셔츠만 입고 다니는 백인만 득시글거리는 곳에서 옷차림과 인종, 눈 색깔 등등은 별다른 단서가 되지 않는다. 우리나라에서 은행이 털렸는데 "범인은 분명히 동양인, 그중에서도 한국인인 게 분명해!"라고 해봐야 뛰어난 추리가 아니라 당연한 소릴 지껄이는 것밖에 안 되는 것처럼.

계획은 영리하지만 원래 무슨 일이건 손에 익기 전에는 어설프기 마련(은행 강도라는 직업은 장인의 레벨에 도달한

텍사스?
거긴 소랑 총밖에
없는 곳이잖아? 295

사람이 더더욱 적다. 장인이 되기 전에, 대부분은 이제 막 초보 레벨을 벗어나기도 전에 잡히거나 총 맞아 죽을 테니까).

어쨌든 두 형제는 엎치락뒤치락하면서 첫 번째 은행 털이에 성공하고 차를 타고 달아난다. 이들의 강도질이 얼마나 초짜 같았는지, 은행 여직원이 그들에게 "당신들, 이 일을 잘하는 것 같지는 않네요"라고 평가할 지경. 그들은 첫 번째 은행에서 약 7,000달러, 그러니까 얼추 800만 원, 환율 좋을 때는 850만 원 정도 되는 금액을 훔쳤다. 죽은 사람? 없다. 경찰도 뭔가 적극적으로 나서기는 좀 민망해지는, 참 애매하고 소심한 규모의 은행 강도다.

이 초짜 은행 강도 장면이 나오고 나서, 영화는 그때부터 이 두 형제를 소개하기 시작한다. 여기서부터 테일러 셰리든이 대사로 조지는 마술을 마구 부리기 시작하는데, 눈꼽만큼의 과장도 보태지 않고 나는 몇 장면과 대사만 보고 이 영화를 거의없다 선정 대사빨이 죽여주는 영화 탑티어에, 그것도 대단히 높은 순위에 랭크했다. 진짜 끝장나거든.

이 형제가 어떤 사연을 품고 있는지, 도둑질은 왜 하는지, 이 영화가 대사로 슬쩍 알려주는 장면을 보자. 두 형

제가 픽업트럭 짐칸에 앉아서 석양을 바라보며 나누는
대사다. 남부 터프가이들의 말임을 감안하고 보자.


**형** 어머니가 유언장 남기셨냐?

**동생** 응.

**형** 그 유언장에 내 이야기도 있어?

**동생** 유언장 내용 따위는 아무래도 상관없어.

**형** ….

**동생** 농장을 나한테 넘겼는데 난 그걸 전부 내 아이들에게
줄 거야.

(잠깐 침묵)

**동생** 엄마도 형을 미워하셨던 건 아닐 거야.

**형** 아니기는 지랄. 아빠한테 대든다고 나를 싫어했어, 엄마
는.

**동생** 그땐 다 힘들었어. 형처럼 버티고 맞서봐야 더 처맞기
만 하잖아.

(잠깐 침묵)

**형** 나도 알아. 그래서 싸우는 거 그만두고 그 새끼를 쏴 죽
여버렸지.

… 당신, 아직 기립박수 안 치고 있나? 진짜 할렐루야를 외치고 싶은 대사다. 두 명의 남자가 석양을 바라보면서 무심하게 툭툭 던지는 몇 마디 대사(모조리 옮겨 적었는데 지면을 얼마 차지하지도 않는다!)로 우리는 두 사람의 거의 모든 걸 추측할 수 있다.

**첫 번째** 이 두 형제는 망나니 아버지를 만나는 바람에 어린 시절부터 사이좋게 두들겨 맞으며 자랐다. 당연히 엄마도 함께 폭력의 희생양이 되었겠지. 남편이 술 처먹고 아이들을 패는데 안 말리는 엄마는 없고, 그 말리는 엄마에게 "여보, 내가 지금 술에 취해서 아이들에게 손찌검하며 스트레스를 푸는 취미 활동 중이니 당신은 좀 빠져주겠소? 내 끝나면 알려주리다"라고 하는 망나니는 없다. 보통은 엄마도 같이 두들겨 패지.

**두 번째** 두 형제 중에 개차반인 형은 아마도, 동생과 엄마를 보호하기 위해서 망나니 아빠에게 버티고 반항했을 것이다. 혼자라면 그냥 튀어버리면 된다. 그러나 자기가 도망가면 자기 몫까지 동생과 엄마가 치러야 했을 테니까. 차라리 내가 더 맞을 각오를 하고 깡따구를 부리면서 아버지에게 맞섰을 것이다. 그랬다가 집중 표적이 되어 더 심하게 두들겨 맞았겠지.

**세 번째** 형제의 머리가 굵어지고 장성할 때까지 망나니 아버지의 폭력은 멈추지 않았을 것이다. 아이들의 피지컬이 성인에 가까워질수록 더 심하게 팼을 것이고, 장소가 텍사스이니만큼 아마 총을 들고 협박하면서 패거나 개머리판 같은 걸로 두들겨 팼겠지.

**네 번째** 형은 마침내 아버지를 그 총으로 쏴서 죽여버렸다. 아버지를 닮은 불같은 성질머리 + 쌓이고 쌓인 감정의 골 + 총까지 들고 설치는 망나니 애비를 그냥 뒀다간 어머니나 동생을 진짜 쏠지도 모르니까. 원래 젊어서 지 가족 패는 쓰레기 가장들은 나이 먹어서 기력 떨어지면 무기 들고 설치는 법이다. 무기 들고 설치다가 결국 그 무기를 사용하게 되기 마련이고.

**다섯 번째** 형은 그 사건으로 감옥에 다녀왔고 동생은 남아서 어머니를 보살폈다. 어머니는 최근에 돌아가셨는데 이유야 어쨌든, 자기 남편을 쏴 죽여버린 아들을 끝내 용서하지 못하셨던 거다. 유산을 몽땅 동생에게만 남겼잖은가?

**여섯 번째** 동생은 형의 진심을 누구보다 잘 알고 있었다. 하지만 형이 없는 사이에 어머니를 보살필 사람이 자기뿐이니까, 어머니의 임종까지 병상을 홀로 지켰다. 그는 그나마 형보단 조금 나은 사람으로 성장했지만 그다지 성공적이지 못했다. 그나마 그것도 형이 책임지고 아버지를 죽여버리는 바람에 가능해진 것으로, 동생은 형에게 미안한 마음과 부채감을 갖고 있다. 동생은 책임감 있고 신중한 성격일 거다. 형이 씹어뱉듯 던지는 말에도 최대한 기분 나쁘지 않게 대답하려는 노력을 보이고, 그 와중에도 유산은 모조리 자기 자식들에게 넘겨줄 거라는 점은 분명하게 말하고 있으니까.

**일곱 번째** 형 몫은 한 푼도 없다고 말하는 동생에게 두 번 묻지도 않고 따지지도 않는 형의 모습에서, 이 형이 개차반일지언정 동생을 사랑하는 것만은 확실하다는 사실도 알 수 있다. 즉 이둘은 말끝마다 욕질로 서로를 대하지만 사실은 우애가 넘치는 형제다.


내가 무슨 셜록 홈스급의 추리를 한 것도 아니다. 이 정도는 영화에서 저 장면을 보기만 했다면 누구나 간단하게 추론할 수 있는 수준이다. 대사가 전부 말해주고 있잖아?

〈걸작선〉에서 기회 있을 때마나 이야기했다. 설명충이 등장하거나, 갑자기 화면 색깔이 달라지면서 회상 신이 구구절절 등장하거나 하는 건 아주 급 떨어지는 스토리텔링이라고. 이 영화의 고급진 대사 기술을 보라. 몇 마디 하지도 않았다. 그렇다고 설명이 부족하지도 않다. 여기에 두 배우, 형 역할의 벤 포스터와 동생 역할의 크리스 파인의 꾀죄죄한 몰골과 무심한 연기(이 두 배우는 이 영화에서 자기 커리어의 최고점이라고 할 만한 연기를 펼쳤다. 특히 크리스 파인의 연기가 끝장나는데 이 남자가 자기 형을 쳐다보는 눈빛을 봐라. 〈스타트렉 비욘드〉에서 커크 역을 할 때랑 분위기 자체가 다르다)가 더해지면 이미 끝난 거다. 어지간한 영화 한 편 분량의 스토리가 두 배우가 툭툭 던지는 몇 마디 말로 끝나버린 거지.

그렇다고 이 두 사람이 각 잡고 설명충처럼 별 필요도 없는 설명질을 해댔나? 아니다. 이 대화는 몇 년, 혹은 10년에 가까운 시간 동안 만나지 못했던 두 형제가 나누는 근황토크다. 동생이 어머니 임종을 지키지 못했던 형에게 그동안의 일을 알려주는 내용이다. 그 사이에 몇 마디가 끼어 있을 뿐이지.

그걸로 관객은 몽땅 알게 되는 것이다. 혀를 내두르지 않을 수가 없는 대사빨이다. 그동안 〈걸작선〉을 만들면서 못 만든 영화가 걸핏하면 꺼내드는 회상 신에 지칠 대로 지쳐 있던 나는 이 영화를 보는 내내 박수를 치고 있었다. 이런 대사들이 영화 끝까지 계속되거든. 황홀할 지경이었다.

암튼 이 영화는 과묵한 텍사스 남자들이 툭툭 던지는 단문형 대사로만 진행되는데도 대사가 대단히 풍부한 편이다. 주인공 형제 말고 이들을 추적하는 레인저 콤비(지역경찰 같은 이들이다)가 있는데, 명배우 제프 브리지스와 아메리칸인디언 혼혈 배우인 질 버밍햄이 연기하는 이들 또한 예사롭지 않은 인물들이다.

한 명은 백인, 한 명은 원주민 혼혈인 이들 콤비는 숨 쉬는 것처럼 서로를 갈궈댄다. 늙다리 백인인 해밀턴은 젊은 인디언 혼혈의 인종을 가지고 너희 인디언들이 내는 동물 소리나 좀 내보라는 식으로 하루 종일 놀려대고, 젊은 쪽인 파커는 늙은이한테 제발 잔소리 좀 그만하고 재미없는 농담도 그만하고 후딱 은퇴해서 침대에서 뒹굴거리다 죽어버리라고 악담을 퍼붓는다. PC함이 주체가 안 되는 분들은 이 영화가 끔찍한 경험이 될 수도 있겠는데… 그건 당신이 너무 예민해서다. 아니, 농담하는 당사자들이 서로 전혀 기분 나빠하지도, 진심으로 받아들이지도 않는데 뭐가 문제야?

그런데 이들 역시 앞의 형제처럼 서로를 끔찍하게 아끼는 사이다. 그걸 인종차별적인 농담과 죽지도 않은 사람에게 퍼붓는 고인드립으로 표현할 뿐. 그리고 이 농담이 재미가 없는 것도 아니다. 엄청나게 웃기다. 몇 가지만 예를 들어볼까?

**해밀턴** 이봐. 너희 인디언들은 지금쯤 동물 소리를 내면서 모닥불 주위를 돌아야 하잖아.

**파커** 저기요, 할배. 난 절반은 멕시칸이라고요.

**해밀턴** 오, 그래? 그럼 인디언으로 놀려먹는 게 재미없을 때쯤 그거 가지고도 놀려야겠구먼. 아직 그때가 오려면 멀었지만 말이야.

**해밀턴** 지금은 지겨워도 내가 죽은 다음엔 내가 그리워질걸. 내 무덤 앞에서 이날을 그리워할 거라고.

**파커** 젠장. 당신을 그리워하는 날이 내일이었으면 소원이 없겠네요.

워낙 좋아하는 영화다 보니 잡썰이 길어졌다. 암튼 이

영화는 그냥 보시라. 내가 입에 침이 마르게 칭찬하는 영화는 흔치 않은 거 잘 알고 계실 거다.

그런데 이 두 형제는 은행을 왜 터는 건가? 그것도 하고많은 은행 중에서 텍사스 미들랜즈은행만 죽어라 터는데, 형이야 전과자에 백수건달이니 총 들고 은행 터는 일에 어울리는 편이라 해도, 저 신중하고 진중한 성격에 이혼한 전처와 함께 살고 있는 아이들에게 깊은 애정을 보이는 가정적인 성격의 동생은 왜 은행을 터는가? 게다가 이 범죄는 동생이 계획했다.

이 동생, 그러니까 토비는 왜 형까지 끌어들여서 은행털이라는 엄청난 범죄를 저지르고 있는 것인가?

사실 이들 형제가 저지르는 범죄의 이면에는 지금 망해가고 있는 텍사스의 현실과 은행, 그러니까 자본의 함정이 숨어 있다. 이 부분 역시 대사로 휙 지나가서 영화를 보고 나서도 잘 모를 수 있는데, 속사정은 이런 것이다.

텍사스는 미국 남부에서도 이미 몰락해버린 산업만 휑하게 남아 있는 땅이다. 서브프라임 모기지가 터지기 전에도 제조업이나 낙농업, 축산업이 중심이었던 텍사스는 점점 더 서서히 몰락해가고 있었다. 사람들은 넓다란 땅을 소유하고 있었지만 호주머니에서는 돈이 말라갔고, 개척시대 미국의 상징과도 같았던 끝없이 넓은 땅덩어리는 오히려 과거의 유물일 뿐 새로운 산업을 발전시킬 동력이 되지 못했다.

그들이 집착하듯 머리에 얹고 다니는 카우보이모자 역시 지금은 과거의 향수이자 햇빛 가리개 또는 이미 끝나버린 카우보이의 시대를 추모하는 비석 정도의 의미만 있을 뿐, 자부심은 못 된다. 이미 집안을 말아먹어 가고 있는데 그게 무슨 자부심이 될까. 가라앉는 배에 타고 있는 사람이라는 뜻인데 똥고집으로만 보이지.

영화는 내내 곳곳에서 미국 남부 빈곤층의 현실과 몰락해버린 텍사스의 모습을 간접적으로 보여준다. 낡디낡아서 곧 무너져버릴 것 같은 꼬라지의 건물들과 그 건물들 담벼락에 있는 낙서를.

'이라크에 세 번이나 갔다 왔는데 나라에서는 한 푼도 안 주더라, 샤발'이라는 낙서도 눈에 띄고 '여긴 희망이 없어'라는 낙서도 눈에 띈다. 보다 노골적인 장면도 자주 등장하는데, 들불이 난 들판에서 소떼를 피신시키고 있는 카우보이들이 이런 대사를 친다.

21세기에 들판에서 소 떼를 몰고 있다니, 죽여주는 직업 아니요? 이 좋은 걸 왜 자식들은 죽어도 안 하려고 하는지 존나 미스터리란 말이지.

물론, 반어법이다….

자, 시대가 바뀌고, 지역경제가 몰락했다. 평야를 호령하던 카우보이들의 시대는 저물어버렸고, 그들에게는 넓디넓은 텅 빈 땅, 그러니까 현금화해서 쓸 수 없는 부동산만 남았다. 그럼 다음 차례가 무엇이겠는가? 땅을 팔아버리는 일? 다 같이 거지꼴인데 땅을 누구한테 팔아?

그리고 파는 것보다 먼저 닥쳐올 일이 있다. 바로 누군가가 그 땅을 빼앗으러 오는 일. 왜냐하면 텍사스에는 원유(석유)가 나오는 곳이 많거든….

은행들은 처음엔 생활자금이 부족한 사람들에게, 그러니까 직장에서 쫓겨나서 백수가 되었거나, 올해 농사가 망해서 집에 땔감이 부족하다거나, 전염병이 도는 바람에 가축이 떼죽음을 당해서 식비가 부족하다거나 하는 사람들에게 돈을 빌려준다. 물론 담보는 땅이다. 많이 빌려주지도 않는다. 대출 가능한 최저금액 정도만 빌려줘도 충분하다.

직장을 잃은 백수가 대출금을 상환하려면 다시 직장을 잡고 월급을 받아야 하는데, 그게 안 된다. 한 해 농사 망한 사람은 다음 해 농사가 그럭저럭 되었는데, 이번엔 곡물값이 대폭락을 해버렸다. 가축을 치는 사람은 사료값이 미친 듯이 오르는 바람에 올해도 적자를 봤다. 대부분 사양산업에 종사하고 있다 보니 돈을 갚지 못한다. 이자는 쌓인다. 세금도 못 낼 판인데 그 세금마저 은행이 대신 내버리고 대출금에 포함시킨다. 원금은 더 늘어난다. 원금이 늘어나니 이자도 늘어난다. 늘어난 이자를 못 갚으니 원금은 더 늘어난다. 역시, 이자가 또 불어난다.

악순환의 끝에 은행이 채무자에게 최후통첩을 한다. 야, 너 이자 갚을 능력도 원금 갚을 능력도 없는 것 같으니까, 담보 잡은 네 땅을 내가 갖겠다. 불만 있냐? 불만 있으면 법정에서 싸워볼까?

그렇게, 사람들은 땅을 은행에 빼앗긴다. 마지막 남은 희망과 자존심인, 그들의 땅을. 아메리칸인디언의 피를 이어받은 레인저가 이 영화에서 나즈막히 읊조리는 대사를 들어보자.

원래 이 땅은 내 선조들의 땅이었죠. 눈에 보이는 모든 곳이 말이에요. 당신들(백인)이 들어오면서 이 땅을 모조리 빼앗아갔어요. 그런데 이제 당신들도 빼앗기고 있군요. 이번엔 군대가 아니라, 저 빌어먹을 놈들(은행)에게 말이에요.

주인공 토비는 어머니의 농장에서 석유가, 그것도 매달 5만 달러어치의 엄청난 석유가 나온다는 사실을 알게 되었다. 아마도 어머니가 돌아가시기 전이었겠지. 그런데 어머니가 은행에서 대출 받은 2만 5,000달러가 발목을 잡는다. 아버지가 죽은 후 혼자서 자식 뒷바라지를 하던 어머니는 은행에서 생활비 명목으로 대출을 받았고, 그 대출금을 갚지 못했다.

은행은 기다리고 있다. 며칠만 더 지나면 고작 2만 5,000달러를 대출해 준 대가(이미 이자로 차곡차곡 받은 돈이 원금과 비슷한 수준이다)로 어마어마한 수익이 발생하는 땅을 낼름 먹을 수 있거든. 아무것도 할 필요가 없다. 돈을 빌린 사람은 죽었고, 농장과 함께 어머니의 빚을 이어받은 토비는 그 돈을 갚지 못할 테니까.

토비는 그래서 총을 든다. 자기 부모로부터 물려받은

유일한 재산을 지키기 위해서, 그 유산을 자식들에게 남겨주기 위해서 전과자였던 형을 끌어들여 겁나게 시대착오적인 2인조 은행털이 결사대를 결성한 것이다. 어머니에게 돈을 빌려준 은행을 털어서, 은행으로부터 빌린 돈을 갚아버리기 위해서. 자기 땅을 지키기 위해서 돈을 빌려준 놈들을 털어서 그놈들에게 빌린 돈을 갚는다는, 아마도 두 번 다시는 없을 목적(세상에 대출금을 갚기 위해서 은행 강도질을 하다니)의 은행 강도질을 강행하는 거다.

영화의 마지막에 토비는 이렇게 말한다.

나는 평생 가난했어요. 내 부모도 평생 동안 가난했죠. 가난은 마치 전염병 같아서, 모두를 끝없이 불행하게 만들죠. 나까진 괜찮아요. 하지만 내 아이들은 안 됩니다.

두 형제는 자기들이 하는 짓을 정당화하거나 어쩔 수 없었다고 우기지 않는다. 특히 형인 태너는 (이미 감옥에서 별별 경험을 다 하고 왔을 테니까) 이 강도질의 끝이 절대로 좋지 않을 것임을 직감하고 "난 나쁜 짓을 하고 나서 멀쩡한 놈을 본 적이 없어. 넌 있나?"라고 동생에게 묻는다.

동생이 "그런데 왜 나랑 같이 강도질을 하고 있는 거야?"라고 묻자, 형은 참으로 형답게 "그야 동생이 도와달라고 했으니까 그렇지, 인마"라고 대답한다.

자연스럽게 유추할 수 있다. 이 형은 동생과 엄마를 보호하려고 자기 인생에 빨간 줄을 긋고 기꺼이 전과자가 되었고, 어느 날 동생이 와서 같이 은행을 털자고 하자 두 번 묻지도 않고 오케이했다. "동생이 도와달라고 하니까 형이 도와줘야지"라고 말하면서 말이다. 오그라드는 말은 1도 안 했지만 감정의 진폭은 전혀 작아지지 않는다. 말이란 때로는 아끼는 게 기술이고, 아끼면서도 할 말 다 하는 건 더 고차원적인 기술이니까.

두 형제의 강도질이 어떻게 끝나는지는 직접 영화를 보시기 바란다. 그리고 액션스릴러 장르라고 생각하고 봤다간 속에서 천불이 날 정도의 속도로 천천히, 느긋하게 진행되는 이 영화가 진짜 말하고 싶은 건 뭔지도 한번 생각해보시기 바란다.

이번 장을 시작할 때 세상에서 가장 잔혹한 건 자본이라고 말했다. 그렇다면 자본은 뭔가. 자본은 실체가 없다. 시스템이거든. 우리가 돈을 벌고 소비하며 살아가는 시스템이기도 하고.

우리의 욕망을 거름 삼아 끝없이 자라난 자본은 이제 우리를 압박한다. 우리는 모두 자본의 일부이지만 자본 바깥에서 존재하는 사람들이기도 하지. 우리가 100년이 넘게 살아도, 또 다른 사람들이 태어나 그 시스템의 일부가 되고 또 그 시스템으로 인해 고통받을 거다.

자본주의가 무너지지 않는 한 그렇게 되지 않을 수는 없지.

우리는 결국 거대한 존재 앞에서 바람에 흩어지는 먼지처럼 스쳐서 사라지겠지. 아마도.

하지만 그렇다고 그 존재가 아름답지 않은 건, 또 아니거든.

9장

# 내 첫 번째 책의
# 마지막 장

이번 장에서는 〈윈드 리버〉 얘기를 할까 했는데… 음, 〈윈드 리버〉는 그냥 알아서 하시라. 보셔도 좋고, 안 보셔도 좋다.

앞의 두 영화, 〈시카리오: 암살자의 도시〉와 〈로스트 인 더스트〉는 필견의 영역에 들어가는 명작이지만, 사실 〈윈드 리버〉는 앞의 두 영화보단 조금 떨어지는 편이다 (어디까지나 앞의 두 영화에 비해서다. 흔한 영화들보다야 압도적으로 좋은 영화다). 아무래도 시나리오작가를 하던 양반이 직접 메가폰을 들어서 그런지 〈시카리오: 암살자의 도시〉

와 같은 예술적인 화면빨과 땅굴 속으로 함께 빨려 들어가는 듯한 현장감도 없고, 〈로스트 인 더스트〉와 같이 징에 머리를 대고 있으면 마동석이 채를 들고 징의 반대쪽을 풀파워로 후려갈겨 주는 듯한 강력한 정서적 울림이 있는 것도 아니라서. 시나리오야 변함없이 훌륭하지만 연출의 묘미는 앞의 두 영화에 비해서는 조금 부족하다…라고는 하지만, 가능하면 〈윈드 리버〉도 보시라. 재미있고 좋은 영화인 건 사실이거든. 그리고 이 영화에는 스칼렛 위치(엘리자베스 올슨)와 호크아이(제레미 레너)가 주연으로 등장한다. 개인적으로 엘리자베스 올슨은 참 바라보기만 해도 기분 좋은, 매력 넘치는 배우이기도 하니까. 어쨌든 그건 알아서 하시고.

이제, 내 첫 번째 책의 마지막 장이다. 여기서는 굳이 영화 이야기를 하려고 들지 않을 거다. 아마 출판사에서는 이 글을 읽자마자 '이… 이 새끼가 또 뭘 하려고 이러지?' 하며 불안한 마음이 스멀스멀 올라오겠지만 그거야 내가 알 바 아니지. 내 일도 아닌데. 푸하하하하.

지금 나는 이 책에 들어갈 원고를 쓰기 시작했던 곳에 앉아 있다. 어느샌가 계절이 또 바뀌어서 여름이 지나고 가을이 오고는 있는데, 4계절 중에 봄과 가을이 빠지고 여름과 겨울의 2계절 기후로 바뀐 지가 꽤 되었으니까 아마 이번 가을 역시 언제 왔는지도 모르고 지나가겠지.

나는 가을에 태어났다. 곧 40번째 생일을 맞게 된다. 내가 1980년에 태어났고 지금이 2019년이니 만으로 따지면 39번째 생일인데, 내가 아무리 우리나라도 이제 전 세계에서 아무도 쓰지 않는 나이 계산법을 버리고 전 세계가 다 쓰는 만 나이로 바꾸자고 주장해도 (1년만 더 30대로 살고 싶단 말이다!) 아무도 그렇게 안 해주더라. 특히 여자친구는 내가 마흔 살이 되는 게 엄청나게 신나는 모양인지 꼭 나를 부를 때 앞에 "마흔 살의"를 붙인다.

"마흔 살의 거의없다 씨, 생일 축하해요."
"마흔 살 먹은 거의없다 씨, 살 좀 빼요."
"불혹의 거의없다 씨, 밥 좀 제때 챙겨 먹어요."

… 염병. 빌어먹을.

"너 마흔 살 될 때 두고 보자"라고 아무리 이를 악물어도 소용없다. 그녀가 마흔 살이 되는 해에 나는 마흔다섯

이 될 테니까. 으으으. 정말 끔찍스러운 일이다. 언제 이렇게 나이를 먹었담.

브래드 피트는 마흔 살이 되고 나니 "인생에 훈장을 받은 것 같은 기분"이라고 말했다. 물론 그의 인생에 내 인생을 가져다 댈 수는 없지만, 대충 의미는 알아먹기 어렵지 않다.

20~30대는 참 어려운 나이다. 브래드 피트의 인생이라고 풍랑이 없었을까. 우리 모두가 그를 알기 전에는, 그 역시 돈 없는 청춘(브래드 피트는 쇼걸의 개인 운전사를 하기도 했고, 냉장고 배달을 하기도 했다. 그는 자기 입으로 미국 전역에서 자기만큼 다양한 아르바이트를 해본 사람은 몇 안 될 거라고 늘 이야기했다)이자 앞길을 장담할 수 없는 배우 지망생일 뿐이었다.

뭐, 존나 잘생겼으니까 어떻게든 잘됐을 거라고? 푸하하하. 할리우드 무명배우들 얼굴 찾아봐라. 브래드 피트만큼 잘생긴 애들은 쎄고 쎘다. 성공해서 브래드 피트가 된 거지, 브래드 피트라고 처음부터 막 후광 발사하고 다녔거나, 성공이 보장된 삶을 살았던 건 아니라는 말이다. 조지 클루니는 뭐, 얼굴이 못나서 그렇게 무명 생활을 했나? 김윤석이 못생겨서 연극하다가 때려치우고 재즈카페 운영하다가 마흔 살이 넘어서야 제대로 연기 활동을 시작했느냐 말이지.

20대 그리고 30대는 고민이 끊이지 않는 나이다. 뭔가 자리가 잡히거나, 혹은 내 인생의 길을 제대로 정하지 못하고 이리저리 흔들리는 나이지. 브래드 피트는 40대가 되어서 성공적인 영화배우이자, '플랜 B'라는 영화제작사를 가진 제작자가 되었다.

조지 클루니는 전설적인 ㅈ망 영화 〈배트맨 앤 로빈〉을 비롯한 할리우드 블록버스터 몇 편을 찍고 (조지 클루니는 유치한 걸 못 견디는 성격이다. 그런 사람이 젖꼭지가 튀어나온 배트맨 코스튬을 억지로 입어야 했을 때, 그나마 악역인 아놀드 형에게 가려서 제대로 주목도 못 받는 허수아비 배트맨 역할을 해야 했을 때, 얼마나 복장이 터졌겠는가 말이다) 떼돈을 번 다음, 자기 변호사에게 물었다.

"야, 나 돈 얼마나 벌었니?"

"이 정도 돈이면 너 죽을 때까지 쓰기만 해도 다 못 쓸걸."

"그럼 이젠 나 하고 싶은 일만 할 거야. 이제 X 같은 블록버스터와는 영영 안녕이다."

그러고 나서 정말로 블록버스터 영화 쪽은 쳐다보지도 않았다. 물론 그러면서도 주체 못 할 정도로 돈을 벌어댄 건 사실이지만….

그렇다. 내가 할 일과 하지 않을 일에 대한 기준이 명확하게 생기는 나이. 다른 곳을 기웃거리지 않는 나이. 그래서 우리 어른들은 마흔을 '불혹의 나이'라고 불렀다. 유혹에 흔들리지 않는 나이라고.

가끔 나는 우리가 흔히 쓰는 관용어나 흔히 쓰는 속담이나 격언을 되뇌다가 혼자 흠칫 놀라고는 한다. 그건 마치 말복에 삼계탕 한 그릇 하고 나면 정말로 귀신같이 더위가 한풀 꺾이는 거랑 비슷하게 소오름이다. 집단지성+짬밥은 역시 무시할 게 못 된다.

그래서 나는 마흔 살 생일을 맞아, 이 책을 마무리하는 마지막 장을 쓰면서, 이 책을 읽는 여러분께 뭔가 조금이라도 도움 될 만한 이야기를 하고 싶다는 마음이 갑자기 들었다. 지금까진 너무 주절주절 내 이야기만 해댔으니 이쯤 되면 양심의 가책을 아주 쪼오금이라도 느낄 때도 됐고, 100만 구독자를 거느린 유튜버가 발로 차이는 요즈음에 겨우 26만 구독자를 가지고 가당치도 않게 "성. 공. 한. 유. 튜. 버." 소리를 들으며 (미스터리한 일이긴 하나 나는 유튜버로 이름을 알린 후 여기저기 방송에도 제법 출연하고 있으니 이 타이틀은 일견 정당한 면이 없지는 않다) 여기저기 강연도 많이 다녔는데, 그 와중에 가장 많이 들었던 질문에 대해 답변을 하고 싶은 생각이 문득 들었다.

앞으로도 강연을 많이 다닐 텐데, 마지막 장에 답변을 미리 써놓으면, 저 질문자가 내 책까지 사서 읽은 진성 팬분이신지 아니면 그런 척을 하고 있는 놈인지 구분할 수도 있고. 책을 읽은 사람은 내가 책에 답변을 뻔히 써놓은 질문을 그대로 하진 않을 것 아닌가?


_____ 당신은 어떻게 영화유튜버로 성공할 수 있었는가?


"거의없다라는 닉네임은 무슨 뜻인가요?"라는 질문 다음으로 많이 받은 질문이다. 유튜브에 영화유튜버가 무슨 1·4 후퇴 때 중공군을 방불케 하는 숫자로 쏟아지는 작금에, 어떤 비결이 있어서 유튜브 채널도 그런대로 성공적으로 꾸리고, 그걸 발판으로 방송에도 진출하고, 또 그걸 발판으로 생뚱 맞게 시사방송 MC를 하질 않나, 케이블방송에 못생긴 얼굴이 주야장천 나오질 않나, 개봉영화 GV를 하질 않나. 아마 "당신은 어떻게 그렇게 성공했는가?"에 대한 질문이리라. 때로는 "그 비결을 좀 알려주면 나도 비슷하게 해보겠다"라는 의중을 전혀 숨기지 않고 질문하는 질문자도 여럿 봤다.

후자는 그때마다 대답했다. 내 비결은 따라 할 수도 없고 어떻게 따라 한다고 해도 이미 늦었다. 그리고 말이 말이니까 하는 말인데, 남의 노하우를 꽁으로 좀 알려달라는 질문처럼 멍청한 질문도 별로 없다. 내가 내 입으로 "나는 이렇게 해서 성공했지롱"이라고 떠벌떠벌 떠벌리고 다니는 놈이었으면 내 노하우 따위가 도움이 될까? 이미 개나 소나 다 알고 있을 텐데?

명심해라. 내가 먹고사는 데 있어서 중요한 비결을 남에게 막 퍼 주는 사람은 없다. 그런 사람은 정말로 이 세상에 존재하지 않는다. 혹시나 있다면, 그건 진짜 노하우가 아니거나 지금은 이미 아무짝에도 쓸모가 없어져버린 방법이다. 여기저기서 빨아먹을 거 다 빨아먹었기 때문에 알려주는 거다.

세계 최고 떼부자들의 비밀을 알려주겠다는 책은 수도 없이 많다. 그럼 그 책 안에 있는 것이 정말 성공을 향해 가는 놀라운 비법일까? 아니지, 시발. 그럴 리가 없잖아? 베스트셀러가 돼서 알 사람 다 알고 있는데 그게 무슨 놈의 비밀이야?

당신이 유튜버를 하고 싶다면, 절대 해서는 안 될 일이 두 가지 있다. 하나는 유튜버로 만들어주겠다는 내용의 강좌에 등록하지 않는 일이고, 다른 하나는 유튜버를 하겠답시고 안 그래도 빈약한 통장 잔고를 박살 내가며 각종 장비부터 사들이는 짓이다. 당신이 진짜 엄청난 비전을 가지고 유튜브를 하겠다고 마음을 굳게 먹었다면 가장 먼저 해야 하는 일은 돈을 아끼는 것이다. 만만한 게 나니까 나의 예를 들어보자.

내가 유튜브를 시작한 게 2017년 1월인가 그렇다. 정확하진 않지만 그쯤일 거다. 그리고 2017년 8월이 되어서야 내 유튜브 첫 광고수입이 내 통장에 찍혔다. 그게 얼마였을까? 50만 원이 안 됐다.

그 반년 넘는 시간 동안 나는 짬짬이 팟캐스트에 출연하면서 받은 출연료(극히 푼돈이다)와, 내 콘텐츠가 나의 소속사인 데마시안의 홈페이지 메인에 올라오는 것에 대해 소정의 대가(여기는 액수가 좀 됐으나 역시 푼돈인 건 마찬가지다)를 받아서 생활했다. 그러고도 모아놓은 돈을 계속 까먹었다. 차가 있었지만 몰고 다니지 않았다. 버스비도 아까워서 자전거를 타고 다녔다.

나는 그나마 사정이 조금 나았던 게, 소속사가 있었고, 소속사에서 내 콘텐츠에 대해서 편당 얼마의 돈을 지불해줬으니까. 그랬으니 망정이지, 안 그랬다면 내 수입은 그냥 0이었을 거다. 6개월 이상 수입이 0이라… 심장이 얼어붙는 일 아닌가.

더 암울한 건, 그나마 내 채널은 수익 창출 허가가 아주 빠르게 난 편이라는 사실이다. 내가 콘텐츠만 만들어서 채널에 올리면 곧바로 광고수익이 발생하는 게 아니다. 구독자 수기 일정 수 이상이 되고, 조회 수와 영상 재생 시간이 어느 정도 나오게 되면, 유튜브와 구글 담당자들에게 수익 창출 신청을 할 수 있는 자격을 갖게 된다. "저 유튜브에 광고 붙여서 돈 벌어도 돼요?"라고 허락을 구할 수 있는 자격이 생기는 거지. 사람들이 안 봐준다? 수익 창출해보겠다는 신청 자격조차 안 된다는 이야기다. 과락인 거지.

운이 좋아서 사람들이 내 콘텐츠를 좀 봐준다. 조회 수도 오르고 구독자 수도 꽤 되면 어느 날 구글에서 연락이 온다. "야, 너 수익 창출 신청할 거야? 할 거야, 말 거야?"라고 나한테 물어보는 거지. 그럼 내가 하겠다고 구글 본사에 메일을 쓴다. 그럼 구글에서 내 메일을 접수하고, 내 채널을 살펴본다. 혹시나 이 새끼가 유튜브 영상으로 마약을 팔거나 불법 총기류를 팔거나, 혹은 남의 저작권을 쌩으로 무시하고 있거나 하면 허가 안 해주려고.

그리고 한 4~5개월쯤 지나면 구글 본사에서 답변이 온다. "어. 너 수익 창출해도 되겠다, 야. 오늘부터 네 영상에 광고 붙일 수 있어"라고. 그럼 나는 쾌재를 부르면서 내 영상에 광고를 붙이고, 시청자들은 내 영상 시작 전에, 혹은 중간에 광고를 시청하게 된다. 그리고 내 영상으로 광고를 하게 된 회사들은 구글을 통해서 나에게 그 광고료를 지불하는 거지. 구글이 그 돈을 받아서 나한테 보내주면 여기서부터 유튜브로 돈을 벌게 되는 것이다.

자, 그런데 그 수익 창출 허가 말인데… 유튜브 광풍이 불면서 한국에서는 두 가지 일이 일어났다.

**첫 번째** 유튜버가 되겠다는 사람이 엄청나게 늘어나면서 구글에 수익 창출 허가를 요청하는 유튜버들이 예전보다 다섯 배는 족히 늘었다.

**두 번째** 그중에는 절대 이 동영상으로 돈을 벌게 해주면 안 되는 애들도 아주 많아졌다.

그래서 구글은 수익 창출 허가를 쉽게 내어주지 않는다. 즉 내가 수익 창출을 할 수 있는 요건도 다 갖췄고 신청도 했는데 구글이 허가를 내어주지 않는 경우가 생길 수 있고(이런 경우가 엄청나게 많아졌다), 그 허가라는 놈을 1년 만에 내어줄 수도 있다는 말이다(역시 이런 경우도 엄청나게 많아졌다).

그렇다면 결론은? '내가 영상을 만들어서 올렸다! 이제부터 나도 유튜버얌!'이라고 생각하고 난 다음, 구글에서 보낸 광고료가 내 통장에 찍힐 때까지 얼마나 기다려야 할지 아무도 모른다는 말이다. 앞에서도 말했듯이 나는 확실히 운이 좋은 편이었다. 그래서 구독자도 제법 빠르게 모였고, 조회 수도 잘 나왔으며, 수익 창출 허가도 빠르게 났다. 그래서 아주 운이 좋게도 유튜브 채널을 개시한 지 7개월만에 광고수입을 받아볼 수 있었다.

그런데 당신이 운이 좋지 않다면? 직장을 때려치우고 유튜버를 하겠다고 달려들었는데, 생각보다 조회 수도 안 나오고 구독자도 늘지 않는다면?

몇 개월 동안 당신의 수입이 0원일지는 아무도 모른다. 아예 영원히 0원일 수도 있겠지. 1년 정도 수입이 없다면 열에 아홉은 지쳐서 떨어져 나가니까. 그 리스크를 감수할 수 있겠나. 몇 달 동안, 1년 동안, 혹은 1년이 넘어서까지 수입이 없어도 생활에 아무런 지장이 없을 정도로 여유 있는 사람이 대한민국에 몇이나 될 것 같은가?

내가 입버릇처럼 이야기하지만 언론은 사람들에게 진실을 알려주지 않는다. 특히 우리나라 언론은 더 심하다. 신문과 방송에서 뭐, 앉아서 먹방만 했는데 월수입 얼마를 찍었다느니, 연봉 얼마를 벌었다느니 하는 말들은 열에 두셋은 엄청나게 과장된 이야기고, 나머지 일고여덟은 구라다.

그들은 왜 그런 기사를 쓸까? 간단하다. 사람들이 유튜브에 관심이 많으니까. 그래서 클릭 수가 잘 나오니까. 다른 이유 따윈 1도 없다. 나는 신문에 누가 유튜브로 대박이 났다느니 하는 기사가 실리면 유심히 살펴본다. 이상하게도 나는 전혀 모르는 채널인데 대박이 났다잖아. 그럼 실제로 그 채널에 찾아가 본다. 가서 확인해보면 앞에서 말했듯이 엄청나게 과장이거나 구라인 경우가 90퍼센트 이상이다. 아예 수익 창출조차 안 된 채널이 많더라.

기자들은 도대체 뭘 보고 아직 돈 한 푼도 못 번 채널이 대박이라는 기사를 쓴 걸까? 뭐긴 뭐야, 그냥 조회 수잘 나온 영상 몇 개 걸려 있는 거 보고 대충 써갈기기부터 한 거지. 에효… 취재 좀 해라. 기사 창작하지 말고, 좀. 너네야말로 크리에이터가 아니라 저널리스트라고.

자, 유튜버의 실상에 대해 조금 알려드렸다. 이쯤 되면 그다음 무적의 논리가 튀어나올 차례.

_____ 나는 그냥 회사 생활하면서 틈틈이 영상 만들어서 올릴 건데요? 망해도 상관없어요. 그냥 한번 해보는 거지, 뭐. 안 되면 마는 거고.

물론 여기에는 나의 무적의 대답이 준비되어 있다.

_____ 그냥 했다가 망했다고 생각하시고 하지 마세요.
그럼 최소한 시간은 아낄 수 있으니까.

장난하나? 당신이 얼마나 대단한 사람인지는 알지도
못하고 관심도 없지만, 당신이 틈틈이 시간 쪼개서 대충
대충 만든 콘텐츠를 도대체 누가 본단 말인가? 당신, 강
동원의 얼굴이라도 갖고 있나? 아님 유시민 정도의 지식
과 콘텐츠라도 갖고 있나? 아님 백종원 정도의 인지도
와 실력이라도 감추고 있나? 도대체 무슨 근거 없는 자
신감이 그렇게 존나 흔들어서 딴 콜라의 거품처럼 천지
사방으로 폭발한단 말인가. 수십억 원 돈을 들여 만든 영
화도 조금만 재미없으면 보다 꺼버리는 법이다(나야 〈걸작
선〉 만들려고 이를 악물고 보지만). 그런데 당신의 일상이, 당
신이 무언가를 주워 먹고 있는 모습이, 당신의 이야기를
도대체 왜 사람들이 봐줄 거라고 생각하는 거지? 세상이
자기중심으로 돌아간다는 생각은 보통 중학교 입학 전에
착각인 걸 깨닫지 않나?

제발 부탁인데, 특별한 노력 없이 성공할 수 있다는 생각은 고이 접어서 음식물 쓰레기통에 처박아 버리길 바란다. 차라리 로또를 사라. 로또는 10년 동안 매주 사왔던 사람과 이번 주에 처음 사는 사람의 당첨 확률이 정확하게 같다. 그러나 유튜브는 아니다. 백종원과 당신의 스타트라인은 거의 지구에서 명왕성까지의 거리만큼 벌어져 있다.

사실 백종원까지 갈 것도 없다. 더 간단한 예가 있지. 방송국 프로그램들의 인기가 유튜브에 밀리기 시작하면서, 방송국 PD 출신, FD 출신, 작가 출신 유튜버들이 엄청나게 늘었다. 유튜브가 돈이 된다니까 방송국에서 일하면서 쌓은 기술을 활용해서 부업으로 채널을 판 거다. 벌써 그렇게 달려든 사람들이 족히 수백은 될 거다. 그런데, 지금 방송국 PD나 작가 출신 중에 유명한 유튜버 한 명만 대보라고 한다면? 누구나 인정할 만큼 대박이 난 사람으로, 누가 있너라? 기억나는 사람 있나?

내가 정말 빡치는 건, 유튜브 되는 법을 알려준답시고 강좌 열어서 수강생들에게 월 몇십만 원씩 처받는 놈들이다. 물론 그런 분은 없겠지만, 제발 그런 곳에 돈 가져다 바치지 마시길. '콘텐츠 크리에이터'는, 말 그대로 콘텐츠를 창조해내는 사람이다. 누구한테 배운다고 창조가 되든가? 누구에게 배워서 익힐 수 있는 건 기술이나 학문이지, 창작이 아니다.

백종원한테 요리를 두어 달 배운다고 갑자기 그 사람이 신메뉴를 막 만들어낼 수 있을까? 하다못해 짜빠구리도 그렇다. 그거 요리학원에서 배워서 창조한 게 아니다. 원래 라면을 좋아하는 사람이 '이렇게 한번 섞어 먹어볼까?' 하는 미친 생각이 들어서 그렇게 해봤더니 '오, 의외로 맛있잖아?' 이렇게 된 거지. 학원이나 강좌에서 배울 수 있는 건 '짜빠구리를 맛있게 만드는 법'이지, '짜빠구리를 창조하는 법'이 아니란 말이다. 남에게 배워서 만드는 순간 이미 창조가 아니다.

결론적으로 대단히 꼰대스러운 말이 되고야 말았는데 (나도 별수 없나 보다…. 이해해라, 불혹이라서 그렇다), 결론은 이렇다. 나는 영화유튜버로 어떻게 성공할 수 있었는가?

일단, 나도 모른다. 내가 만든 콘텐츠의 어떤 점이 다른 사람들에게 관심을 끌고, 시청하게 만들고, 구독 버튼을 누르게 만들 수 있었는지 정확한 이유 따윈 애시당초 존재하지 않을 거다. 누구는 내 목소리가 좋아서 볼 거고 (민망하지만), 누구는 내가 엉터리 영화를 꼼꼼하게 즈려밟는 걸 좋아할 거다. 〈걸작선〉보다 〈명작선〉을 좋아하는 사람도 있고, 영화 영상보다는 네댓 시간씩 혼자 떠드는 라이브를 좋아하는 사람도 있다. 그분들의 취향을 엄격하게 분리해서 원인 조사하는 일은 애초에 불가능하다. 고로, 나도 내가 나름대로 성공한 영화유튜버가 될 수 있었던 정확한 이유 따윈 모른다.

누구나 수긍할 수 있는 딱 한 가지 비결을 뽑아본다면, 내가 진심으로 영화를 사랑했다는 점이다. 나는 어렸을 때부터 재미있는 이야기 읽는 것을 좋아했고, 소설책도 좋아했으며, 그 재미있는 이야기를 현실로 만들어서 내 눈앞에 펼쳐 보여주는 영화는 나에게 환상의 토털패키지였다. 정신없이 빠져들어서 미친 듯이 탐닉했다. 영화를 보면서 단 한순간도 공부한다는 생각을 해본 적이 없다. 나는 공부를 싫어하거든. 그저 흥미가 생기는 영화는 어떻게든 찾아보고, 좋아하는 감독의 영화를 모조리 모아서 보고, 좋아하는 배우가 나오는 영화는 몽땅 찾아보고, 그러다 보니 내 나름의 기준이 생긴 것뿐이다.

원래 친구도 별로 없었고, 성격도 지랄 맞아서 주변에 사람을 많이 두는 타입도 아니다. 주변 사람 챙길 줄도 모른다. 대학교 때 사귀었던 여자친구는 자기는 관심도 없는 영화를 보자며 극장에만 끌고 다니는 내가 얼마나 지겨웠던지, 〈원스 어폰 어 타임 인 멕시코〉라는 영화를 극장에서 본 날을 기점으로 진절머리를 치며 나를 손절해버렸다(인정한다. 내가 잘못한 거다. 〈원스 어폰 어 타임 인 멕시코〉는 로버트 로드리게즈 감독의 영화에 관심 없는 사람이 보기엔 너무 힘든 영화다).

여친에게 걸어 차인 그날 저녁에 나는 자취방에서 혼자 맥주를 마시면서 〈당신이 잠든 사이에〉를 재탕했다. "나도 언젠가 저 영화에 등장하는 산드라 블록처럼 내 취향을 알아주는 여자를 만날 수 있겠지?"라고 하면서(어우, 지금 생각해보니 왜 이렇게 찌질하게 느껴지지?).

나는 천재도 아니고 지능이 그렇게 뛰어나게 높은 편도 아니다. 특히나 심각한 수준의 길치에 방향치라서, 맨날 가는 길도 잘 못 찾는다. 내비게이션이 발명되지 않았다면 나는 아마 사우디아라비아 왕자도 감당 못 할 양의 휘발유를 길바닥에 뿌리고 다녔을 거다. 걸어 다닐 때도 직선거리 아니면 맨날 헷갈려서 백화점 안에서 길을 잃은 적도 있다. 그 백화점이 우라지게 넓었거든(평계가 아니라, 정말 더럽게 넓었다고!).

하지만 영화 이야기라면 며칠 밤을 새워가면서라도 할 수 있다. 그건 나한테 전혀 힘든 일이 아니고, 즐거운 일이니까. 영화 보는 건 40년간(은 조금 오버고, 내가 영화를 좋아하기 시작한 게 대충 열 살 전후였을 테니까 30년 정도라고 하면 적당하겠다) 언제나 해온 일이니까. 엄청난 천재가 아니라 일반인이라면, 내가 만드는 콘텐츠의 퀄리티는 곧 그 대상을 향한 나의 애정과 직결된다. 너무나 당연한 일이다.

덕후가 세상을 구하지는 않는다. 그러나 한 번 쳐다보고는 보는 족족 모조리 외워버리는 〈굿 윌 헌팅〉의 윌 헌팅 같은 천재가 아니라 일반인이라면, 그 사람은 어떤 주제에 대해서 절대로 평생 덕질해온 덕후를 이길 수 없다. 할리우드에서 날고 기는 유명 감독들도 비디오 대여점에서 아르바이트하는 찐영화덕후 한 명(쿠엔틴 타란티노)을 못 이기고 모조리 백기를 들었다니까? (쿠엔틴 타란티노가 캘리포니아에 있는 비디오 대여점에서 아르바이트로 생계를 해결하고 있을 때, "이런 미친놈이 있다더라" 하는 소문이 나서 영화감독과 배우가 많이 찾아왔다고 한다. 하지만 영화 이야기로 쿠엔틴 타란티노를 당해내는 사람은 아무도 없었다고.)

영화유튜버가 되고 싶거나, 혹은 영화 관련 일을 하고 싶어 하시는 분들이 가끔 남기는 댓글에 내가 항상 대답하고 싶었지만 못 했던 대답은 이거다.

_____ 질문할 시간에 영화를 졸라 봐라.

영화 공부는 어떻게 하냐는 질문도 엄청 받았는데, 공부를 도대체 왜 하지? 재미있는 영화만 찾아보기에도 시간이 부족한데 거창하게 무슨 공부 따윌 해?

그리고 인터넷에 종종 보이는 '죽기 전에 꼭 봐야 하는 영화 100선' '21세기 명작영화 50선' 기타 등등, 이런 리스트에 있는 영화 억지로 다 챙겨보고 그러는 것도 하지 마라. 영화 보는 건 사실 체력과 집중력을 꽤나 많이 소모하는 일이다. 물론 공부보다야 존나 개꿀이지만. 2시간 동안 어두컴컴한 극장에 앉아서 딴짓도 못 하고 집중해야 하는데, 싫은 영화나 별로 관심도 안 가는 영화를 억지로 보는 건 시각적·청각적 고문에 가깝다. 그런데 내가 미친 듯이 당기는 영화도 아니고 남이 골라준 영화를 본다면, 그 영화를 보는 일 자체가 고역스러울 확률이 엄청나게 상승하지 않을까? 보고 싶은, 흥미가 생기는 영화만 봐라. 취향은 당신 스스로 만들어가는 거지, 누군가의 취향을 닮거나 배운다는 건 말도 안 되는 거다.

〈걸작선〉에서 여러 번 했던 이야기지만, 장르 영화가 허접스러워지는 제1원인은 만드는 사람이 그 장르의 덕후가 아니기 때문이다. 스릴러 영화 덕후가 아닌 사람이 스릴러 영화를 만들고, 호러 영화 덕후가 아닌 사람이 호러 영화를 만드니까 허접해지는 거지.

만약 내가 2D 미소녀 애니메이션을 만드는 데 투자를 하게 된다면, 나는 봉준호나 박찬욱 감독보다는 평생 2D 애니메이션 덕질을 해온 덕후를 감독으로서 더 믿을 거다(아, 박찬욱 감독은 왠지 이쪽에도 일가견이 있을 것 같다). 그러니 콘텐츠 크리에이터가 되려면 먼저 덕후가 돼라. 그냥 덕후 말고, 어지간한 사람은 혀를 내두르면서 기겁을 할 레알 찐덕후가.


어휴, 첫 번째 질문에 너무 많은 지면을 썼다. 그다음 많이 받는 댓글은 이런 거다(개인 메일로도 많이 받았다. 사실 이런 댓글은 개인적으로 일일이 답장을 해주고 싶었지만 수십 명 중에 한두 명에게만 답장을 해주는 건 형평성의 문제도 있고, 모조리 답장을 해줬다간 내가 내 일을 못 할 판이라서 누구에게도 대답을 해주지 못했다. 죄송스럽게 생각한다).

　　　_____ 좋아하는 일을 하면서 사시는 게 부럽습니다. 저는 지금 너무 힘든데, 저에게도 좋은 날이 올까요.

뉴욕의 빈민가 아파트에 사는 소녀 마틸다는 사람 죽이는 일을 직업으로 갖고 있는 인간 클리너 레옹에게 이렇게 질문한다.

원래 인생이 이렇게 힘든 건가요.

레옹은 한참을 머뭇거리다가 이렇게 대답한다.

대부분은 그렇지.

영화 〈레옹〉을 보신 분은 알겠지만, 레옹은 몸뚱이만 어른이지, 그 몸뚱이 안에는 미취학 아동 수준의 정신세계를 갖고 있는 인물이다(그래서 이 사람이 벌이는 살인 행각이 마치 멋모르고 누군가 시키는 대로만 행동하는 어린아이가 하는 짓처럼 보이기도 한다).

그래서 사실은 레옹도 인생이란 어떤 것인지 전혀 모른다. 아파트에 틀어박혀서 화분에 심어놓은 화초 잎이나 닦고 있다가 오더 받으면 나가서 자기 일(이라는 게 사람을 총으로 쏴서 죽이는 일이지만)을 하는 거 말고, 그는 인생이라고 부를 만한 활동을 전혀 하지 않거든. 나가서 영화 보고 들어올 때 식료품점에 들러서 우유 사 오는 건 아마 마틸다도 하지 않았을까.

그래서 그는 한참을 망설인 거다. 이 덩치만 큰 어른아이는 다른 어른들처럼 멋진 말을 꾸며내는 방법도, 허세를 부릴 줄도 몰랐던 거다. 그래서 그냥 솔직하게 말한 거다. 잘은 모르겠는데, 나 말고도 다들 힘들게 사는 것 같아. 아마 대부분은 힘들지 않을까?

나는 누군가가 삶의 진실을 말해주는 것처럼, 엄청난 지식과 지혜를 전달하는 것처럼, "인생이란 이렇게 사는 거야"라는 식의 표지판을 세워주듯 말하는 걸 싫어한다. 누구의 인생에도 딱 들어맞는 정답이란 애당초 처음부터 존재하지 않기 때문에.

전XX의 두 번째 아들이 전XX이라는 인물이다. 전XX 일가 중에서도 최고로 많은 부동산을 가진 것으로 유명한데, 다 모으면 대충 에버랜드 규모의 알짜배기 땅과 건물을 소유하고 있다고. 그러나 단 한 번도 회사를 다니면서 남에게 월급을 받아본 적이 없다, '물려받았다'. 그러나 어쨌든 간에 물려받은 재산을 순식간에 말아먹는 인간도 흔한 판국에 이 인간이 돈을 굴리는 데 있어서는 탁월한 능력이 있거나, 재산 증식에 있어서 남들보다 감각이 뛰어나거나 열심히 노력한 것만은 사실일 테다. 물려받은 재산을 불려냈고 성공적인 사업체도 갖고 있으니까.

자, 그런 인간이 강단에 서서 사람들에게 "나는 혼자 열심히 노력해서 이렇게 성공했습니다"라고 떠든다면?

… 샷건을 쏴야지 X발. 아주 극단적인 예를 들었는데, 결론은 그렇다. 만약 정말 그렇게 지껄인다면 그건 아무리 고급스러운 어휘들 중에 골라도 개소리라는 단어가 최선일 거다.

냉정하게 말해서, 자본주의 사회에서 우리는 모두 출발점이 다르다. 부모의 재산이 어떤지, 사회적 위치가 어떤지, 살고 있는 동네는 어디인지 등등에 따라 천차만별로 벌어진다. 업타운에 사는 아이와 다운타운에 사는 아이의 출발점이 절대로 같을 수가 없고 타고난 계급의 그림자를 벗어나기란 비누에 성냥개비를 비벼서 불을 켜는 것만큼이나 어렵다. 다들 영화 〈기생충〉 봤잖아?

내가 어린 시절, 그러니까 80~90년대만 해도 노력으로 그 계급을 바꿀 수 있는 방법이 존재한다고 믿었다. 바로 교육이다. 즉 없는 집안에서 태어난 흙수저라도 엉덩이에 욕창이 생기고 허리가 앉은뱅이처럼 굽을 때까지 버티고 앉아서 죽어라 공부한다면 좋은 대학에 입학해서 인생을 산뜻하게 리셋할 수 있다는 믿음, 그게 서민층 부모님이 공통적으로 가진 환상이었다. 그래서 그들은 자식의 인생을 위한답시고 아이들의 소질이나 적성 따위는 깡그리 무시한 채 독서실과 학원으로 내몰았다. 자신들이 피땀 흘려 번 돈을 아낌없이 바쳐가면서.

그러나 어쩌나. 좋은 대학에 들어간다고 인생 앞길이 막 풀 먹여서 꽉꽉 눌러 다린 바지마냥 탄탄대로로 쫙 펴지는 세상은 이미 또 지나가 버렸는데?

인생이 깝깝한 젊은 분들께 내가 하고 싶은 이야기는 딱 하나밖에 없다. 당신 인생이 어떤 상태인지, 당신의 인생이 앞으로 어떻게 될지, 어떤 방법이 최선일지. 나도 모른다. 인생에 정답이 존재한다고 믿는다면, 그 정답을 생판 남이 나에게 알려줄 거라고 생각한다면, 당신은 인생을 너무 우습게 보고 있는 거다. 세상은 그렇게 예측 가능한 영역 안에서 흘러가지 않으며 절대적인 진리 따위는 처음부터 존재하지 않는다. 만약 누가 당신에게 "그런 걸 알려주마"라고 이야기를 꺼낸다면, 100퍼센트 사기꾼이다. 손절해라.

하지만 그 누구보다 당신에 대해서 잘 알고 있는 사람이 있다. 모를 수가 없는 사람이. 당신의 앞길을 예측해서 높은 확률로 맞출 수 있는 사람이. 바로 당신 자신이다.

인생이 어렵거나 막힐 때, 당신의 고민을 다른 사람에게 떠넘기고 그들에게 대답을 구하지 마라. 물론 그것도 나름의 방법일 순 있겠으나, 그 모든 일에 앞서서 먼저 자신에게 질문해보시길 바란다. 진짜 원하는 게 무엇인지. 정말 하고 싶은 일이 무엇인지. 너무너무 즐거워서 이것만 하면 마약을 양껏 들이킨 중독자처럼 행복해지는 일은 무엇인지.

나는 클린트 이스트우드 감독이 만든 영화 중에서 〈밀리언 달러 베이비〉를 가장 좋아한다. 이 영화의 주인공 매기는 시골 중에서도 완전 깡촌에서 태어난 흙수저 중의 흙수저다. 아, 아니다. 흙수저라는 말로도 부족하다. 그녀는 시골 식당에서 웨이트리스로 일하며 손님들이 남긴 음식을 싸다가 먹을 만큼 궁핍하게 살면서 열심히 돈을 모으는데, 그 돈은 대부분 그녀의 쓰레기 같은 가족이 모조리 빨아먹는다. 그녀는 벌이가 변변찮은 직업에 종사하며 뼈 빠지게 일해서 온 가족을 먹여 살리는 서른한 살의 웨이트리스다. 흙수저? 아니다. 마이너스수저다. 아마 유리 갤러(1980년대 후반 전 세계를 속여먹은 가짜 초능력자. 주특기는 쳐다보는 것만으로 숟가락을 휘게 만드는 것이었다. 물론 나중에 이것도 전부 쇼라는 게 모조리 들통났다)가 자기의 초능력을 발휘하는 데 쓰고 쓰레기통에 처박아 버린 쇠수저 정도 될 거다.

유일하게 즐거운 순간이라고는 복싱을 할 때뿐이다. 복싱을 너무 사랑해서 밥 먹을 돈도 아껴가며 모은 돈으로 체육관에 등록하고, 아무도 알아주지 않는데도 매일 아침 제일 먼저 체육관에 나와서 샌드백을 치고 늦은 밤까지 체육관에 남아서 혼자 운동한다. 체육관에서 지박령처럼 먹고 자는 관리인 스크랩 말고는 누구도 그녀에게 손톱만큼의 관심조차 기울이지 않는다.

그래도 그녀는 포기하지 않는다. 복싱을 더 잘하고 싶어서 자기를 훈련시켜줄 트레이너를 찾아간다. 그녀가 찍은 트레이너 영감탱이(클린트 이스트우드 본인이 연기하는 인물이다)가 "난 여자는 선수로 키우지 않는다"고 거절해도, "네가 소질이 있든 없든 나이가 너무 많아서 선수로 키웠다간 송장 치우는 꼴이나 볼 것 같다"고 인격적인 모독을 퍼부어도, 그녀는 절대 포기하지 않는다. 복싱이 좋으니까. 좋아하는 일을 더 잘하고 싶을 뿐이니까.

결과적으로 그녀는 엄청난 소질이 있었다. 아마 마이크 타이슨의 딸로 태어났다면 아빠 못지않은 백만장자가 될 만한 소질이. 괴팍하지만 능력 있는 트레이너 영감탱이가 못 이기는 척 몇 가지 가르침을 주자마자 그녀는 스펀지처럼 흡수해서 엄청난 복서가 된다. 뒤늦게 활짝 만개한 재능은 그녀를 2년도 채 안 되는 시간에 챔피언전까지 오르게 만든다.

그러나 결과적으로 그녀는 실패한다. 챔피언전에서 졌
냐고? 아니다. 신나게 챔피언을 두들겨 패는 와중에, 정
정당당한 방법으로는 절대로 이길 수가 없겠다고 판단한
챔피언 쌍년(이라는 표현을 아마 영화를 본 사람이라면 누구나 쓸
거다)이 공이 울린 다음 뒤에서 그녀를 후려치는 바람에
앞으로 쓰러졌고, 쓰러지다가 선수용 의자 모서리에 목
을 찍히는 바람에 척추가 손상되어서 남은 평생을 목 아
래로는 아예 움직일 수 없는 전신마비 환자가 되어버리
고 만다.

실패도 이렇게 끔찍한 실패가 없을 정도로, 운이 없어
도 이렇게까지 없기도 힘들 정도의 불운으로 그녀는 처
참하게 실패한다. 야생마처럼 움직이던 그녀의 육체는
완전히 망가져버렸다. 그녀의 곁에는 트레이너 영감 프
랭키만이 남아 곁을 지킨다.

원래 쓰레기였던 그녀의 가족은 대도시에 있는 그녀의
병원에 오기 전, 디즈니랜드에 들러서 신나게 처논다. 물
론 그녀가 열심히 벌어서 부쳐준 돈으로. 그리고 그녀의
엄마라는 작자는 목 아래로는 꼼짝도 할 수 없는 그녀에

게 종이를 한 장 내밀면서 여기에 사인하라고 그녀의 입에 펜을 물려준다. 유서다. 죽고 나서 그녀의 모든 재산을 가족에게 넘긴다는.

그녀는 펜을 뱉어버리고 일갈한다. 지금 당장 내 눈앞에서 사라지지 않으면 내가 사서 니들에게 준 집도 당장 팔아버릴 테다. 그리고 앞으로 내 눈앞에 단 한 번만 더 나타나도 똑같이 해주겠다. 내 돈은 니들에게 단 한 푼도 돌아가지 않을 거다. 당장 꺼져라.

묵묵히 듣고 있던 트레이너 영감 프랭키는 버러지 가족이 개죽상을 하고 어기적거리며 돌아간 다음 그녀에게 말한다.

너의 승리다, 애야.


그녀의 인생은 실패한 걸까. 결과가 실패했으므로?

그녀가 평생 동안 사랑하고 그리워한 건 두 가지였다. 하나는 복싱이고, 다른 하나는 돌아가신 아버지였다. 그녀는 복싱을 너무나 사랑했고 아버지를 너무나 그리워했다. 그래서 돌아가신 아버지의 빈자리를 자기가 맡아 채워보려고 그렇게 바보같이 살았던 거다.

영화의 마지막, 항상 틱틱거리고 재수 없게 굴었지만 마음속으론 그녀를 친딸같이 아끼고 진심으로 대해주던 트레이너 프랭키(처음 프랭키가 그렇게 그녀를 거절했던 이유도 사실 링에 올렸다가 그녀가 다치는 꼴을 보고 싶지 않아서였다. 츤데레 할아범이다)는 그녀에게 말한다.

내가 너를 부르던 말 있잖아. '모쿠슈라'라는 말. 그건 '내 소중한 혈육' '내 가족'이란 뜻이란다.

그녀는 아버지를 얻었다. 그 아버지가 시합마다 자신을 지켜보고, 응원하며, 그녀가 사랑하는 일을 하는 모든 순간을 함께했었다는 사실을 깨닫는다. 목 아래로는 움직일 수 없는 그녀가 얼굴 근육 전체를 사용해서 환하게 웃는다. 과연, 매기의 인생은 실패했을까. 정말?

"그래도 실패 아닐까요?"라고 반문할 수도 있다. 그녀가 최소 그냥 기본만 하는, 정말 기본의 기본만 하는 부모를 만나 중산층, 아니 하류층에서만 태어났더라도 (그녀는 사실상 빈민 계급이었으니까) 그녀의 삶은 질적·양적으로 훨씬 더 행복했을 수 있다. 결국 그녀도 태어난 삶의 굴레를 극복하지 못하고 말았으니까.

내가 아니라, 이미 젊은 시절 화려함의 극한까지 가본 삶을 살았던 클린트 할배(클린트 이스트우드가 젊었을 때 어떤 느낌이었냐 하면… 송강호와 강동원을 합쳐놓은 정도의 인기를 구가하는 영화배우였다. 그것도 미국에서)는 이 영화를 통해 이렇게 말한다.

삶의 성공과 실패는 그대가 들어 올린 트로피로 결정되는 것이 아니다. 상대방을 꺾고 일궈낸 승리로 결정되는 것도 아니다. 그대의 인생의 성패는, 그대라는 인간의 가치는, 지금까지 그대가 지나온 삶에 찍혀 있는 그대의 발자국으로 결정되는 것이다.

그 발자국이 정정당당하고 곧게 찍혀 있다면, 사랑하는 일에 최선을 다하고 정당한 대가를 지불했다면, 그 길 중간에 그대가 쓰러졌다고 해서 그대는 실패한 것이 아니다. 당신의 삶이 100만 달러짜리였으므로.

나는 클린트 할배의 말에 동의한다. 진심으로 동의한

다. 빛나는 순간이 극히 짧았어도, 아니 단 한 번도 빛나지 못했다고 해도 상관없다. 삶의 가치는 삶으로 결정되어야 하는 거지. 그 삶이 이뤄낸 성과가 아니라.

훌륭한 사람이 될 필요 없다. 승리자가 될 필요도 챔피언이 될 필요도 없다. 어차피 세상 모두가 승리자가 될 수도 없는걸. 뭐, 세상은 1등만 기억한다고? 까는 소리. 기억되어서 뭐 할 건데, 도대체? 죽은 다음에 기억되는 게 뭐가 그리 엄청난 가치가 있어서? 어차피 내가 죽은 다음엔 내가 알 수도 없는데. 후손들이 날 기억하건 말건 무슨 상관이야?

지금, 당장 행복하시길 바란다. 만약 지금의 즐거움을 참고 노력해야 할 가치가 있다면, 나는 그게 당신이 진심으로 사랑하는 일이어야 한다고 생각한다. 그 노력조차 대단히 즐거울 정도로 사랑하는 일이어야 한다고 생각한다. 물론 이 말이 지금 당장 멀쩡한 직장을 때려치우고 만화를 그리거나 음악을 하거나 유튜브를 하거나 아프리카 BJ가 되라는 말은 절대로 아님을, 첫 번째 질문에 대한 답변으로 이미 이야기했지?

## 진짜 맺음말

# 솔직히,
# 고마워

　여기까지 읽은 사람이라면, 아니 사실은 여기까지 굳이 읽지 않아도 이 책을 사준 사람이라면, 당신에게 진심으로 감사하단 말씀을 올린다. 사실 나는 책을 쓰는 9개월여의 시간 동안 끊임없이 나 스스로에게 질문했다. '과연 나 같은 인간이 책을 쓰는 게 온당한 일일까?' 하는 질문을.

　결론은, 별로 온당하지 않다는 것이다(으허허허). 그럼에도 불구하고 나는 정말 열심히 썼다. 뭐, 그게 개인적인 욕심에서 출발한 것이든 돈 벌려고 한 짓이든 간에

〈걸작선〉 원고 쓰는 이상의 정성을 다 했다. "그게 겨우 이거야?"라고 질문하신다면, 미안하다. 나는 겨우 이거밖에 안 되는 인간이다. 푸하하.

그렇게 쥐어짜 냈음에도 불구하고, 아직도 하고 싶은 말이 많이 남았다. 이 책을 쓰는 동안 나는 프로그램 두 개의 진행자로 나섰고, 〈걸작선〉을 계속 연재했다. 즉 이 책을 쓰기 시작했을 때보다 약 1.8배 정도 더 바빠졌다. 그럼에도 다른 책을 또 쓰라면, 글쎄 어떻게 될지는 모르겠다만 아마도 또 쓰지 않을까. 이 책을 읽고 나의 얕음과 가벼움에 실망한 사람이라면 두 번째 책은 사지 마시라. 이런 게 경험에서 배우는 거다.

촌스럽게 스페셜 땡스 투 같은 건 쓰지 않겠다만….

이 책을 읽은 사람이라면 누구나 깨달을 수 있듯이 나는 참 되는 대로 내 맘대로 살았다. 그것 때문에 피해를 본 사람이 여럿 있는데 가장 큰 피해자는 내 어머니고 그 다음은 내 여자친구다. 두 사람 모두에게 깊은 감사와 사랑을 보낸다.

우리 어머니는 내가 벌이고 다니는 개차반 짓거리를 평생을 보시면서도 나를 향한 사랑과 응원의 맘을 접으신 적이 없고, 언제나 당신 휴대전화에 내 이름을 '내 희망'이라고 저장하셨다. 나라면 내가 스물두 살쯤 먹었을 때 '신이 나를 미워한다는 증거' 내지는 '살아 있는 내 흑역사' 정도로 바꿨을 텐데. 그때도 어머니는 군대에서 전역한 내가 집에 돌아와 침대에서 자는 모습을 보고 너무 행복하셨단다. 나로선 이해할 수 없는 경지다. 아마 나에게서 조금이라도 괜찮은 인간임을 증명하는 모습이 나온다면 그건 모두 우리 어머니에게서 물려받은 것이다.

물론 아버지의 적극적인 협력이 있었기에 내가 세상에 태어났을 것이고. 말 나온 김에 돌아가신 아버지께도 감사드린다. 아버지는 항상 유쾌한 성격이셨는데, 내가 재미없는 농담이나마 끊임없이 던지는 버릇은 아마 아버지에게서 왔을 거다.

개차반 아들이 조금 잘되는 모습을 보고 가셨더라면 참 좋았을 텐데.

하지만 보고 계실 거라 믿는다.

지금 나와 함께 살고 있는 내 여친에게는 한마디만 해주고 싶다. 챔피언과의 시합을 15라운드까지 버텨내느라 피떡이 되도록 얻어맞은 뒷골목 복서 록키가 제일 먼저 울부짖던 이름이 있다. 록키에게는 시합의 승패나 세간의 시선 따위보다 훨씬 중요한 사람. 제일 먼저 달려가서 내 보잘것없이 작은 승리를 이야기하고, 안 그런 척했지만 사실은 너무 무서웠다고 어린아이처럼 안겨 울고 싶었던 사람. 당신은 나의 에이드리안이야.

주인이라는 놈이 허구한 날 컴퓨터 앞에 앉아서 욕지거리를 뱉어내면서 작업만 하고, 하루에 한 번 산책하는 시간 말고는 제대로 놀아주지도 않았는데 참아준 망고에게도. 오늘도 고맙고 사랑해.

그리고 내 채널을 구독하고, 내가 만드는 영상을 봐주고, 내가 쓴 책까지 읽어준 당신에게도 깊은 감사의 마음을 전하고 싶다. 내가 당신의 시간을 너무 많이 빼앗지 않았으면 좋겠다. 이미 많이 빼앗았다면 부디 그 시간 동안 즐거웠길 바란다.

그리고 맨날 원고 마감 늦는 나에게 끝내 욕 한 번 안하고 (사실 한 번쯤은 할 거라고 생각해서 살짝 기대하기도 했다)

담당자분의 끝없는 인내심에 경의를 표한다. 사람이 너무 유순하기만 하면 세상 살기 힘든데 참 대단한 분이다. 나중에 몸에서 사리가 나온다면 나한테 고마워하시길 바란다. 내가 그중에 적어도 두세 개는 만들었을 테니까.

이 책을 구입까지 해주신 분들께는 이런저런 행사를 통해서, 홍보영상을 통해서 그때 가서 또 고맙다고 인사드릴 테니 구질구질하게 고맙다는 말은 이쯤 하겠다.

그럼, 언제나 즐거운 삶이 되시길 바란다. 없으면 만들어서라도.

# 거의없다의 방구석 영화관

**초판 1쇄 발행** 2020년 5월 15일
**초판 2쇄 발행** 2020년 5월 20일

**지은이** 거의없다(백재욱)
**발행인** 박효상
**편집장** 김현
**기획·편집** 김설아 김준하 배수현
**디자인** 이연진 김성엽
**마케팅** 이태호 이전희
**관리** 김태옥

**종이** 월드페이퍼 **인쇄·제본** 현문자현 | **출판등록** 제10-1835호
**펴낸 곳** 사람in | **주소** 04034 서울시 마포구 양화로11길 14-10(서교동) 3F
**전화** 02) 338-3555(代) **팩스** 02) 338-3545 | **E-mail** saramin@netsgo.com
Homepage www.saramin.com

왼쪽주머니는 사람in의 임프린트입니다.
책값은 뒤표지에 있습니다.
파본은 바꾸어 드립니다.

ISBN 978-89-6049-842-6 03680